汗李世民

殘忍又仁厚的雙面帝王，玄武門梟首兄弟，
皇城內逼禪父皇，踏著手足的屍身，
牽著英才的雙手，開創不朽的盛世帝國！

潘于眞，劉幹才 編著

如髯客避其鋒芒，天下大局手中盡握
且看李世民將亂世扭轉成盛世的傳奇一生！

他是世上最殘忍卻最仁厚的皇帝，
發動血腥政變，但又成爲治世明君，
除隋亂、圖致治、解民倒懸、廣納諫言

——唐太宗李世民

目錄

目錄

序

　　李世民（598～649）廟號太宗，被尊稱為天可汗。出生於陝西武功，他是唐高祖李淵和竇皇后的次子，唐朝第二位皇帝。他是中國歷史上傑出的政治家、策略家、軍事家和詩人。他在位時期，開創了歷史上的「貞觀之治」，使當時的初唐時期國泰民安，為後來唐玄宗鼎盛時期的開元盛世奠定了重要基礎。他在位的 23 年裡，朝廷政治清明，因此他也成為了中國歷史上最出名的政治家與明君之一。

　　李世民少年從軍，曾去雁門關營救過隋煬帝。唐朝建立後，疆土只限於關中和河東一帶，此時國家尚未統一。因此，李世民經常出征，逐步消滅了各地割據勢力。自西元 618 年起，李世民親自參與了四場大戰役，先後率部平定了薛仁杲、劉武周、竇建德、王世充等軍閥，使唐朝取得了華北的統治權。所以，他在唐朝建立與統一過程中立下了赫赫戰功，自此威望日隆，尤其是在虎牢之戰後班師返京時，受到長安軍民的隆重歡迎。

　　西元 621 年，李世民被封為天策上將，領司徒、陝東道大行台尚書令，位在王公之上。李淵又下詔特許天策府自置官屬，李世民因此開設了文學館，招攬四方賢士入館備詢顧問。文學館與秦王府相結合，儼然形成了一個小政府機構。西元 626 年 7 月 2 日，李世民發動「玄武門之變」並成為太子，隨後李淵退位稱太上皇，禪位於李世民。

　　李世民登基為帝次年改元貞觀，他經常以亡隋為戒，注意叮嚀自我克制慾望，囑咐臣下莫恐上不悅而停止進諫，勵精圖治。在政治上，既往不咎，知人善任，從諫如流，整飭吏治。在經濟上，薄賦尚儉，為政謹慎。同時致力復興文教，令隋末動盪之局得以穩定下來。

李世民十分重視吏治的清明，曾命房玄齡省併冗員，並派李靖等 13 名黜陟大使巡察全國，考察風評。他又親自選派都督、刺史等地方官，並將其功過寫在宮內屏風上，作為升降獎懲的依據。另又規定五品以上的京官輪流值宿中書省，以便隨時廷見，垂詢民間疾苦和施政得失，百官遂自勵廉能，直接提高了政府效率。

李世民即帝位不久，他就按秦王府文學館的模式，新設弘文館，進一步儲備天下人才。他知人善任，用人唯賢，不問出身，房玄齡、杜如晦、長孫無忌、楊師道、褚遂良、李勣、李靖、魏徵、王圭，尉遲恭、秦瓊等，人才濟濟。他又透過科舉，吸納有才幹的庶族士人，用科舉代替門第。從而寒門子弟入仕機會大增，為政壇帶來了新氣象。

李世民命宗室出任官吏，以革除其坐享富貴的惡習。他在位期間延續了三省六部制，特設政事堂，以利合議問政，收到了三省互相牽制之效。在地方上沿襲了隋代的郡縣兩級制，分全國為 10 個監區。他以隋煬帝拒諫亡國為戒，盡力求言，並把諫官的權力擴大，鼓勵群臣批評他的決策和風格。貞觀時期在李世民的治理下，整個社會夜不閉戶，道不拾遺，人民安居樂業，因此犯罪機率極低。

在軍事上，李世民具有雄才大略，智勇兼備。他精於戰法，善於運用騎兵，出奇制勝。臨戰身先士卒，統軍馭將，恩威並用。他多次對外用兵，先後平定突厥、薛延陀、回紇、高昌、焉耆、龜茲、吐谷渾等。他對降將和少數民族將領，能竭誠相待，委以重任。於是唐朝聲威遠播，四方賓服。

李世民實施行府兵制，寓兵於農，特別是推行均田制、租庸調製、科舉制等，使農民能夠安定生產，耕作有時，促進了經濟的發展。他重視農業，減輕農民賦稅勞役。他戒奢從簡，節制自己的享受慾望。他革除民少吏多的弊政，減輕了人民的負擔。

貞觀時期的商業經濟有了迅速進展，新興商業城市像雨後春筍般地興起。當時世界出名的商業城市，有一半以上集中在中國。唐王朝的疆域遼闊，在西域設立了安西四鎮，西部邊界直達中亞的石國，為東西方來往的商旅提供了安定的社會秩序和有效的安全保障，品種繁多的大宗貨物在東西方世界往來傳遞，使絲綢之路成了整個世界的黃金走廊。

　　西元 649 年 7 月，李世民因病駕崩於含風殿，享年 52 歲，葬於昭陵，諡號為「文皇帝」。他的文治武功，自古就為人津津樂道，頌揚備至，他的雄才偉略和他對中國歷史的重大貢獻對後世的影響十分深遠。

序

武功別館誕生神嬰

在中國的西部地區，有一片名叫渭河平原的地方。渭河平原西起寶雞，東至潼關，因在函谷關和大散關之間，所以被稱為「關中」。這裡曾經是春秋戰國時期的秦國故地，東西長約 350 公里，平均海拔約 500 公尺，西窄東寬，號稱「八百里秦川」。

在關中平原的西部，有一座小城，名叫武功。隋開皇十八年十二月二十二日，一個新生兒的啼哭聲，打破了渭水之畔武功別館的寂靜。

小男孩在出生時，有兩條龍來到他家的門前，遊走嬉鬧，連續 3 天才離開。神蹟的出現，預示了這名男孩不平凡的人生。

這個武功別館的男主人名叫李淵，字叔德，隴西成紀人，祖籍邢州堯山。李淵是十六國時期西涼開國君主李暠的後裔，世代顯貴。他的祖父李虎在西魏時官至太尉，這是當時最高的武官官職。後來，李虎跟宇文泰一起，共同打天下。因為輔佐有功，被封為西魏「八柱國」之一，成為顯赫的大貴族，死後被追封為唐國公。

李淵的父親李昞，在北周時歷任御史大夫、安州總管、柱國大將軍，襲封唐國公。李淵的母親是隋文帝獨孤皇后的姐姐。

北周天和元年，李淵出生在長安。李淵 7 歲時，父親李昞英年早逝，於是李淵就繼承了他父親的爵位。李淵長大後，為人灑脫，性格開朗，待人寬容。

李淵的妻子竇氏是京兆平陵人，出身於鮮卑貴族。竇氏自小聰明伶俐，很受舅舅周武帝寵愛，經常在宮中居住。當時，周武帝出於政治需要，與突厥聯姻，娶了一個突厥女子作為皇后，但卻很少寵幸她。年幼的竇氏居然告誡皇上說：「四方還沒有平定，突厥還很強大，雖然你不喜歡舅母，但是你

畢竟娶了人家，怎麼好老是讓人家獨守空房呢？只要能夠得到突厥的幫助，江南和關東也就稱不上什麼問題了。」

周武帝萬萬沒有料到，這樣關乎國家社稷的深謀遠慮居然出自一個年幼的孩子之口，當時覺得特別驚訝，但馬上轉驚為喜，欣然採納了。開皇元年，隋文帝接受北周靜帝禪讓，建立隋朝。這時竇氏還待字閨中，她聽到這個消息後，在家中痛哭流涕地說：「我真恨自己不是個男子，不能在國家有危難的時候出手相救。」

竇氏長大之後，不僅聰慧異於常人，而且容貌端莊美麗，光豔照人。竇毅常常與妻子襄陽公主商量：「這孩子相貌出奇，又見識不凡，一定要為她選一個德才俱佳、品貌雙全的乘龍快婿。」

為了擇婿，竇毅命人在門屏上畫了兩隻孔雀。前來求婚者，每人給兩支箭，須從門屏背後射中孔雀眼睛者，方可與竇氏見面，是否被選中，還須竇氏自己點頭認可。

消息傳出之後，求婚者接踵而至，不下一二百人。可能是過於緊張的緣故，這些求婚者紛紛落馬，竟無一人能雙箭「中目」。

這時李淵來了，這位風流倜儻的少年公子，本是將門出身。他這次前來比箭求親，倒不全是為了娶得一個美貌女子，更重要的是為了在眾位善射者面前獻藝揚名，一顯身手。李淵上前領取了兩支翎箭，走到門屏背後百步開外，凝神屏息，然後穩穩地拉弓射出雙箭。不偏不倚，恰恰射中左右門屏上兩隻孔雀眼睛。

竇毅大喜，連忙帶領李淵來到後房，與竇氏見面。兩人一見鍾情，郎才女貌，堪稱天作之合。在婚後，竇氏輔助李淵，成為丈夫政治方面的高級參謀。

隋文帝楊堅建立隋朝後，任命李淵為皇宮的禁衛武官。由於李淵的姨母是隋文帝的獨孤皇后，所以隋文帝特別親近、器重李淵，連任李淵為譙州、隴州、岐州三州刺史。

有一個名叫史世良的人，善於給人相面，他告訴李淵說：「您的骨骼驚奇，必為一國之主，願您自愛，不要忘記鄙人說的話。」於是，李淵便有了遠大的目標。

　　隋開皇九年，李淵的大兒子李建成降生。隋開皇十八年，李淵的二兒子來到人間，這就是那個一出生就天現神蹟的小男孩。小男孩4歲的時候，來了一位神祕的算命先生，李淵就讓自己兒子們出來給算命先生看。當算命先生見到李世民時，立刻神情肅然，十分驚異地說：「這個孩子不得了，是太陽的化身，等到了20歲，必能濟世安民。」李淵所以就給二兒子取名叫「世民」。

自古英雄出少年

仁壽四年，李世民 7 歲。這一年，隋文帝楊堅患病住在仁壽宮，尚書左僕射楊素、兵部尚書柳述、黃門侍郎元岩都進入仁壽宮侍病。楊堅叫來柳述、元岩說：「召見我的兒子！」

柳述等人要叫楊廣來。楊堅說：「是楊勇。」柳述、元岩出了楊堅的寢宮，起草敕書。楊素聞知此事，告訴了楊廣。

楊廣假傳楊堅的旨意將柳述、元岩逮捕，關進大理獄。他們迅速調來東宮的裨將兵士宿衛仁壽宮，宮門禁止出入，並派宇文述、郭衍進入調度指揮，命令右庶子張衡進入仁壽宮侍候楊堅。隨後，楊堅在大寶殿駕崩，廟號高祖，謚號文皇帝，葬於泰陵。楊廣篡奪了帝位，即隋煬帝。李淵和楊廣是姨表兄弟，他的外甥女王氏又是楊廣的后妃，因此，楊廣稱帝之後，李淵的優越地位並沒有發生改變。

大業初年，李淵被任命為滎陽、樓煩太守，後來又召為殿內少監。殿內省屬於隋王朝中央政府核心機構的五省之一，而殿內少監為殿內省長官，專門掌管朝廷供奉等事。大業九年，李淵升任衛尉少卿，掌管朝廷宮殿的禁衛。這時的李世民，已經是一個 16 歲的翩翩少年了。受家庭的影響，李世民自幼尚武，愛好騎馬射箭，經常馳騁獵場，是一位意志堅強、性格豪放的貴族子弟。習武之餘，李世民對《孫子兵法》非常感興趣，這使李淵意識到他在眾兄弟中確實有著超群的見識。

16 歲時，李世民與 13 歲的長孫氏結婚。長孫氏的先世源於北魏時的皇族拓跋氏，長孫氏之父長孫晟則是隋朝的右驍衛將軍，弓馬嫻熟，出使突厥時，在可汗帳前一箭射中雙雕。長孫晟的哥哥長孫熾，是隋朝的尚書，對李

世民的母親竇氏幼年的故事早有耳聞。他對弟弟長孫晟說，這樣的女子一定會培養出不尋常的孩子，應該跟他們聯姻。於是，長孫晟的女兒嫁給了李淵的二兒子李世民，她就是後來的長孫皇后。

長孫熾的確有識人之力，兩家軍事貴族的聯姻，可謂門當戶對。隋煬帝即位以後，大興土木，四處巡遊，窮兵黷武，加上連年水災，天下大亂。大業九年春，隋煬帝征伐高麗時，李淵在懷遠鎮督運糧草。同年農曆六月，楊玄感舉兵反隋，李淵奉隋煬帝之命鎮守弘化郡，兼知關右諸軍事。在此期間，李淵廣交天下豪傑，遭到隋煬帝的猜疑。大業十一年四月，隋煬帝任命李淵擔任山西、河東撫慰大使，李世民隨父至河東。李淵父子到達龍門時，遇上了母端兒起義，李淵父子領兵擊敗了起義軍，收編萬餘人，實力大增。又攻擊絳州叛賊柴保昌，降其眾數萬人。

不久，李淵升為右驍衛將軍。這時，北方的突厥人趁隋王朝內亂之際迅速發展起來。

這年八月，隋煬帝巡視北部邊境，突然遭到突厥首領始畢可汗數十萬騎兵的圍攻。始畢可汗攻陷了雁門郡 41 座城池中的 39 座，僅剩雁門和崞縣未被攻破。

隋煬帝被困雁門城中，城內有軍民 15 萬人，儲存的糧食僅夠吃半個月，人心惶惶，形勢十分危急。大臣樊子蓋建議守城以消耗敵人的銳氣，同時徵招四方兵士增援。

但由於突厥兵層層包圍，隋煬帝與外界失去了聯繫，只好把徵集援軍的詔書繫在一塊木頭上，投入汾河，使之順流南下，引來援兵。

募兵勤王的詔書傳出以後，河東地區的軍民紛紛開赴雁門。李世民當時 18 歲，正跟隨擔任山西、河東撫慰大使的李淵駐紮河東，募兵勤王之事讓李世民熱血沸騰，興奮不已。他毅然告別家人，應召入伍，留在屯衛將軍雲定

興的大營中。

李世民詳細分析了時局，向雲定興提出建議說：「始畢可汗發動全國的兵力圍困天子，一定是認為我們倉促之間沒有辦法找到援軍。我們可以白天搖旗吶喊，數十里不斷；夜間則擊鼓相應，以迷惑敵人。」

雲定興採納了這個建議，讓士兵多拿旗幟，四處敲鼓，果然引起突厥人的疑慮，加之各地援軍陸續逼近，突厥的義成公主也派人奏告國內告急，導致始畢無心戀戰，撤兵北歸。

雁門被圍 33 天後，隋煬帝終於躲過一劫，得以返回洛陽。在這次戰役中，李世民初露鋒芒，顯示了他不凡的軍事眼光和英雄膽識。他稱帝以後，還曾向大臣誇耀道：「朕年僅 18 歲時，便開始經營霸王之業。」

大業十二年，李淵奉詔擔任太原留守。當李世民跟隨父親來到晉陽時，起義已席捲三晉大地。在鎮壓起義的過程中，李世民的人生發生了重大的轉折。

李淵擔任太原留守時，面臨南北兩大威脅，南有號稱「歷山飛」的魏刀兒起義軍，北有蠢蠢欲動的突厥軍。

當魏刀兒部將甄翟兒率兩萬餘人騷擾太原時，隋朝將領潘長文被殺，李淵帶領李世民率兵五六千人前往征討。軍至西河郡永安縣雀鼠谷時，與敵軍相遇，雙方發生了激烈戰鬥。

由於起義軍人多勢眾，李淵陷入陣內，不得脫身。

危急時刻，李世民率輕騎突圍，搭弓連射，所向披靡，將李淵救出，並與適時趕到的步兵聯合，將起義軍打敗。在這次戰役中，李世民鎮定自若，驍勇善戰，所到之處，敵人望風披靡。

大業十三年，起義的烈火，以燎原之勢，席捲全國，最終形成三支大的起義力量：一是中原一帶李密、翟讓領導的瓦崗軍，二是竇建德領導的河北

義軍，三是杜伏威、輔公祏領導的江淮義軍。

同時，隋朝統治集團內部也分崩離析，許多豪強擁兵割據，稱霸一方。另外，走向敗落的西關中地區貴族後裔、南朝覆滅政權的後代等，也都加入到了反隋的行列。

當隋朝的大廈即將傾覆之時，李世民也在謀劃自己的前程：他對李淵說：「您受詔討伐起義軍，能討伐得盡嗎？如果不能，最終也不免獲罪。」

一個曾經積極應募勤王的士兵，此時已經萌生了奪取天下之心。李世民知道隋朝必亡，於是也在暗中結交豪傑，招納逃亡之人，網羅各種人才，像長孫順德、劉弘基、竇琮等，都是從這一時期開始跟隨李世民的，這些人後來為李唐王朝的建立立下汗馬功勞。特別是晉陽縣令劉文靜，與李世民結識後，成為忘年之交，而且成了後來晉陽起兵的關鍵人物。而隋朝末年的大動亂以及動亂中的戰爭經歷，成為一筆寶貴的財富，為李世民日後的征戰和治國生涯奠定了基礎。

李世民力促反隋

舊曆四月中旬，晉陽宮的後院裡，竹木翁鬱，百卉爭豔，五彩紛呈。在後院的幾間布置優雅的客室裡，副宮監裴寂正與唐公李淵圍著一張漆金小桌，對坐暢飲。從下午開始，李淵便被裴寂邀到這裡，一面弈棋，一面品茶。

看看天色將晚，李淵便要告辭回府。裴寂卻執意不放他走，說：「今日與唐公對弈未分勝負，夜間由我做東，再與大人在酒桌上論個輸贏如何？」

李淵略覺詫異，以前兩人常常聚飲，以為人生一大樂事，但不是在李淵府上，就是在裴寂家中，卻從未在這晉陽宮裡喝過酒。

這晉陽宮可不是一般的地方。東魏孝靜帝武定三年，權臣高歡開始在晉陽縣修築晉陽宮，並在天龍山開鑿石窟，建避暑宮。隋文帝開皇九年，晉王楊廣擴建晉陽宮，並在晉陽宮外築上長 7 里、高 4 丈的宮牆，初名「宮城」，隋文帝更名為「新城」，楊廣繼位後，大業三年北巡路經晉陽，下詔重建東魏晉陽宮，並設晉陽宮監管理，有正監、副監各一名。

隋煬帝大業十三年，李淵拜太原留守，領晉陽宮監，裴寂為副監。這一年四月，李世民的密友、晉陽縣令劉文靜因與瓦崗寨起義軍首領李密聯姻而被捕入獄，李世民前去探望，趁機商討起兵方案。劉文靜就分析了天下的形勢：「如今李密的瓦崗軍圍攻洛陽，隋煬帝避難江南，起義軍大者攻城陷郡，小者入山澤自保，他們各自為戰，勢單力薄，需要一個英明之主來駕馭。」

接著劉文靜胸有成竹道：「如今關中空虛，趁機入關，號令天下，不出半年，帝業可成。」

李世民聽完劉文靜的分析大喜，他笑著說：「您的話正合我意！」起兵計畫，就此擬訂。

這個起兵計畫雖好，但如果沒有太原留守李淵的支持和參與，是不會成功的。為了弄清李淵的態度，劉文靜將裴寂介紹給李世民，參與謀劃。

晉陽宮是皇帝的行宮，皇帝如果到太原，就住在晉陽宮中。晉陽宮在太原，實際上是一個小皇宮。

裴寂與李世民關係親密，李世民便將起兵計畫全部告訴了他。裴寂心領神會，決定邀請李淵到晉陽宮進行試探。

當天兩個人在這裡下棋，裴寂乘機邀請他留下飲酒。李淵便正色說：「這是什麼地方，也是我輩飲酒之處？」

裴寂卻笑道：「唐公也太過小心。你是留守兼宮監，堂堂三品大員。我雖官職卑微，好歹也身居副監。」這樣說著，太監們早已端上了一桌豐盛的肴饌。

李淵也不好再推託，於是兩個人你一杯、我一杯，說來說去，人就談到了英雄美人的話題。裴寂說：「唐公說到英雄美人，倒使裴某想起來了，大人您與嫂夫人金玉良緣，實在稱得上是一段英雄美人的佳話。」

想起往事，李淵長長地嘆口氣道：「天予其德而不假其壽，我李淵中年喪妻，鴻雁失伴，也算是人生一大不幸。」

一看李淵突然變得哀傷頹喪起來，裴寂慌忙說：「都是裴某該死，不該提起這些往事，徒惹唐公傷心。來，咱們喝酒，一杯解千愁。」

李淵喝過一杯酒，沖裴寂不自然地笑笑說：「這沒什麼，人生在世，誰不經受個七災八難。大丈夫應拾得起、放得下，以事業為重才是。」

裴寂忙接口道：「唐公畢竟是心胸豁達、可包容天地的當世豪傑，今日咱們在這兒飲酒，當有紅粉佳人侍酒作陪才是。」一會兒進來了兩個年輕俏麗的美人。面對美酒佳人，李淵一會兒就被灌得酩酊大醉，不省人事。

等他一覺醒來，已經是第二天早上，當他看到身邊躺著的兩個美人時，腦子一下子清醒了。這時，突然「哐啷」一聲，房門大開，裴寂一步闖了進來。

李世民力促反隋

裴寂大聲驚呼道：「唐公，這……這可如何是好？這兩個女子，可是當今皇上的心尖子，你倒好，只顧自己快活，卻害我裴寂犯下了滅門之罪。」

李淵可不傻，他怪眼看看裴寂，哂笑道：「裴寂，你用美人計，陷我於不忠。你如此費盡心機，不就是要逼我舉兵嗎？好了，我如今是反也得反，不反也得反。」

裴寂卻笑著說：「這其實都是令郎世民安排的。今普天之下，皆是盜賊，若守小節，旦夕危亡，若舉義兵，必得大位。」

聽說是自己兒子李世民參與籌劃此事，李淵長嘆一聲說：「罷了，就依他的，家破人亡由他，化家為國也由他。你速去告知世民，今日夜間，帶上他的那班朋友，悄悄去我府上議事，切勿走漏風聲。」

這天夜裡，長孫順德、劉弘基、唐儉、武士籛等先後來到了府上。最後到來的，是李世民和劉文靜。待眾人到齊，各自坐好之後，李淵面色平靜地看看大家，從容說：「當今天子楊廣無道，江山板蕩，四方豪傑紛紛起兵，今日共聚一堂，我等該如何行事，可暢所欲言。」

李淵說完之後，李世民應聲說：「欲圖大事，當務之急是招兵買馬，僅靠現有兵馬難以成事。對於招募之事，可偽造當今皇上的敕書，謊稱欲征發太原、西河、雁門、馬邑等郡，年 20 以上、50 以下男子全部為兵，再次東征高麗。敕書一發，必定人心大憂，思亂者益眾。我等乘此混亂起兵，興正義之師，招得 10 萬兵馬當不在話下。」

劉文靜說：「凡舉大事者，天時地利人和缺一不可。如今萬事俱備，天意人心皆歸唐公。唯副留守王威、高君雅乃當今皇上的兩條狗，不能不防。若有必要，應相機除之。」

裴寂說：「唐公的長子建成、四子元吉及眾家眷尚在河東，女兒女婿皆居長安，起事之前，應派人急召他們前來太原。」

武士彠說：「唐公舉大事，少不了錢財糧草。我武士彠萬貫家財，今日情願舉家變賣，以供軍餉。」

　　李淵欣然道：「萬眾一心，力可斷金。有眾位義士如此竭誠相助，何愁大事不成？」就這樣，李世民父子決定起兵反隋，戰爭一觸即發。

李淵父子起兵晉陽

　　李淵父子決議起兵後不久，由偽造的皇上敕書，貼滿了大街小巷和各大路口。太原城裡立時像開了鍋，人心惶惶，群情洶洶。

　　而在此時，在太原留守署衙內，留守李淵和副留守王威、高君雅卻正在商議著另一件大事。

　　「劉武周在馬邑舉旗造反，北聯突厥，攻城略地。目下已攻下雁門、樓煩等郡城，且以美女金銀賄賂突厥。賊勢凶悍，兵強馬壯。我等受命鎮守太原，卻不能殲滅反賊，制止動亂，罪當滅族，你們看該怎麼辦才好？」李淵滿面憂戚，問王、高二人道。

　　王威、高君雅亦深感憂懼，卻不知計將安出，便請李淵早拿主意。

　　李淵道：「自古兵來將擋，水來土掩。但朝廷用兵，一行一動皆受兵部節度。如今賊兵在數百里之內，而皇上卻在數千里之外的江都，再加上道路險阻，沿途又有各地反賊扼守，如何請旨調兵？只以太原城裡這點兵馬，去抵擋劉武周與突厥人的磅礴之勢，莫說消滅賊眾，就是自我保全都很難，如今進退維谷，我也無可奈何。」

　　王威亦感到形勢危急，事態嚴重，焦急地說：「唐公既是國之棟樑，又是皇室近親，與國家社稷共休戚。如今時勢緊急，若等奏報朝廷，必貽誤軍機。自古將在外，君命有所不受。要想平息叛亂，在此非常時期，唐公完全可以獨斷。」

　　「既然二位將軍同意，為今之計，必須儘快招募兵馬，準備與劉武周決戰於太原城下。」

　　於是，李淵下令在太原及附近各郡徵集士卒，招兵買馬。四方百姓，已

對朝廷恨入骨髓，更怕被擄去東征高麗。既要當兵，何不投到唐公麾下？於是紛至沓來，踴躍應徵，連各處山林中的起事豪勇，也聞風來投奔。不過十幾天的時間，便募集兵馬五六萬之多。王威、高君雅畢竟是隋煬帝派來暗中監視李淵的，這些日子見應募者如潮湧般而來，李淵又將這些兵勇讓長孫順德、劉弘基分別統率，便疑竇叢生。另外，劉文靜乃是朝廷欽犯，竟被李淵背著他們私自釋放，因而更加狐疑。隨著時間的推移，王、高二人已經察覺李氏父子密謀起義的事，於是兩人暗中策劃了一場晉祠祈雨大會，想哄騙李淵前來，將他殺害。一天夜裡，王威和高君雅來到武士彠的住處，神祕地說：「長孫順德和劉弘基為逃避遼東之役，隱匿太原，所犯皆為死罪。而唐公卻讓他們手握重兵，依為干城，真不知出於何意？對此二人，我等欲借祈雨大會的時機再對他們捕拿，你看如何？」

王、高二人幾年來與武士彠過從甚密，以為是可以推心置腹的生死之交。武士彠聽了二人的話，便笑著勸道：「這些人都是唐公的客人，若是那樣做，豈不惹翻了唐公，引出大麻煩來？」王、高二人一聽話不投機，雖然心中疑慮，也只好作罷。

第二天一早，武士彠便將兩個人的話告訴了李淵。李淵苦笑道：「如今已是箭在弦上，不得不發。二賊既已窺破端倪，自來找死，就怪不得我李淵心狠手辣了。」

到了祈雨的那一天，李淵來到晉祠與王、高會見，這時長孫順德、劉弘基等人在殿廷之內俟機待發，而李世民又伏兵晉陽城外，嚴密封鎖，以備不測。在祈雨會上，李淵正和王威、高士雅說著話，忽然聽到大堂外一片聲嚷叫，隨即，劉文靜帶領劉政會急步闖進大堂。

劉政會大聲說：「唐公，我聽說有人欲反叛朝廷，所以特意持密狀奏稟。」

李淵示意王威去接密狀，不料劉政會卻說：「我所告的正是這兩個副留

守的反情，這密狀只有唐公能看。」

李淵接過密狀，匆匆看了一遍，盯著王、高二人說：「好啊，汝二人原來早有反心，居然暗中勾結突厥，裡應外合，想要居中取事。」

一聽此話，高君雅猛地從座椅上跳了起來，尖聲喊道：「賊喊捉賊！這是謀反者欲殺我等！」

李淵卻不聽他亂喊亂叫，喝道：「來人，將這兩個亂臣賊子拿下，送入大牢候審。」

王、高二人怎肯束手就擒，不料長孫順德帶著數十名兵士，各持明晃晃的刀劍，眾人一擁而上，將高、王二人綑綁送往大獄。就在李淵將王威、高君雅以勾結突厥的罪名逮捕下獄的第二天，竟真的有數萬名突厥兵馬，風馳電掣一般來到太原，恰像是如約而至一般。太原城裡雖然有新募兵丁五六萬人，但多未經訓練，更缺乏攻城守陣的實踐經驗，上上下下不免大為慌亂。

李淵急召眾人商議對策，李世民說：「突厥人突兀而至，志在寇掠財物牲畜，並無攻城占地之心。我們一方面將軍隊嚴密部署在各街巷，嚴陣以待；另一方面洞開四門，敵軍不辨虛實，必不敢貿然入城。縱使入城，地理不熟，方位不明，我城中軍民與敵人短兵相接，展開巷戰，必能大獲全勝。」

李淵認為世民所言有理，隨即下令大開城門。突厥兵馬風捲而來，卻見太原城各門洞開，城中偃旗息鼓，寂無聲息，竟如一座空城一般，不知李淵用的是什麼計，遲疑徘徊了許久，終不敢進城，又從東門悄悄退了出去。這樣一來，城中軍民都認為突厥人果然是王、高二人密謀引來的，皆咬牙切齒，必欲殺此二人。李淵見民心可用，決計抓住這一天賜良機，殺賊祭旗，乘勢起兵。

五月甲子日，晨光熹微。平日空空蕩蕩的太原大校場，突然變得嘈雜喧鬧起來，旌旗飛揚，人喊馬嘶。一隊隊年輕兵士，自四面八方趕赴校場，在場內東、西、南列成了 3 支大方隊，人人昂首挺胸，肅然而立。

太原城的百姓們似乎早就得到了消息，一大早便扶老攜幼擁進了校場，抬頭看看校場中央高高飄揚的書寫著「李」字的那面大旗，禁不住想起了「李姓之人當有天下」的那則傳聞，一個個交頭接耳，議論紛紛。隨著一陣急驟的馬蹄聲，太原留守唐公李淵，銀盔鐵甲，身披一襲猩紅色戰袍，帶領十幾騎人馬，威風凜凜地急速馳入校場。來到正北點將台處騰身下馬，左有李建成、李世民、李元吉、柴紹，右有裴寂、劉文靜、劉弘基、長孫順德，前呼後擁登上了點將台。場內軍民不下十餘萬人，在這一刻突然同時瞪大了眼睛，屏住了呼吸，一切喧嚷聲戛然而止，空氣就像凝滯了一般。

李淵跨前數步，雙手抱拳於胸，以洪鐘般的嗓音高聲喊道：「當今天子無道，盜賊蜂起，民不聊生。我李淵為拯救萬民於水火之中，決定即日起兵，擁戴王楊侑為新帝。從今日起，各郡縣均宜改旗易幟，雜用絳白之色。」

話音剛落，校場裡立時響起雷鳴般的歡呼之聲。

這時候，便聽晉陽宮副監裴寂喊道：「將密通突厥的亂臣賊子王威、高君雅拖出來，殺賊祭旗開始！」這就是著名的晉陽兵變。

首戰勝利攻克西河

李淵以勾結突厥人的罪名殺了王威、高君雅，而自己卻為情勢所逼，不得不遣使與突厥人通好。就在起兵前的一夜，李淵與李世民相對而坐幾乎通宵未眠。

李淵沉吟半晌說：「這樣做便有裡應外合之嫌，會失掉中原人心，我父子豈不成了劉武周第二？」

「成大事者不拘小節，我們出使突厥，世人並不知曉。再說，我們這不過是權宜之計，僅以財物相贈，與劉武周的俯首稱臣，完全依附於突厥人截然不同，怎麼能說是裡應外合呢？」

「好吧，此事就這麼辦，你看該派誰前往突厥呢？」

「劉文靜有膽有識，又能隨機應變，足可以擔當此任。」

「我想也是此人最能勝任，就派他去吧。另外，還有一股勢力也是極大的威脅，萬萬不可忽視。」

「父親可是指李密所率領的瓦崗軍？」

李淵笑了：「李密自恃兵強，妄自尊大。我想修書一封，推他為天下盟主，並邀他共取長安。如此謙辭以驕其志，或可消除來自東面的威脅。」

「父親所言極是，劉文靜也曾說過，李密其人恃才傲物，剛愎自用。若能謙遜，推他為盟主，必能使他麻痺懈怠於一時。更何況，他現在忙於進攻洛陽，已被王世充的隋軍困住，待他騰出手腳來對付我們時，說不定我軍已拿下長安，穩居關中了。」

說到此處，父子二人同時大笑。李淵又說：「去瓦崗送信的人選，我想派你的好友唐儉前往，你看如何？」

「唐儉鼓動如簧之舌，保管讓李密一頭霧水。」李世民笑答。

太原起兵後的第二天，劉文靜、唐儉分頭出發。天尚未亮，劉文靜便帶上兩名侍衛，瞞過眾人，騎快馬向北疆悄悄奔去。而唐儉則帶上數十名隨從，由李淵親送至太原城東門，大搖大擺地向東進發。距洛陽城尚有四五十里，唐儉已遠遠看見寨柵環列，旌旗高揚。

唐儉自報來歷之後，在一名侍衛軍校的引領下，來到中軍大帳。見過瓦崗軍首領李密，呈上了唐公李淵的書札。李密仔細看過書信，面呈喜色。自從聽說李淵在太原起兵之後，他便感覺到又生出一個強大的對手。如今見李淵在信中主動推他為天下盟主，並約他合兵西取長安，心下自然高興。但他自然不會輕信，冷冷地問道：「唐公李淵為何要推我做天下盟主？」

這原是在意料中的問題，唐儉隨口答道：「魏公雄才大略，當世無雙。又擁兵數十萬，麾下兵精將勇，今日天下為牧，非魏公而誰？」

「不然。唐公亦是雄視天下之人傑，此次揮兵西進，奪取長安不為難事，為何不自登大寶，南面稱尊？」

「王者天命，非人力可致。魏公姓名合於圖讖，正是上應天命之人，唐公不是糊塗人，豈敢與天爭命？」

李密忽然哈哈大笑，突然又收斂了笑容，鐵青著臉說：「此係妄語，欺人之談。若說圖讖，前幾年倒是有個方士安伽陀，誣陷皇上，說是將有李姓人當做天子，害李渾全家被殺。且不說此話荒誕不經，就是真的這樣，難道李淵父子們不也姓李嗎？李淵欲用緩兵之計，休想瞞過我去。」

「魏公此話大錯。天下李姓之人多於繁星，難道各個能當天子？這幾年民間流傳的《桃李章》唱道：『桃李子，皇后繞揚州，宛轉花園裡。莫浪語，誰道許。』這『莫浪語，誰道許』，更結結實實是一個『密』字。魏公姓與名皆合於圖讖，楊廣不懂『王者不死，多殺無益』的道理，妄自殺害了李渾全家。

對魏公將來擁有天下，唐公深信不疑，因此，才願意推魏公做天下盟主。」

「既如此，李淵又何必冒險起兵呢？」

「魏公知道，近來劉武周勾結突厥，於馬邑起兵，在下臨來之時，唐公一再囑咐，要在下稟明魏公，他已年逾知命，衰老之軀，唯圖自保，斷無覬覦大寶之志。他年若能輔佐魏公成就帝業，仍能封他為唐國公，於願足矣。」

話說得入情合理，不由李密不信。他看看唐儉，微微笑道：「唐公不愧當世俊傑，真識時務者也。足下可速去回覆唐公，讓他揮師逕取長安。待我拿下洛陽之後，再分兵往援。」

剛說到這裡，卻聽有人冷笑一聲說：「唐儉好一張利口，竟能將我主公矇蔽！」

唐儉看時，卻認得是李密的幕僚魏徵，心中不禁咯噔一下，暗忖道：「說了半天，到底沒有瞞過此人，這件事八成要敗壞在他的手裡。」

便聽李密問道：「以先生之見呢？」

「關中乃皇城之門所在的富庶險要之地，豈能眼看著被李淵輕易得去？魏公應暫時撤掉洛陽之圍，移師西征，等到奪取長安之後，再東向以爭天下。」

李密卻不以為然：「時移世易，情勢異矣。如今天下之勢，與數年前已大不相同。隋兵主力，多在中原，洛陽更是朝廷中樞所在。至於唐公，就讓他暫時前往，攻取長安。此公乃仁義君子，想來不會自食其言，有負於我。退一步說，縱使他言而無信，待我攻克洛陽之後，再與他在戰場上一決高低，到時該誰主神器，自有天定。」說完，不再理會魏徵，直接將唐儉親自送出大寨。

唐儉星夜兼程，趕回太原，向李淵說了謁見李密的過程。李淵喜不自勝，笑對眾人說：「李密聽不進魏徵的金玉之言，此天助我也。現在有李密在東面為我們堵住成皋之道，我們可以放開手腳西征了。」

自太原起兵以來，周圍各郡縣紛紛前來歸附唐公。只有西河郡丞高德儒公然對抗，拒絕降順。西河與太原近在咫尺，是下一步出兵南下西進的必經之地。李淵決定先拔掉身邊的這顆釘子，作為大軍進擊關中之前的小試鋒芒。他命長子建成、次子世民為統兵將領，又派太原令溫大有同往參謀軍事，對他說：「眼下咱們兵馬尚少，一定要善於經略，以建功名。」隨即又告誡兩個兒子道：「爾等年少，先以攻打此郡看看你兄弟臨戰如何，一定要勉力為之。」兄弟二人恭恭敬敬地聽完父親的話，發誓道：「兒等自幼便聆聽父親訓誡，早已謹記在心。一定遵循嚴令，攻克西河。若不能成功，請軍法處置。」

　　出師之前，建成、世民和溫大有3人聚在一起商議。世民問道：「以大哥之見，我等此次用兵，何事最為緊要？」

　　建成道：「自然是挑選精兵良將，多備攻城器具，鼓舞士氣，力爭一戰而克，早日凱旋。」

　　世民卻微微一笑，說：「以小弟之見，嚴明軍紀才是今日急務。我們率領的多是未經嚴格訓練的新兵，若不嚴肅軍紀，一旦交戰，便成一盤散沙，還談什麼攻城略地？此次出兵，不僅僅是為了一座西河城，更是為了傳布唐軍威德仁義之名，收攏天下人心，沒有嚴明的軍紀怎麼能行？」

　　對世民的話，溫大有極為讚許，建成也頗覺有理。於是，3人連夜草擬軍法，第二天一早便頒布軍中。

　　六月三日，大軍開始向西河進發。一路之上，將士們畏懼軍紀，果然秋毫無犯。六月的天氣赤日炎炎，如烈火一般。將士們一路急行軍，早已濕透軍衣，飢渴難耐，天近巳時，距離西河尚有數十里，路邊出現了一片桃園。走在後隊中的頭領雷永吉，本是太原附近山林中的小股匪盜，對身邊的幾名弟兄使個眼色。十幾個人悄悄地離開隊伍，猴子一般靈巧地攀到樹上，專揀熟透了的大個桃子，大嚼大咽，飽餐一頓。

首戰勝利攻克西河

這事兒很快便傳到李世民的耳朵裡，剛剛頒布了軍令，便有人公然違犯，此事非同小可。世民令建成繼續帶隊前進，自己卻打馬奔向了那片桃園。他找到了桃園的主人，上前施禮道：「都怪我治軍不嚴，屬下偷吃了你的桃子，在下特來賠罪。」說著，從懷中掏出了 5 兩銀子遞過去，「這算是我們買桃子的錢，還請老丈恕罪。」

那老頭兒驚得目瞪口呆，哪裡敢接這銀子，慌忙推拒道：「這位軍爺說笑了，幾個桃子能值幾個錢？自己樹上長的，就算是小老兒孝敬大軍的。」

世民笑著把銀子塞到了老頭兒的懷裡，說：「老人家能不怪罪，我們已經感激不盡。白吃白拿與土匪賊寇何異？我們唐公的軍隊，不興這個。」說著就衝著老頭兒抱拳一揖，轉身跨上馬背，飛奔而去。

雷永吉怎麼也沒有想到，李世民對這樣一件小事會如此看重。他嚇得心頭怦怦直跳：壞了，公然違忤將令，觸犯軍紀，非得砍自己的腦袋不可，雷永吉嚇得六神無主，渾身上下早已經冷汗淋漓。

雷永吉正在胡思亂想的當兒，忽聽得前面傳下軍令，隊伍原地休息，埋鍋造飯。他心裡咯噔一下，看來今日是在劫難逃。趁將士們吃飯的時候，李世民登上一個高坎，對眾人喊道：「將士們、弟兄們，剛才行軍路上，有些人成群結夥，偷吃百姓的桃子。軍法頒行不出 3 日，便有人公開違犯。你們說，該怎麼辦？」

一些人立即喊道：「自古軍法如山，既然有人敢於蔑視軍法，就該殺無赦。」

「沒錯，這些人依律當斬。不過，念在此次西河之役，乃是我們舉大事以來的第一仗，開戰之前，先殺自己人，實非吉兆，這次便暫且饒過他們。他們是誰，本將軍並不知道，也不想再追究。但是，」說到此處，李世民忽然變得聲色俱厲，執劍在手，猛地一揮，將身邊一棵小楊樹齊齊地攔腰斬

斷，「以後倘若有人再敢違我軍令，猶如此樹。」

　　雷永吉聽到此處，不覺又驚又喜，頓時熱血奔湧。他突然站出來，直奔到李世民面前，撲通一聲跪下，顫聲說：「李將軍，我雷永吉就是那個偷吃桃子的人。請將軍以軍法處置，以懲治來者。」李世民不曾料到有這一幕，他稍稍一愣，突然哈哈大笑：「好，敢做敢當，是真男子漢。不過，本將軍說了，今日之事不再追究。到了西河，你可與弟兄們英勇殺敵，將功折罪。」

　　雷永吉急忙磕頭謝恩，激動地說：「謝將軍不殺之恩，從此以後，俺這條命就是將軍給的，任憑將軍驅遣，上刀山下火海，萬死不辭。」

　　大軍來到西河城下，已是第二天傍晚，暮色蒼茫，鳥雀歸林。城中守軍沒料到唐軍會來得如此神速，恰是攻城的大好時機。李世民大喊一聲，帶領四五百騎旋風一般衝向城門。城門處立時炸了鍋。回城的百姓們像沒頭蒼蠅一般，你擁我擠地向城內擁去。年輕力壯的擁上了吊橋，老人、婦女和孩子們卻被擠到了一邊，有的被踩倒在地，有的掉進了護城河裡，哭喊之聲驚天動地。城上的守軍管不了這麼多，正在不顧一切地絞動纜繩，要收起吊橋，李世民立馬收住轡繩，以長劍指著城上的守軍，高聲喝道：「城上聽著，為了城外這些無辜百姓免遭屠戮，本將軍今日暫不攻城。明日一早，大軍圍城，告訴高德儒，叫他好生守護。」

　　第二天早晨，天剛微亮，大軍雲集城外。隨著一聲響亮的號炮聲，千軍萬馬像潮水一般湧到城下。雷永吉帶著他那幫弟兄們，居然打了赤膊，不要命地衝到了最前頭。攻守雙方都殺紅了眼，陷入了相持不下的膠著狀態。止在此時，城東門轟隆隆打開，吊橋不知被誰放了下來。城門處有人高舉著白旗，大聲呼喊著：「唐軍弟兄們快進城，我們反戈了。」

　　李世民、李建成大喜，率領騎兵將士，一馬當先衝進了城去，然後扼守

住城門、吊橋，指揮大隊人馬陸續進城。守城的兵士見唐軍已大批擁進城來，大勢已去，便紛紛繳械投降。李世民隨即下令，除了斬殺郡丞高德儒之外，不殺一人。郡中原有各級官佐，一律恢復原職。對城中百姓，不得有任何侵擾，要多加撫慰，讓他們各復其業。遠近百姓聞知，盡皆歡喜。李建成、李世民分撥一支人馬駐守西河，然後率軍回師太原。整個西河之役，總共才用了 9 天的時間。看著凱旋的兒子們，李淵喜不自勝：「西河之戰的順利，始料未及。如此用兵，雖橫行天下可也。」

再次勝利攻下霍邑

　　拔掉了西河這顆釘子，掃清了南下西進的第一道障礙，該是乘虛進兵關中，向著建立新王朝的目標挺進的時候了。李淵首先建置大將軍府，自任大將軍。大將軍府下轄三軍：李建成為隴西公，左領軍大都督，統率左三軍；李世民為敦煌公，右領軍大都督，統率右三軍；李元吉為太原郡守，留守晉陽府。裴寂為長史，執掌軍中所有文書；劉文靜為軍司馬，執掌軍務；唐儉、溫大雅及其弟溫大有為記室，同掌機密；武士彠為鎧曹；劉政會、崔善為、張道源為戶曹；姜暮為司功參軍；長孫順德、劉弘基、竇琮、王長諧、姜寶誼分別為左右統軍、副統軍。

　　大業十三年七月，李淵親率 10 萬大軍，誓師出征。太原百姓夾道相送，祈禱上蒼庇佑，讓唐公出師大捷，早定天下。

　　西取長安的進軍路線，是沿汾河東岸南下，直搗潼關，然後冉由潼關取道西進。而橫亙於進軍途中的第二道大障礙便是霍邑。霍邑北臨汾水，東依霍山，形勢十分險要。

　　此時守衛霍邑的，是以驍勇著稱的隋朝虎牙郎將宋老生，部下擁有三萬之眾。同時，又有左武侯將軍屈突通率 3 萬人馬駐守河東，與之遙相呼應。

　　當大軍行至霍邑西北 50 里的雀鼠谷一帶，適逢天降大雨，竟一連 20 多天不肯放晴。

　　進軍的路上，積水成坑，泥濘不堪，根木無法前進。唐軍為人雨所困，只好在地形較高處安營紮寨，暫時滯留在這曠野之中，等待雨停天晴。然而，大軍的給養已經不足，李淵派到太原增運糧草的隊伍至今未歸。

　　恰在此時，軍中又悄悄地流傳起一股謠言，說是劉武周聯合突厥兵正在

南下，意在乘虛攻取太原。一時軍中人心惶惶，是繼續前進，還是回師太原，李淵有些舉棋不定，便召集眾將領至中軍大帳議事。

大家坐穩之後，李淵說明意圖，裴寂率先說：「太原乃是一方都會，又是我軍根本之地，義軍家眷都在那裡。以在下之見，不如先守住太原，以後再徐圖大事。」其他許多將領都紛紛附會裴寂，李淵也贊同裴寂等人的意見，打算暫時回太原。

只有李世民不同意，他說：「劉武周稱帝之後，位極而自滿，他暫時無力也無意南下。突厥人多疑而貪利，雖與劉武周勾結，不過是互相利用，內心卻各有猜忌。那突厥人怎麼可能近舍馬邑而遠圖太原呢？朝廷既聽說我等起兵，正調兵遣將，紛紛趕至通往西京的路上。我若一鼓作氣，挺進長安，則只有迎面的守軍相拒。若是此時退兵，突厥人、劉武周反而會不謀而至，宋老生、屈突通也會追奔而來，我軍必陷於首尾受敵、四面被圍的窘境。」李建成、唐儉、長孫順德等人極力贊同李世民之見，力主義無反顧，長驅西進。

見李淵多時沉吟不語，李世民又說：「如今滿山坡都是莊稼，不愁人馬缺糧少草。宋老生此人，驍勇有餘，卻暴躁無謀，破之不難。兒等願捐軀力戰，鼓噪而前。還請父帥且勿猶豫，雨停之後，即發兵霍邑。兒等若不殺宋老生以取霍邑，情願以死謝罪。」

儘管李世民說得慷慨激昂，口乾舌焦，但老成持重的李淵，還是要以保住太原為根本。他認為裴寂說的有一點十分重要，那就是萬千將士的家眷都在太原。至於李世民的話，雖說也有幾分道理，但畢竟是初生牛犢不怕虎，憑著年輕人的熱血，將複雜紛紜的戰事看得太簡單，勇氣有餘，而穩健不足。

李淵不再理會李世民和李建成他們，看看眾人說：「不要再爭了，我意已決。今日傍晚，大軍便拔寨回師。西取長安，也不在這一朝一夕，以後可慢慢圖之。」

晚飯之後，雨勢略減，但還在淅淅瀝瀝地下個不停。李建成的左軍已陸續拔營，踏著泥濘，垂頭喪氣地向北迤邐而返。

李世民心急如焚，他認定此一去將再無西征之日，數月之中嘔心瀝血促成的舉義大事，就這樣功敗垂成，毀於一旦。他不甘心，要繼續拚死力爭。因此，李世民下令他所率領的右三軍，繼續穩守營寨，沒有他的命令，一兵一卒不得北歸。

當天夜裡，李世民又來到了父親李淵的營帳。李淵裝睡不肯見他。李世民想到這次撤軍而去，不僅僅是舉義大事將化為泡影，弄不好還會全軍覆沒，不禁失聲痛哭起來。

李淵大驚，霍地翻身坐了起來，讓人把李世民召進帳來。

「男兒有淚不輕彈。汝身為大將，堂堂七尺鬚眉，因何事深更半夜在帳外哭泣？」「孩兒一時情急，不能自抑，驚擾了父帥，還請恕罪。不過，我等為伸張大義發兵，義旗一舉，萬民翹盼，天下傾動。一旦退縮，則將士喪志，百姓寒心，孩兒一念及此，怎麼能夠不悲傷？」聽到這裡，李淵似乎有所醒悟，不禁為之動容，說：「大軍已向北出發，如何是好？」李世民馬上接口道：「孩兒所率右軍未發。左軍雖已開拔，想必所去不會太遠，孩兒願意快馬追之。」

八月初一這天，一連下了20多天的大雨終於停了。李淵下令，讓將士們晾曬鎧甲行裝，準備繼續西進。正在此時，有人來報，劉文靜從突厥出使歸來，而且帶來了一隊突厥人馬。

李淵大喜，急忙將劉文靜接入帳中，詳細詢問他出使突厥的經過。劉文靜此次出使，假意給出了一個肥美的釣餌，說：「唐公許諾，等到與可汗兵馬同入長安之後，百姓土地歸唐公，而財帛金寶歸突厥。」

始畢果然滿心歡喜，當即設宴款待劉文靜。不僅答應不趁火打劫，而且

再次勝利攻下霍邑

還派大將康鞘利率領騎兵兩千跟隨劉文靜同來參戰，另外資助戰馬1,000匹。

八月初三凌晨，乘著漫天大霧，李淵率領大隊人馬，從東南山小路進軍，神速地出現在霍邑城下，在城東五六里處安營紮寨。

霍邑臨山傍水，易守難攻。宋老生採取堅守不出的策略，唐軍又缺乏攻城戰具，若是久攻不下，長期拖延在這裡，不能迅速西進，對唐軍將極為不利。

李淵對此深為憂慮。李世民獻計道：「我們可先放出謠言，就說宋老生與我軍早有勾結，因此不肯出兵截擊，眼看著放我們挺進關中。他當然知道楊廣性好疑忌，害怕下屬參奏他通敵，朝廷治他叛亂之罪。到那時，看他還能坐得住？」

當天晚上，李世民挑選了數十名弓弩手，將書札綁在箭桿上，從四面八方射入城中。

第二天，霍邑城中果然謠言四起，軍民們一傳十、十傳百，都說主將宋老生已生叛逆之心，暗中勾結唐軍，頓時人心大亂。

宋老生聽了這些謠傳，氣得暴跳如雷。正在此時，李世民、李建成帶領大隊人馬，從城下大路上招搖西行。李世民在馬上向城頭守軍拱手說：「多謝宋老將軍借道之美意。他日攻克長安，另立新主，我李世民定會為將軍請立頭功。」

宋老生正站在城上瞭陣，聞聽此言，頓時勃然大怒：這小子太輕狂！他決意親自領兵出戰，殺殺唐軍的氣焰。於是，宋老生命人打開城門，親率3萬人馬，傾巢而出。

這時，李淵在城東列陣，將士們高聲叫罵。宋老生挺槍縱馬，指揮大軍掩殺過去。雙方交戰不久，李淵下令收縮陣地，宋老生率隊緊追不捨。

趁此機會，李世民、李建成引領西去的大軍，急速回師，直逼城下，先占領了東門和南門外的高地，截斷了宋老生的退路。

李世民揮舞雙刀，一陣風似的從背後殺入了隋軍陣地，將士們見主將如此神勇，各個奮勇爭先，以一當十，隋軍後隊登時大亂，爭相向城門處奔去。李世民、李建成的軍隊早已守候在城門處，見潰軍如一窩蜂似的亂糟糟蜂擁而來，便抖擻起十分精神，奮力斬殺。

宋老生見 3 萬人馬霎時潰散，只好向西落荒而逃。此時，城上守軍看到主帥，連聲大呼，並從城頭上放下一條繩索。唐軍中有人驚呼：「莫放跑了宋老生！」

李世民見狀，一面取弓搭箭，一支長箭飛射而去，不偏不倚，正中宋老生後頸。此刻，暮色降臨，李淵下令乘勝登城。軍頭雷永吉口咬短刀，冒著不斷飛來的流矢，第一個登上城頭，他揮刀奮力砍斫，連殺數人。已經沒有了主帥的守城隋軍群龍無首，還能有什麼鬥志？至此便一哄而散。

雷永吉帶領弟兄們飛快地跑下城牆，打開南門，放下吊橋，大隊人馬蜂擁而入。占領霍邑城，西征路上的又一大障礙被掃清了。霍邑大捷之後，李淵一面打開糧倉，分發給城中百姓；一面以庫中金銀絹帛，獎賞有功將士。

李世民在大軍進與退的關鍵時刻，力排眾議，論功行賞，李世民毋庸置疑當屬頭功。李淵下令，獎賞其黃金 500 兩。

眾將領紛紛來賀，李世民淡淡一笑：「攻城略地，衝鋒陷陣，都是弟兄們冒死在前，霍邑大捷，是他們用血肉之軀換來的。」說罷，他把雷永吉叫來，將 500 兩黃金全部交給他，叮囑道：「你把這些黃金全部分給營中弟兄們。他們在這裡打仗賣命，家中父母妻兒說不定還在忍飢挨餓。記住，特別是那些陣亡的弟兄，要給他們家中多捎帶一些去。」

雷永吉手捧著黃金，忽然雙膝跪下，嘴角哆嗦了許久，沒說出一句話來，而一大串熱淚，卻從眼眶中急速地滾落下來……

各路軍馬圍攻京城

霍邑大捷之後,唐軍馬不停蹄,乘勝南下,攻入臨汾郡,接著又攻克絳郡。攻下絳郡的第二天,關中一股義軍的首領孫華,率領一萬人馬和大批的刀械輜重,前來歸順。

唐軍此時已有 12 萬之眾,聲勢大漲。兵精馬壯,民心所向,正是一鼓作氣,直下長安的大好時機。不料在這個關鍵時刻,李淵的屬下將領們,卻在是否攻打河東郡的問題上產生了嚴重的分歧。

河東郡依山傍水而建,城池異常堅固。眼下有隋朝左武侯將軍屈突通率兵據守。屈突通乃是大隋王朝的名將,不僅驍勇異常,而且謀略過人。

李淵召集眾將領商議對策,裴寂說:「屈突通擁有精兵三萬之眾,我們若不攻下此城,舍之而去,日後倘若進攻長安不克,前有朝廷大兵拒擋,後有屈突通率領河東之兵來援,將腹背受敵。」

裴寂說完,眾將領紛紛求戰。自霍邑城攻下之後,唐軍又連克臨汾、絳郡,一路勢如破竹,所向披靡。將領們以為小小河東城可以輕取,都想趁熱打鐵,奪下河東,以絕後顧之憂。

李世民聽眾人說完,才說:「眾位將軍欲攻打河東,眼下不合時宜。兵法所謂『兵貴神速』。我們的目標是攻取長安,現在正應挾屢勝之威,撫歸順之眾,鼓行而西。若是為了一座河東小城,在此糾纏不休,坐費日月,士氣喪失,必誤了大事。至於屈突通其人,並非隋朝的心腹之將,如今侷促一隅,不過是為了保存實力,以觀風向。我大軍渡河西進,直接攻入長安,陷入腹背受敵之境的可能性微乎其微。『功者難成易敗,機者難遇易失』,當此之時,我等萬萬不可『失機』。」

李世民說完，劉文靜、王長諧等人極表贊同，其餘眾將則一時默然。李淵認為李世民所言切中要害，且有膽有識。但是，為了以防萬一，他還是決定留下部分兵力，由姜寶誼、姜寶琮率領，作為偏師，繼續圍攻河東，牽制屈突通。

　　李淵率大軍渡過黃河之後，向西南挺進，九月中旬，大軍抵達朝邑。李淵住進長春宮，下令兵分兩路，以李世民所率領的西路為主力，從北、西、南三面包抄京師長安。然後，再讓李建成所率東路軍西進，對長安形成合圍之勢。

　　李世民率軍西下，各地官府紛紛獻出城池。另外，分散於長安周圍的那些大大小小的義軍，聽說李唐大軍已到，也都望風歸順，數十日內便擴大至13萬人馬。

　　占領涇陽、雲陽、武功之後，李世民分兵據守，又親率大軍掉頭向南，準備奪取周至和戶縣。大軍行至半路，忽見前面大道上塵土四起，旌旗飄動，迎頭攔住去路。李世民大感意外，自入關中以來，還未碰上過一支敢於公然攔路交戰的勁旅，這是從何處飛來的人馬？正在迷惑，忽然聽有人喊道：「來者可是唐公李淵的隊伍？」

　　長孫順德馬上粗聲地回答道：「正是。我們乃唐公麾下大將軍李世民所率義師。汝等何方賊寇，還不趕快歸降。」

　　「二哥，我來了！」隨著一聲銀鈴般的嬌呼，一員銀甲素袍的年輕將領，乘一匹如火團般的棗紅駿馬，從對面疾馳而來。

　　聽了那一聲十分耳熟的呼叫，李世民已猜到是誰來了。及至走到近前，李世民仔細看時，果然是三妹平陽公主。李世民慌忙下馬，將小妹摟在懷裡。

　　「妹子怎麼會是這身裝扮？這是哪兒來的人馬？你這是要去哪裡？」李世民忍不住連珠炮般地發問。

「二哥先別問這個，這事說起來話太長。父親和大哥、四弟在哪裡，他們可都好？」

「都好都好，小弟留守太原，父帥和大哥現都在進軍途中。」

「二哥今日欲領兵何往？」

「奉父帥之命，前去攻占戶縣、周至。」

平陽公主嘻嘻笑道：「殺雞焉用牛刀。兩座彈丸小城，何須勞煩二哥大駕？小妹已將它們拿下了，現在已經由我們的兵馬據守。」

「真的？想不到小妹如此了得。幾年未見，當年的小姑娘竟一躍而為巾幗英雄！」李世民大喜過望。

「二哥謬獎了。區區兩座小城，連同這幾萬人馬，就算是小妹送與父親和哥哥的見面禮了。」

李世民欣喜地看看妹妹，再看看妹夫柴紹，3個人不禁同時大笑。周至、戶縣那邊不用再去，李世民立即下令隊伍轉回武功，殺牛置酒，為妹妹慶功，為她帶來的數萬將士接風洗塵。

當天夜裡，李世民與平陽公主、妹夫柴紹住進了他們李家建於武功的別館裡。平陽公主15歲時嫁給柴紹。不久，父親李淵被任為河東、山西慰撫大使，帶上家眷前往赴任。而平陽公主便與丈夫柴紹留居長安，一直過著平淡而又溫馨的生活。今年春上，夫妻倆忽然接到父親的密令，讓他們夫婦火速離開長安，急赴太原。平陽公主知道父親欲舉大事，一起出逃勢必引起注意，在這種情況下，平陽公主當機立斷地說：「你應該趕緊離開，我是一個婦人，遇到危險容易躲藏起來，到那時自己會有辦法的。」

於是，柴紹立即從小道直奔太原，此時李淵已在太原起兵，消息很快便傳到了朝廷。東去的各個路口、關卡，已接到朝廷公文，到處張貼畫像，緝捕她與柴紹。無可奈何，平陽公主只好掉頭往南，沿著山間小路向戶縣走

去。回到戶縣之後，平陽公主將莊院和田產通通變賣，把所得銀兩一點兒不留，全部分發給當地民眾。接著，便在深山中樹起大旗，招募兵勇，響應遠在太原起兵的父親唐公，數月之內，便聚集了幾萬人馬。當李淵率軍西進的消息傳來之後，她便一舉攻克縣城，作為日後獻給父親的見面禮。

不久，李淵堂弟，也就是李世民堂叔李神通，也在藍田縣舉旗造反，聚集了近一萬人馬，率隊來到戶縣與平陽公主會師。平陽公主與叔父合兵一處，足有3萬餘人。他們又攻下了周至縣城，為唐公率大軍圍攻長安鋪平道路。李淵主力渡過黃河進入關中後，他派柴紹帶了幾百騎兵去迎接平陽公主。

李世民與妹妹會師的第二天，李世民命長孫順德、劉弘基、柴紹各率一支人馬，分赴涇陽、周至和戶縣，嚴加據守。令叔父李神通、小妹平陽公主跟隨自己的中軍，共同守護武功。並派人向已開進長安故城的父親通報軍情，請示何日攻打長安。此時，大將殷開山已攻下扶風縣城，唐軍從北、西、南三面鐵桶般地將長安死死圍住。

順利拿下長安城

　　萬事俱備，只欠東風。在圍困長安的 20 萬唐軍之中，竟有 16 萬是李世民直接統率的部屬。李世民絲毫不敢大意，每日馳驅於各個縣城之間，督促諸將領們日夜操演兵馬，夙夜操勞，事必躬親。

　　一天傍晚，李世民從扶風騎馬趕回武功的中軍大帳，已成為他貼身侍衛的雷永吉進來稟報：「將軍，軍門外有人想見您。」

　　「讓他進來就是了。」「他不肯，指名道姓要將軍到軍門外迎接。」「唔，是個什麼樣的人？」李世民頓感詫異。「看樣子 40 多歲，像個教書的學究。」「你沒問他叫什麼名字？」「問了，他不肯說，只說姓房。」「啊呀，是他！你怎麼不早說，走走走，快去迎接。」

　　李世民疾步趨至軍門，便見一個中年男人站在外邊，不時地緩緩踱步。李世民一邊走一邊仔細地打量著他，只見此人約四十六七歲的樣子，黃面皮，黑鬍鬚，兩道淡眉下，一雙不大的眼睛黑白分明，閃動之間，於精幹中透著沉穩老練。

　　見李世民走出軍門，那人方迎上前來，略施一揖說：「在下房玄齡，一介布衣，卻必欲將軍枉駕出迎，未免有失狂狷。將軍果然迎出軍門，足見折節下士之誠，房某不虛此行了。」

　　李世民慌忙還禮笑道：「世民久慕先生大名，如雷貫耳。未能遠迎，尚祈先生恕罪。」說罷，上前挽住房玄齡的手，將他熱情邀請至中軍大帳。

　　李世民說的都是心裡話。自進關中之後，他在征戰餘暇，把大部分精力都用在訪求高人賢士上，以充實自己的幕府。房玄齡這個名字，已不知聽多少人說起過，只是無緣相見。李世民曾派人四處探訪，終不得遇，想不到今

日他能主動來訪。「先生不辭勞苦，親自至軍中造訪，必有奇策授於我，還請不吝賜教。」李世民開門見山，看看房玄齡，態度虔誠地說。

「將軍率仁義之師入關，威名布於四海。玄齡慕名而來，說奇策妙計談不上，心中倒是有個不小的疑團求教於將軍。」房玄齡也不繞圈子，開口便直奔主題。

「先生請直道其詳。」

「貴軍號稱 20 萬，四面圍定京師已逾旬日。不知為何遲疑不發，至今不肯攻城？」

「先生是問這事。在下也頗為著急，已多次催促父帥發兵攻城。但父帥總說時機未到，要再等一等。」

房玄齡笑道：「唐公之意，明眼人一看便知，無非是要證明大軍在太原舉義時所言『尊隋夾輔』之意不虛，因為奪取京師不難，要坐穩京師，收攬天下人心殊非易事。能夠不戰而下人之城，和平進軍長安，儘量保持朝廷各有司穩定有序，以免進城後陷入混亂，這自然是上上之策……」

房玄齡又說：「恕在下冒昧直言，上策歸上策，但時機不對。此時何時？群雄競起逐鹿，誰甘心隋『鹿』落於汝父子之手？中原一帶李密、竇建德，江淮的杜伏威、蕭銑等且不說，他們離長安尚遠。京師以北以西，又有多少逐鹿高手？梁師都據有復州朔方，國號為梁，北連突厥；李軌占領武威，保據河右；薛舉、薛仁杲父子，以金城為首府，國號西秦。這些人都已稱帝稱王，其中以薛舉父子最為猖獗，若是他的 30 萬大軍奔突而來，試問貴軍將何以應付？京師之西又是一片血染屍橫的戰場，哪還有餘力去奪取長安？攻城時機稍縱即逝，萬不可再猶疑不決，還請將軍三思。」

聽到這裡，李世民不禁擊掌說：「先生所言，恰好命中今日情勢之要害，也正是我日夜憂慮之所在。不過，父帥固執己見，我與大哥多次苦勸，

他都不為所動，如之奈何？」

見李世民心急火燎的樣子，房玄齡稍一思索，斷言說：「文諫不行，何不武諫？」

一聽「武諫」二字，李世民心中悚然一驚，疑惑地看看房玄齡。「將軍麾下，甚多最近歸附的山賊流寇，這些人大都是三輔一帶的土著之民，又多為亡命之徒，對隋朝廷恨入骨髓，必欲亡之而後快，因而攻城心切，迫不及待。又編於義軍不久，其野性未改……」

「妙計！好主意！」未等房玄齡說完，李世民已高興地叫了起來，「先生的意思，是讓這些新歸附義軍的軍隊，不遵軍令，擅自強行攻城，以造成義軍攻城的事實，使父帥箭在弦上，不得不發。這主意高明至極。」

李世民興奮地從座椅上站了起來，在帳內來回踱步，頃刻說：「好，這事就這麼定了。另外尚欲請教先生，大軍攻占京師之後，下步平復動亂，安定天下這盤大棋該如何走法？」

「先掃蕩西北，穩住三輔，建立磐石砥柱般的強固後方。然後據關中富庶險要之地，厲兵秣馬，養精蓄銳，徐觀中原群雄惡鬥。二虎相爭，必有一傷。待彼竭我盈，可東出宛洛，南向江淮，一鼓而蕩平天下。」房玄齡成竹在胸，隨口答道。

這一見解與李淵父子的想法不謀而合。李世民暗暗慶幸自己初入關中這塊藏龍臥虎之地，便遇上了一位張良式的高人奇才，忙說：「當年孔明未出隆中，已熟思三分天下。如今先生隱居京畿，便謀定一統神州。父帥欲成就大事，今日得人矣。明天世民便向父帥舉薦先生。」

房玄齡忙搖首說：「將軍謬獎了，玄齡草芥之人，怎敢與先哲古賢相比？再者，玄齡此來，只慕將軍之名，何須驚擾唐公？」

李世民略一思索，說：「也好，那就先委屈先生做個記室參軍。此後軍中大小事宜，世民也好旦夕討教。」

這樣，兩個人你一句我一句，越說越投機，都有相見恨晚之感。不知不覺之中，帳外天已大亮。次日下午，果然有冠氏縣令於志寧、安養縣尉顏師古等一批飽學之士，因受房玄齡之約，如期來投，李世民喜不自勝。更讓他感到高興的是，他的妻兄長孫無忌也是最早參加舉義的長孫順德的族侄，也於這天前來投靠。李世民知道，房玄齡舉薦的人物，絕無凡夫俗子。而他妻子長孫氏的這位胞兄，更是一位熟讀經史、頗具才略的人物，以後必成為自己的重要臂膀。

在李世民的祕密授意下，兩三天之後，便有十幾股最近來投的關中群雄，不經允準，開始擅自攻打長安。其他各軍，受其影響，也都按捺不住，準備攻城。

大火已經燃起，誰也休想將它撲滅。李世民匆匆忙忙來見父親，進門便焦急地喊道：「父帥，新附之人可能暗中輕視我太原之兵，更何況他們不聽將令，已各自先行登城。倘若長安被他們率先攻破，這些毫無軍紀可言的山野之人，燒殺擄掠無所不為，到那時我等將如之奈何？」

李淵雖然很不高興，但事已如此，也無法可想了，於是便說：「勁弩長戟，我豈能不許用之？所以暫不攻城，不過是想讓內外共知我之初衷，以安天下人心。既然我的計劃已被打破，那就通知各軍，準備攻城。但是，」說到這裡，李淵變得聲色俱厲，「汝兄弟及各軍將領，都須嚴令部屬，破城之日，對隋帝七廟、代王楊侑及宗室親屬，不得有絲毫驚犯，對城中庶民百姓不能有半點侵擾。有違令者不管是太原兵馬還是新附諸軍，我必殺他以正軍紀！」

十一月九日拂曉，北風凜冽，嚴霜如雪，20萬大軍如洶湧的潮水，奔騰喧悠，守城將士紛紛投降。李世民率領部下，進入皇宮，下令嚴禁擄掠哄搶，違者格殺勿論。他命長孫順德率領一部人馬，迅速前去封存和警戒朝廷府庫，命劉弘基率兵查封圖書典籍，讓妻兄長孫無忌帶兵戒嚴東宮，讓劉文靜、裴寂曉諭留在長安的朝廷百官，各自在家聽命，不得藏匿逃奔。一切安

順利拿下長安城

置妥當之後，李世民與李建成騎馬來到城外，親迎父帥李淵入城。李淵的大將軍府臨時設立於長樂宮，他住在這裡，夜以繼日地處置政權交替的各種大事。大軍順利進城，百姓們熱情擁戴，市井秩序迅速穩定。

人心所向，大局已定。李淵下令將楊廣的死黨處死後，剛要宣布除此10餘人之外，其他朝臣一律不再問罪，裴寂卻來奏報，說是在京城之內意外地搜捕到了馬邑郡丞李靖，請問如何處置。李淵不假思索，揮揮手道：「斬！」

於是，李靖被戴上木枷鐵鐐，押上囚車，向朱雀橋大街馳去。李靖心中一陣冰涼，他看著大街上翹首觀望的百姓，仰臉朝天，哈哈大笑，而後大聲喊道：「李淵自稱興義舉兵，是為了平定暴亂，拯救萬民，原來都是欺人之談。今日大兵初入城，尚未立穩腳跟，便欲報私仇泄私憤以殺害壯士，如此之人，與暴君楊廣何異？」

天緣湊巧，李世民恰在此時騎馬路過這裡，聽了李靖的呼喊，急忙衝過去，橫馬攔住囚車，對押解囚車的士兵說：「我乃唐公麾下大將李世民，汝等稍候，我這就去見唐公。沒有我的命令，不得行刑。」

說完，讓跟隨自己的侍從雷永吉等人，持刀守住囚車。他氣喘吁吁來見父親，尚未收住腳步，便大聲說：「父帥，李靖不能殺！他乃韓擒虎的外甥，文武雙全的曠世奇才。上天賜予了此人，殺之實在可惜。」

李淵冷笑一聲道：「不錯，李靖文韜武略，當世無雙。我與他同朝為官多年，這些焉能不知？唯其如此，更必須殺他。」

李世民一驚，頓足說：「方今狼煙未清，四海未定，正值用人之秋。千軍易得，一將難求。今若挾私怨而殺了李靖，必令天下英雄寒心，名士卻步。」

「你只知其一，不知其二。此人歷來胸懷大志，桀驁不馴，今若縱之，他日倘若成為了禍亂，將無人能制。」

「敢下海者自能降龍，敢上山者便能伏虎。孩兒不才，自信能收攬天下英雄而統御之。還望父帥赦免李靖一死，將其置於孩兒軍中。」

見世民固請不止，李淵便放緩了語氣說：「既如此，你可去傳令赦免。不過，以後與其共事，可要時時當心。」

當李世民飛馬趕回囚車處，深深一揖道：「在下李世民見過將軍，得罪之處，還請將軍原諒。」

李靖看李世民一副至誠至懇的表情，也便不再推辭。李世民與李靖來到他的臨時府邸，房玄齡早已迎候在門首，見了他們，笑著說：「恭喜將軍又得奇人，從此更是如虎添翼了。」

房玄齡又對李世民說：「將軍府上，今日是名流雲集。這幾日，我去鄉下訪得一位大賢，已為將軍請來府上。」

房玄齡轉身出去，不一會兒領來一位恂恂儒者。李世民看時，年約三十七八，身材頎長，面白髯黑，風采俊雅。

對這位杜如晦，李世民已聽房玄齡多次舉薦。他是京兆杜陵人，字克明。從小聰明絕倫，讀書過目不忘，喜歡與人談史論文，見解透闢，口若懸河。大業初年曾任滏陽縣尉，處置各種複雜政務，舉重若輕，剖斷如流。後因痛恨朝政腐敗昏暗，棄官不做，回到杜陵老家，務農為生。

大軍進城之後，房玄齡不肯參與封金庫、收圖籍諸事，卻向李世民請假，去鄉下探訪杜如晦，今日終得聚於一堂。

不久，李淵率文武百官，恭請代王楊侑於大興殿即皇帝位，是為隋恭帝，大赦天下，改大業十三年為義寧元年，尊楊廣為太上皇。

同時，李淵自長樂宮入住皇城。恭帝降詔，特賜李淵為持黃鉞、持節，委以大都督內外諸軍事、尚書令、大丞相。以武德殿為大丞相府，改教稱令，每日於虔化門視事。

順利拿下長安城

　　李淵立即行使權力，封裴寂為丞相府長史，分管政務；劉文靜為大司馬，分管民事、軍事。以李建成為唐王世子；李世民為京兆尹，秦國公；李元吉為齊國公。跟隨李淵於太原起兵的元謀諸臣，都要加官進爵。

大唐王朝正式誕生

大業十四年，驍果軍在江都發動兵變，楊廣被叛軍殺害，大隋王朝徹底終結。大業十四年五月十四日，恭帝下達禪位詔書。五月二十日，唐公李淵在長安太極殿正式登基，即皇帝位，是為高祖，國號稱「唐」。歷史終於翻開了嶄新的一頁，大唐王朝誕生了。

大唐王朝成立後，李淵立即分封群臣。李建成成為皇太子，李世民被封為尚書令、秦王。然而，這時大唐還遠遠沒有實現天下一統，李密的瓦崗軍、王世充的鄭政權、薛舉的西秦力量強大，劉武周勾結突厥，割據晉北，竇建德的起義軍也日益強大，而唐王朝能夠控制的地域不到全國總面積的三分之一，究竟鹿死誰手，還不一定。

面對群雄逐鹿的局面，如何進行統一全國的戰爭？李世民認為，唐王朝最危險的敵人是來自西北的薛舉、薛仁杲父子，他們野心勃勃，不斷東進，對長安造成嚴重威脅，是剛剛立足關中的唐王朝的勁敵。因此，他主張先用兵西北，消滅薛氏父子，解除長安的西顧之憂，並進而控制西北，獲得充足的戰馬、糧草等策略物資，然後轉頭向東挺進，進而奪取全國政權。最終，李淵採納了李世民的主張，制定了先西後東的策略方針。

高祖決定以秦王李世民為統兵大元帥，率領 15 萬大軍前往拒敵。李世民在大軍出發的前一夜，把房玄齡、杜如晦和李靖召至府中，詳細詢問薛舉父子的有關情況，商定此次大戰該如何打法，以確保知己知彼，一戰勝之。

房玄齡說：「薛舉的西秦兵馬號稱 30 萬，其實有些虛張聲勢。除去分守秦州、枹罕等城的人馬，此次進擊扶風之兵馬，能有十七八萬就不錯了。不過，西秦將士素來剽悍驍勇，薛舉麾下又多有人才，此次決戰，實在大意不得。」

「先生可知他那裡有何許人才？」李世民趕緊問道。

「別人且不說他，只黃門侍郎褚亮，便是名噪西域的鴻儒大賢，不僅學貫古今，而且長於經略。」

李世民對李靖說：「他日滅了薛舉，務必設法將此人召至府中。依將軍看來，這一仗我們該如何打法？」

「薛舉此來，兵鋒甚銳，我軍不可與之正面爭鋒，在下願率一支精銳，從西南深山密林之中，繞道秦軍背後，以奇兵偷襲。待我從敵人背後發起攻擊之時，秦王再揮師猛攻，前後夾擊，使其首尾不能相顧，必能大獲全勝。」

對李靖這種出奇制勝的打法，秦王李世民頗為稱許，但卻不無擔心地說：「西南一帶崇山峻嶺，自古並無人行之路，大軍恐難以透過。」

「正因此處穿山越澗，道路險峻，有些地方連飛鳥猿猴都為之發愁，薛舉才不會想到我軍能從那裡透過。至時大軍化整為零，多帶繩索、軟梯，只要能臨機設法，這世上沒有走不通的路。」李靖顯得十分自信。

兩天後，李世民帶領屈突通、殷開山、長孫順德、劉文靜、史大奈等數員大將，率領 15 萬人馬，浩浩蕩蕩向西進發。房玄齡、杜如晦也隨中軍襄理軍務。大軍在扶風以東 30 里處，與薛舉的西秦軍相遇。這裡是一個古老的戰場，秦王李世民命大軍在一條南北走向的，約有五六丈寬的大壕塹以東安營紮寨，分上、中、下三軍，列成品字形金鼎陣，並在壕溝上面搭建了十幾座臨時木橋。進攻時人馬可從橋上透過，拆橋後又可憑藉著溝塹堅守。

每到深夜，秦王便派出數十股人馬，去秦營襲擾，也不求必勝。得手時，便斬殺其有生力量，縱火焚燒其糧草。形勢不利時，立即退回。等到秦軍大兵追來，即以強弓大弩將其射退。

到了白天，薛舉親率人馬前來挑戰。秦王卻深溝強柵，堅守營寨，拒絕出戰。

兩軍如此相持了 10 日有餘。秦軍欲進不能，欲退不捨，不知道李世民葫

蘆裡賣的是什麼藥。薛舉正在狐疑之時，卻收到秦王李世民以長箭射來的戰書，約定 5 天後與之列陣決戰。

在秦王率大軍離開長安的當天夜裡，李靖帶領 5,000 名精兵，也出了城南門，沿著一條向西南去的大道，輕裝前進。這 5,000 人都是從千軍萬馬中仔細挑選的，幾乎全是來自大山裡的獵手或樵夫，一個個剽悍健壯，身手矯捷，攀山越嶺如履平地。

距離秦王與薛舉約定 5 日後的日子還有兩天，秦軍背後山頭上有兩股粗大濃重的煙柱沖天而起，這是李靖偷襲得手的暗號。接著，便聽到薛舉營帳中人喊馬嘯，殺聲震天。

秦王立刻下令出擊。頓時金鼓陣陣，號角齊鳴，十幾萬大唐兵馬排山倒海一般向秦軍營寨衝去。薛舉開始聽到自己的陣後殺聲四起，以為是內部有人嘩變，及發現是唐軍兵馬，心中納悶，不知這股大唐兵馬是從何處冒出來的，急忙組織人馬四面包剿，指望在短時間內將他們一舉殲滅。

但就在此時，卻聽到東面大河決堤似的一片殺聲，李世民主力以泰山壓頂之勢衝殺過來。他知道自己已經腹背受敵，形勢極為不利。兵敗如山倒，這種大規模潰亂的局勢是任何人都休想阻擋和挽回的。薛舉急忙收攏身邊的將士，且戰且退，父子二人帶領這支殘兵敗將，向西北倉皇奔逃而去。

秦王李世民率大軍乘勝追殺，見薛舉父子向沙漠深處逃去，方才收兵。秦王李世民騎在一匹青驄馬上，與將士們說說笑笑，年輕英俊的臉上，透著一股無法掩飾的豪情和喜悅。這可是他有生以來第一次獨立統兵打仗，仗打得如此漂亮，他怎能不為之自豪？看著主帥如此高興，將士們也都不約而同地哈哈大笑。而那位西秦皇帝薛舉，卻被這一仗打得暈頭轉向，心膽俱碎。

薛舉帶著自己的殘兵敗將，沒命地逃至西域之後，人馬剛剛歇息下，便召集將領和謀臣議事，哭喪著臉問道 ：「自古以來，可有天子投降敵國的事嗎 ？」

　　顯然，這位隴西天子在逃歸的路上，已在盤算著是否向大唐投降稱臣。黃門侍郎褚亮早就看出他們父子難以成就大業，便趁機說：「這樣的事古來便有。當年越帝趙佗歸順漢祖，蜀主劉禪仕於晉朝，不都是現成的故事嗎？」

　　話音甫落，衛尉卿郝瑗卻厲聲說：「皇上失局，不過一時之敗。褚亮之言，又何悖也！昔年漢高祖屢經敗績，蜀先主曾亡妻失子，四處逃竄，戰之勝敗，何代無有？豈能一戰不捷，便論亡國之計？」

　　幾句話，立時又讓薛舉來了精神。他忙掩飾說：「朕聊發此問，不過試卿等耳。」於是厚賞郝瑗，並從此引為謀主。重新蒐羅集結散亡兵馬，準備北聯突厥，合縱兵力，進逼京師，以雪此戰之仇。

　　就在秦王李世民於扶風大敗薛舉父子的同時，中原一帶的各路豪強，也在進行相互火拚的大混戰。

順利地平定叛亂

秦王李世民在扶風大敗薛舉父子，解除了京師之危，他率領將士們班師回朝那天，唐高祖親迎至皇城之外。對這位 22 歲的年輕將帥，滿朝文武無不刮目相看，人皆稱之為天生的兵家奇才，天賜大唐的國之柱石。

但是，李世民心裡卻十分清醒，來自西北的威脅並沒有完全解除。當高祖李淵要置辦盛宴，為秦王李世民慶功時，他婉言謝絕道：「這一仗僅是擊潰了西秦兵馬，算不得大功告成。何時徹底殲滅薛舉父子，蕩平了西北各處勢力，再慶功不遲。」

果不其然，3 個月之後，逃至隴坻以西的薛舉父子，又重新收羅招募了十幾萬人馬，為了報扶風慘敗的一箭之仇。秦王李世民再次奉命為帥，以殷開山和剛從突厥歸來的劉文靜副之，率 10 萬大軍前往迎擊秦軍。他率領軍隊進至高墌城東 10 里，即下令部隊就地屯紮，命將士們深溝高壘，拒絕出戰。等到薛舉師老兵疲，因缺糧而內亂之後，再一舉殲之。可惜，恰在這個時候，秦王患了瘧疾。臨戰得病，無可奈何，李世民只好把全軍戰事委託給殷開山和劉文靜，並一再囑咐道：「薛舉懸軍深入，慎勿應之，只宜堅守。」

從秦王的中軍大帳出來後，殷開山對劉文靜說：「秦王考慮到我等臨陣不能勝敵，故令堅壁不出。目下薛舉賊子知秦王有病，必生輕慢之心，我若舉兵應戰，定能一戰而勝。」

劉文靜也是立功心切，便點頭應允。第二天早晨，殷開山、劉文靜帶領大隊人馬，悄悄打開寨門，在高墌城南淺水原一帶列陣挑戰。

薛舉見唐軍終於咬鉤，喜出望外，對左右說：「天助我也，大仇今日可報。」立即大開城門，率領麾下步騎沖出城來。

順利地平定叛亂

　　這些日子，薛舉一直在城南峽谷中隱蔽著一支人馬，單等著唐軍一旦出戰，好前後夾擊，聚而殲之，今日終於派上了用場。唐軍也抖擻精神，奮力拚殺。戰場上人喊馬嘶，展開了一場驚心動魄的大混戰。就在這時，一批人馬從唐軍的背後殺了出來，與薛舉的大軍遙相呼應，發瘋似地向唐軍衝來。

　　唐軍腹背受敵，頓時大亂。劉文靜滿臉血汗，殷開山左臂被刺了一槍，兩人跟跟蹌蹌地來到中軍大帳，撲通一聲跪在秦王病榻前。劉文靜拖著哭腔說：「末將不遵軍令，擅自出兵，以致大敗而歸，請殿下治末將之罪。」

　　「人馬損失多少？」秦王問道。

　　殷開山滿臉羞愧，垂首答道：「八總管之兵全線潰敗，士卒損失大半。劉弘基、李安遠、慕容羅睺3位將軍不幸被俘。」

　　秦王臉色變得煞白，痛苦地搖搖頭，長嘆一聲說：「現在不是治罪的時候，趕緊收拾兵馬，固守營柵，嚴防薛舉乘勝偷營。」

　　這一仗敗得太慘，是李世民領兵以來最大的一場敗仗。剩下的兵馬已不能與薛舉父子相抗衡，只能退兵長安，徐圖後舉。不料大軍撤回不久，首輔宰相裴寂就狠狠地參了同為宰相的劉文靜一本。他對高祖說：「陛下，臣聞此次西征大敗，將士傷亡慘重，皆因納言劉文靜不聽主帥將令所致，應以律重治劉文靜之罪。」

　　高祖李淵與裴寂私交甚篤，在許多事上都是言聽計從，而對於劉文靜，卻總覺得他有些恃才孤傲，平日裡對自己這個皇上不冷不熱，只與秦王世民過從甚密，心裡便有一種說不清楚的滋味。聽了裴寂的參奏，也不問其他朝臣的意見，當即便降旨，將劉文靜革職候審。

　　秦王李世民在府上養病，一聽到這個消息，立即抱病前往後宮，見到高祖，施禮後急切問道：「父皇緣何將文靜革職？」

　　「他身為行軍長史，不聽主帥之令，造成大敗，將其革職還不應該嗎？」

　　聽父皇那冰冷的口氣，李世民感到心中一陣發涼，便據理力爭道：「兒

臣是三軍主帥，若要治罪，應先治兒臣之罪。劉文靜、殷開山受兒臣委託，主掌軍事，因小過而施重罰，豈不寒了功臣將士之心？還望父皇收回成命。」

見李世民如此力爭，高祖沉吟良久，還是賣給秦王一個面子，下令將劉文靜官復原職。就在秦王李世民兵敗淺水原的同時，洛陽戰場上的瓦崗軍在與王世充的義軍進行火並時，遭到了毀滅性的打擊。面對危局，李密找來謀士魏徵商議。

魏徵說：「今日一戰，精銳大部喪亡，將無固守之志，士兵存不敢戰之心，若等世勣、叔寶他們回師來援，遠水救不了近火，我等怕早已全軍覆沒，都一塊成了王世充的階下之囚了。」

「依玄成之見，該如何是好？」李密問。

「主公，微臣以為，茫茫人海，自古以來能有幾人為帝為王？人生在世，何必非要稱孤道寡？如今趁還有一萬兵馬的血本，去關中歸於唐主，以為晉見之資，日後或可有所作為。」

魏徵說完，眾人也都附和稱善。李密也知道這是唯一可行的出路，躊躇半日，才長出一口氣道：「罷罷罷，我李密一生不甘居人下，但天欲喪我，也無計可施。我等共赴長安，諸君諒也不失富貴。」

於是，李密檢點剩餘兵馬，投靠唐朝。唐高祖李淵不勝欣喜，在中原各大軍事勢力中，瓦崗軍是最強大最令他憂懼的一支，不料被王世充擊潰，主動前來歸順稱臣。於是，高祖先差遣將軍段志玄，帶上三牲御酒，遠道前往潼關，以示慰勞。接著，又派司法許敬宗，代表大唐朝廷，迎至長安以東百餘裡。李密率領王伯當、魏徵、賈潤甫等，在大興殿朝見唐帝高祖。

待眾人退去，高祖卻單獨把魏徵留下，說：「朕久聞先生大名，今日得見，堪慰平生。朕意請先生暫時去東宮，任太子洗馬，不知先生意下如何？」

魏徵道：「身入大唐，便是唐廷臣子，任憑陛下驅遣。微臣不才，願意侍候東宮，竭盡駑鈍，以輔佐太子殿下。」

順利地平定叛亂

原來，高祖如此安排，是太子李建成特意請求的。前一天，聽說李密想要來歸降，太子中允王珪急忙去見李建成：「太子殿下，臣聽說李密即將歸唐，他隨身帶有無價之寶，殿下若不早取走，必為他人奪去。」

「哦，是何寶貝，和氏璧，還是夜明珠？」李建成仍在懵懂之中。

「不，那些都是死寶，這是活寶，是人。有他輔佐，可保殿下日後創立千秋不朽之帝業。」

「你是指誰？莫非是魏徵？」

王珪微微一笑，慢慢說：「天下大亂，英才輩出，但像魏徵這樣的曠世奇才，實在是古今罕有的國之瑰寶。他是河南安陽人，幼時孤貧落拓，有大志。年輕時為了逃避亂世，曾出家當過道士，躲在清靜的道觀之中勵志苦讀，博覽群書，精研經邦濟世、治國安民之道，尤其擅長於縱橫之術。

「如今，這樣一位可遇而不可求的治世大賢送上門來了，殿下萬不可掉以輕心，與其失之交臂。」

李建成知道，王珪所謂「若不早取走，必為他人奪去」，指的是他的二弟秦王李世民。確實，這幾年來，李世民利用東征西戰的便利條件，廣收奇能之士，在他的幕府之中，像房玄齡、杜如晦、劉文靜、李靖這樣的文武奇才數不勝數，真個是人才濟濟。

太子是國之儲君，天下根本，自然應有第一流的人才隨侍身邊，好朝夕輔佐，高祖立即允其所請。這樣，魏徵初入大唐，便成了東宮的人，做了太子洗馬。表面上是為太子掌管圖籍，實際上卻是太子的主要謀士。後來，秦王李世民聞知此事，深恨自己因在病中，誤了大事，為此而跺腳悔嘆。

一個月前，薛舉父子在淺水原大敗唐軍，薛仁杲又乘勝攻占了寧州，士氣大振，人馬激增。

薛舉卻在勝利之時忽然病死，他的兒子薛仁杲繼位稱帝。薛仁杲不僅力大無窮，勇猛善射，軍中號稱「萬人敵」，而且極其暴虐殘忍，令人聞其名而

毛骨悚然。

繼位之後的薛仁杲，愈加瘋狂和猖獗。他攻城略地，橫行於長安以西，先後擊敗了唐泰州總管竇軌，殺了唐涇州鎮將劉感，詐取了唐隴州刺史常達，一時橫行無忌，為患極大。八月初，秦王李世民大病初癒，即上表奏請再次西征。八月十七日，高祖命李世民為西征大元帥，率大軍前往征討薛仁杲。不久，唐軍進抵高墌城下，薛仁杲命大將宗羅睺將兵拒敵。這已是秦王李世民與薛秦軍隊的第三次交鋒了。

宗羅睺屢屢挑戰，在唐軍寨外叫罵不絕。李世民仍然採用上次的戰術，深溝高壘，堅壁不出 ：「傳我軍令，自今日起，軍中有敢言戰者，斬！」

如此相持了 60 多天，薛仁杲軍中糧盡，人心浮動。一天傍晚，一隊秦軍直奔唐軍寨柵而來。看守寨的將士們正欲放箭，卻聽對面一將領高聲喊道 ：「請稟知秦王，我乃西秦黃門侍郎褚亮，特帶人馬前來歸降。」說著，眾人紛紛下馬，棄戈解甲，在寨外跪了一片。

李世民聽說褚亮來了，大喜過望。這可是房玄齡向他舉薦的人才，怠慢不得。他急忙迎至寨門，命將士們放他們入寨。原來是褚亮策反了薛仁杲麾下大將梁胡郎，率領近兩萬人前來投順。

李世民把梁胡郎所率人馬編入軍中，與唐軍一視同仁。將褚亮留於幕府，朝夕相伴。當天晚上與褚亮竟夕長談，從而得知秦軍糧罄水缺，兵士們已兩天未吃一頓飽飯，有的則於夜深時偷偷宰馬而食。

決戰的時機已經成熟，秦王命行軍總管梁實在淺水原安營誘敵。此時，宗羅睺軍中不僅缺糧，而且已斷水 3 天，此時萬分焦急，求戰心切。梁實所率領的僅是一小股人馬，他按照秦王之令，據險固守，秦軍屢攻不下，銳氣受挫，軍中上下愈加焦躁不安。次日凌晨，秦王李世民命右武侯大將軍龐玉，率領 5 萬大軍在淺水原布陣，擺出了一副與秦軍正面決戰的架勢。

宗羅睺見唐軍主力出動，軍中又遍插「李」字大旗，誤以為秦王親率大

軍來戰，急忙集中全部兵力，傾巢出動，以排山倒海之勢向唐軍發起了總攻。戰場上殺聲震天，金鼓齊鳴，黃塵滾滾，遮天蔽日。龐玉率軍拚力廝殺，但敵眾我寡，漸漸力拙難支。恰在此時，秦王李世民親率勁旅，出其不意，從淺水原東北鋪天蓋地殺來。於是，戰場形勢馬上逆轉，一個表裡相應、內外夾擊的格局立時形成。李靖、長孫順德、史大奈、史萬寶等一大批驍將，各率領一旅人馬馳入陣中，揮刀挺槍，奮力斫殺。李世民也親率數萬名精騎，呼嘯著殺人敵陣深處。秦軍頓時大亂，宗羅睺見敗局已定，急忙收拾殘兵敗將，匆匆忙忙向折墌城退去。李世民率領兩千名騎兵風馳電掣，一直追至折墌城外。薛仁杲已在城下列陣，等待收攏從淺水原敗退下的士卒，準備合兵一處，與唐軍決戰。李世民不去攻城，卻扼守住了涇水南岸，切斷了宗羅睺敗兵逃歸折墌城的道路。

這些敗兵本已是驚弓之鳥，猛然看到無數唐軍橫刀立馬，一個個凶神惡煞似的阻斷了去路，頓時魂飛魄散，向南向西分散逃去。

薛仁杲見前線人馬久不歸來，心中恐懼，急忙引兵入城，閉門堅守。傍晚時分，唐軍大隊人馬陸續趕到，渡過涇水，對折墌城展開了猛烈的圍攻。

城內守軍本來就少，此時更加人心浮動，誰還肯再為薛仁杲賣命守城？時至夜半，城門突然打開，先是內史令翟長孫率眾來降，接著，又有薛仁杲的妹夫左僕射鐘俱仇率大隊人馬前來歸順。

天明之後，薛仁杲除了身邊的數百名侍衛，幾乎再無人馬，折墌城已成了一座空城。薛仁杲無可奈何，只有投降一條路可走。他先是放回了前次大戰中俘獲的唐軍將領劉弘基、李安遠、慕容羅睺等人，隨後大開城門，帶領左右，親自抵達唐軍大營肉袒請降。

李世民率唐軍開進折墌城，封存府庫，檢點人馬。此次大勝，獲精兵 3 萬餘，男女人口 10 萬。大唐將領們紛紛向自己的統帥致賀。

弔唁叛臣以獲人心

正在李世民為平定薛秦而歡欣鼓舞的時候，卻傳來一個悲哀的消息，當朝宰相劉文靜被殺。原來，李世民前次冒死阻擋，才將劉文靜保了下來，但是這並沒有消除高祖對劉文靜的反感，更沒有消除裴寂對劉文靜的妒忌。最終，劉文靜以謀逆篡國的莫須有罪名被處斬。秦王李世民剪滅了薛秦勢力，率大軍凱旋回京的當天就聽說了劉文靜被殺的消息，他一時竟如五雷轟頂，父皇為什麼非要殺他？又專揀自己不在京師的時候殺他？難道僅僅是誤信了裴寂的讒言？不，事情絕不會這麼簡單！那麼，究竟是為了什麼呢？劉文靜可是自己多年來最信賴的親信。想到這裡，李世民只覺得全身一陣陣發冷。武德元年，在薛秦勢力徹底土崩瓦解後，據有河西五郡的大涼皇帝李軌，也面臨因內部矛盾重重而分崩離析。戶部尚書安修仁與兄長安修貴發動兵變，俘虜了李軌並押送長安，大涼國也告滅亡。唐王朝統一天下的第二個策略目標，將是關東。太子洗馬魏徵上表高祖，自請前往關東招撫瓦崗舊部。徐世勣、秦叔寶、羅士信、程咬金等這些威震沙場的驍勇戰將，仍擁兵自重，各據一方，正徘徊於十字路口，等待觀望。高祖欣然準奏，命魏徵疾速動身，前往黎陽。魏徵剛剛出發沒多久，李密卻因為擔心自己落一個劉文靜的下場，帶人叛逃，結果被高祖處死。

不久，魏徵帶領著幾名瓦崗驍將回到了長安。高祖當即頒旨，封徐世勣為左武衛大將軍、秦叔寶為右武衛大將軍、程咬金為馬步軍總管、羅士信為虎翼大將軍，王薄、尤俊達、祖君彥、柳周臣等皆封左右統軍。為了對徐世勣加意籠絡和羈縻，高祖還以其不僅帶來數萬人馬，而且獻上十幾座城池和河南大片疆土為由，特賜其「李」姓。從此，徐世勣改姓李，為避諱李世民的「世」字，即稱李勣。

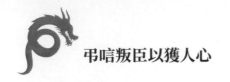

弔唁叛臣以獲人心

眾人謝恩畢，卻沒有陛辭出朝的意思。高祖正感到納悶，便見太子洗馬魏徵又伏地說：「陛下，微臣尚有一事要奏。」

高祖笑道：「魏愛卿有何事，儘管說來。」

魏徵道：「古人云，為臣當忠，交友當義。魏公李密，雖說驕慢自矜，不聽人勸，一敗失勢。歸順唐朝之後，封官賜爵，深蒙聖恩，不料復生逆志，叛逃被戮。但我等兄弟與魏公數載相依，不說君臣之義，也有朋友之情。伏乞陛下準允我等，將魏公以禮葬之，使生者安而死者慰，實陛下之鴻慈。」

高祖沉吟半晌，說：「李密來歸，朕視其為兄弟，先封其為邢國公，本想待他招撫舊部之後，再封為王。不想他聰明一世，糊塗一時，竟然走此絕路，朕也為之痛惜不已。魏愛卿所請，皆在情理之中，朋友一場，原該如此，朕焉能不允？」

眾人忙一齊跪下，謝皇上特恩。數日之後，魏徵請人在城南闢一墓場，擇日為李密下葬。眾人想著這些年出生入死、朝夕相伴的一幕幕往事，不覺放聲大哭，淚如泉湧。

正在此時，卻聽見一陣雜亂的馬蹄聲傳來，眾人都不禁大吃一驚，來者居然是秦王李世民，他已脫去平日官服，換穿了一襲暗龍純素綾袍，腰間束條藍田碧玉帶，身邊所帶數百名甲士，皆著白衣白甲，一身縞素，都是往日瓦崗軍的士卒。

以魏徵為首，人們一齊跪倒在地，魏徵說：「秦王殿下何等身分，親來弔祭，臣等舊主何以克當？」

李世民急忙滾鞍下馬，將眾位將領一一扶起，嘆口氣說：「陰陽暌隔，生死茫茫，往日恩恩怨怨早已一筆勾銷。世民所祭拜者，是叱吒風雲的反隋義士魏公之英靈，有何不可？」

眾人見李世民真心誠意，不好阻攔。秦王步至靈前，親自舉著香火，然後回到拜亭，向著靈位深深打躬揖拜。內心裡卻不禁想起了不久前被殺的劉文靜，不禁心中一酸，墜下淚來。眾人見狀，一齊放聲大哭，墓場內外，頓時哀號伏泣，哭聲震天。

　　秦王李世民祭拜禮畢，對魏徵、李勣等人說：「邢國公生前轟轟烈烈，今日喪事，也不可太過冷清。這 300 名甲士，都是邢國公昔日的瓦崗兄弟，令他們留在這裡，戴孝舉哀，與汝等共成大禮。本王暫且告退，先行一步。」

　　李世民說完騰身上馬。眾人感激得連連點頭，急忙跪地相送。

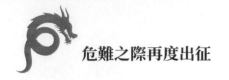

危難之際再度出征

關中穩定後，關東成為唐王朝統一天下的下一個目標。正當李淵計議這件事的時候，老家卻出了大事。一直盤踞在太原以北各州郡的劉武周忽然起兵，劍鋒直指太原。劉武周在勾結突厥舉兵反隋，自稱皇帝不久，便對太原暗懷覬覦之心。但那時李淵剛於太原起事，也在暗中聯絡突厥人，許諾攻占長安之後，金銀玉帛歸其所有，突厥人不允許劉武周發兵太原。作為突厥可汗的兒皇帝，劉武周自然不敢輕舉妄動。

但兩年多之後，事過境遷。突厥人從李唐那裡該得的好處都得到了，高祖李淵不肯任其擺布。歷來以貪圖眼前利益為特點的突厥人，便有些光火了，於是轉而支持劉武周攻打太原。恰在這個時候，河北易州一帶的民間武裝宋金剛所率的一萬多人馬，被竇建德在一夜之間擊潰，死傷逃亡大半，便只好帶著所剩 4,000 多人馬來投奔劉武周。不久，劉武周任命宋金剛為西南道大行台，率領 5 萬人馬，浩浩蕩蕩殺奔太原而來。宋金剛人不卸甲，馬不解鞍，數日之內連克石州、平遙數城。與此同時，劉武周所率領的另一部人馬，也順利地攻陷了介州郡城。太原與榆次諸城近在咫尺，已處於劉武周大軍的四面包圍之中，情勢萬分危急。

消息很快傳到長安，高祖馬上派左衛大將軍姜寶誼，太常少卿、行軍總管李仲文前往救援。然而，不久就傳來援軍慘敗、將帥被俘的消息，朝野為之震動。高祖本想再派秦王李世民前往討伐劉武周，但又猶豫未決。一方面，李世民剛平定薛秦歸來不久，鞍馬勞頓，艱辛備嘗，還沒有很好地休整一下，不能每逢戰事，便讓他出征；另一方面，他擔心李世民戰功太大，居功自傲，難以駕馭。

右僕射裴寂把高祖的心思揣摩得明明白白。他當即上奏，請求自任統帥平定劉武周。高祖立即降旨，以右僕射裴寂為晉州道行軍總管，率師趕赴太原，並聽以便宜從事。裴寂根本沒有領兵能力，不久就被逼到了偏居西南的虞州、泰州的一隅之地，苟延殘喘。至此，除了太原和西河之外，大唐的關東之地幾乎全部失陷。龜縮在太原城內的齊王李元吉，早已經魂飛膽裂，手足無措。至夜半子時，點起 3,000 精騎，帶上妻妾子女和無數寶玩，悄悄打開城門，乘著漫天大霧，打馬向京都長安飛馳而去。

劉武周、宋金剛合兵一處，準備在太原展開一場生死大戰。沒承想大軍剛剛逼近城下，劉德威便率領左右親信，大開城門投降。高祖李淵在此多年積蓄供 10 年支用的糧倉和金帛廩庫，皆被搶劫一空。潼關以東的大片疆土全部淪喪。劉武周得意揚揚地對宋金剛說：「大唐兵將簡直是泥人紙馬，不堪一擊。李淵還想掃平天下，一統神州，豈非白日做夢？」

作為大唐王朝的根據地和大後方，太原一旦失守，不亞於後院起火。關中為之震駭，朝廷一片慌亂。高祖急忙召集群臣商議對策，說：「劉武周依恃突厥之勢，盡略我關東之地。朝廷兩次派兵征討，皆為賊所敗。如今賊勢大漲，眼看就要兵逼潼關，眾愛卿以為該如何應對？」

大殿裡一片難堪的沉默。秦王李世民平靜地站在那裡，一聲不吭。既然父皇已生猜忌之心，自己不能不儘量避嫌。見文武群臣都不說話，高祖心中一陣陣發冷，不禁長長地嘆了一聲，神情黯然地說：「賊勢如此，難與爭鋒。既然眾愛卿皆無良策，便只好放棄大河以東，我朝僅守關西之地算了。」

於是，李世民趨前一步，對高祖說：「啟稟父皇，兒臣以為，太原乃我朝王業之根基，國之根本；而河東歷來水甘土沃，為富庶殷實之地，乃是京師所資。今若拱手讓與劉賊，兒臣竊為憤恨。望父皇賜兒臣精兵 3 萬，勢必蕩平賊寇，殲滅武周，收復汾、晉失地。」

危難之際再度出征

武德二年十月二十日，高祖李淵率領朝中文武，親至華陰，在長春宮前為李世民的東征大軍送行。他親手捧起一碗酒，送到李世民面前，感慨萬千說：「吾兒乃國之砥柱，大唐安危，在此一戰，望二郎勉力為之。」說著，雙眼竟變得有些潮潤了。

秦王只覺一陣熱浪從胸中滾過，急忙雙膝跪地，接過酒碗，一飲而盡，說：「父皇放心。兒臣離京之後，父皇要善自珍重，靜候三軍捷音。」

採取以守為戰策略

武德二年十一月中旬，已是隆冬季節，秦王率大軍來到黃河岸邊。昔日咆哮喧騰的黃河，早已結了一層厚厚的堅冰，變得馴服而又平靜。李世民騎在馬上，左右簇擁著李靖、李勣、秦叔寶、殷開山、程咬金、長孫順德一班虎將，履冰過河，在柏壁安營紮寨，與宋金剛大軍遙相對峙。

敵軍新勝，士氣正旺，李世民仍採用堅壁不戰，以避其鋒銳的戰術。在當時，「深溝高壘，以挫其鋒」的策略，無疑是正確的。但是，要較長時間地堅持這一策略，唐軍自己也面臨著糧草不繼和柴薪缺乏的問題。秦王再發布告，以雙倍的價格向百姓們收購餘糧，公買公賣，全憑自願。這些黎民百姓，家中有些多餘的糧食，在劉武周大軍寇掠時，都千方百計地轉移匿藏了起來。如今能賣個好價錢，來年可再糴新穀，何樂而不為？因此，大家踴躍賣米，至者日多。

唐軍的軍糧得到了補充，可以放心地與敵軍長期地對峙下去了。這樣一直相持了數月，宋金剛所部開始那種不可一世的銳氣和勢頭漸漸消磨殆盡。

武德三年二月末，天氣轉暖，一大早，秦王便帶上四五個貼身近侍，離開大營，到對面的山頭上去瞭望敵軍。李世民來到山下，他們下馬步行，沿著一條彎彎曲曲的隱蔽小路，攀緣上山。爬上山頂最高處，秦王向東看去，見宋金剛的營盤與往常沒有什麼兩樣，寨柵周圍崗哨林立，隊伍出入井然有序。空曠的演兵場上，士卒們正在認真操練。他禁不住搖頭嘆息，這個宋金剛可謂治軍有方，也算得上是個將才了。

回到中軍大帳，李勣對秦王說：「在我軍與宋金剛相持時，皇上在華陰發兵，攻打夏縣。皇上以為夏縣只是彈丸小城，守將呂崇茂所部又是新起事的烏合之眾，可以輕取。不料呂崇茂卻急向宋金剛求援。宋金剛派驍將尉遲

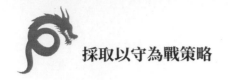

敬德和副將尋相從滄州率軍增援，我軍表裡受敵，遂致大敗。孝基、懷恩、於筠、唐儉及行軍總管劉世讓皆被敵軍俘獲。今早有潰敗的數十名我軍將士逃到這裡，我們才得知此情。」

秦王忙問道：「這個尉遲敬德何許樣人，竟有如此本領？」

李勣道：「此人武功精湛，驍勇絕倫，人說他於萬馬軍中取上將首級，如探囊取物，並非妄談。」

叔寶也說：「我在江湖上久聞尉遲大名，不僅武功卓爾不群，乃當世一流，而且為人豪俠仗義，且處事粗中有細，確是個難得的將才。」

秦王沉吟半晌，忽然站了起，兩眼炯炯放光，像是自語，又像是對李、秦二人：「尉遲敬德剛獲大勝，凱旋路上，必不設防。我們乘機打他個措手不及，定收全功。這次伏擊，既是要挫挫宋金剛的銳氣，更重要的是，要千方百計生擒尉遲敬德。千軍易得，一將難求啊。」

於是，秦王立即調兵遣將，命令行軍總管、右武衛將軍秦叔寶和馬步軍總管程咬金率軍萬餘，馬銜枚，人噤聲，於夜間悄悄趕往美良川，於密林壕塹中晝夜潛伏。3天之後，尉遲敬德、尋相率得勝大軍，果然來到了美良川。正行進之間，突然聽到一聲炮響，無數的唐軍從四面八方蜂擁而出，高聲吶喊著衝了上來。

尉遲敬德的部眾做夢也沒想到，近半年堅壁不戰的唐軍會在這裡設伏，頓時亂作一團，一面拚死抵抗，一面節節敗退。尉遲敬德大吼一聲殺了過來。秦叔寶揮舞雙鐧，程咬金掄動大斧，二人圍住尉遲敬德，奮力迎戰。三匹戰馬往來盤旋，腳下煙塵滾滾，頭上刀光閃爍。一場驚心動魄的三人大戰持續了半個時辰，難分勝負。

尉遲敬德今日遇上了勁敵，秦叔寶一雙金鐧舞得出神入化，已令他十分棘手，再加上程咬金一柄宣化大斧，又千鈞之力、沒頭沒腦地劈來，更讓他

感到吃力，看看難以取勝，不敢戀戰，突然收槊撥馬，往北逃去。此次伏擊雖然大獲全勝，但沒有擒獲尉遲敬德。秦王在欣喜之餘，不免遺憾，對秦叔寶苦笑道：「天不遂人願，只好再待來日了。」

機會很快便來了。十幾天以後，秦王得到消息，宋金剛又命尉遲敬德、尋相，帶領 5,000 人馬，祕密前往蒲坂援助王行本。這一次，秦王留下李靖鎮守大營，親率 3,000 輕騎，帶上殷開山、秦叔寶、李勣、羅士信等將領，命令程咬金率步兵繼後，抄近道前往安邑。

安邑是去蒲坂的必經之路，在這裡設伏萬無一失，秦王舊戲重演。這一仗打得更為漂亮，唐軍傷亡極少，而尉遲敬德的 5,000 人馬幾乎全部被殲滅。尉遲敬德、尋相僅以身免，其部下將領皆成了俘虜。

殷開山欲下令將士們放箭，倘若萬箭齊發，尉遲敬德縱使身生雙翼，料也難以生還。但秦王果斷地制止了他們。殷開山急切說：「尉遲敬德已身陷死地，若縱而逸去，正如放虎歸山，後患無窮。」

秦王嘆口氣道：「正因是　隻猛虎，本王才不忍殺他。將才難得，遲早有一天，我要將他收於帳下。」

就這樣，一晃幾個月就過去了。其間又有幾場小勝，雖是小打小鬧，但是積小勝為大勝。劉武周、宋金剛數次受挫，士氣沮喪，軍心開始渙散。他們千方百計尋找時機，想與唐軍進行一場堂堂正正的大決戰，秦王卻置之不理。劉武周、宋金剛就像兩頭找不著攻擊目標的餓虎，暴跳如雷，焦躁萬分，卻又無處發洩。這樣一直耗到四月末，宋金剛軍中糧草已盡，再也耗不下去了。

一天深夜，大霧瀰漫，月黑星暗，宋金剛悄悄打開城門，引大軍向北撤去。哨馬探知，稟報秦王。秦王立即召集諸將，高興地說：「諸位久欲決戰，如今反擊的時機已經成熟，可全力追擊，一鼓殲之。不過，宋金剛歷來善於用兵，諸位要多加小心，謹防中其埋伏。」

於是，秦王李世民親率大軍，輕裝疾進，火速追擊。大軍追至呂州，便追上了宋金剛的殿後之軍尋相所部。大將李靖縱馬挺槍，率領麾下輕騎，風馳電掣般突入敵陣。李靖那柄長槍，前後突刺，左右挑撥，舞得鬼愁神驚，有敢擋者，非傷即亡，頃刻便蹚出了一條血胡同。

尋相硬著頭皮前來迎戰，卻哪裡是李靖對手。交鋒剛剛三五回合，便已手忙腳亂，頭昏眼花。一不小心，馬臀上被戳了一槍，再顧不得部屬們，單槍匹馬斜刺裡向西北逃去。其部下士卒，見主將已逃，紛紛將刀槍扔在地上，跪地投降。

秦王命李孝基收編降兵，自率大軍乘勝追擊。一天一夜，竟然追出了200多里。敵兵且戰且退，一路上發生大小戰鬥數十次。追至高壁嶺時，雙方皆已疲憊不堪。這一仗打得十分慘烈，從辰時直殺至未時，戰場上煙塵滾滾，飛沙走石，真正是天昏地暗，日色無光。到紅日西沉、落霞滿天的時候，大戰暫告平息，宋金剛率殘部逃走。

勝利地光復太原

夜幕降臨了，經過連日鏖戰，已經疲憊不堪的大唐將士們，或坐或躺在這個仍然瀰散著血腥味的戰場上，卻感到一種從沒有過的輕鬆和舒適。

第二天，軍糧運到。秦王與將士們美美地飽食一頓後，又整軍向介休城追去。宋金剛從雀鼠谷逃到介休以後，麾下還有部眾近兩萬人。見唐軍追來，不禁氣急敗壞，決計在此決一死戰。他率軍出西門，背城列陣，南北長達 7 里有餘。

秦王派大將李勣出戰，宋金剛拍馬舞刀，親自迎敵。雙方士卒也一齊出動，刀槍並舉，劍戟往來，殺得難分難解。混戰了約有一頓飯的工夫，李勣假裝失敗，率領部下向西潰逃，軍旗、兵器扔了一路。

宋金剛不知是計，驅動大軍窮追猛打，他要徹底消滅這股唐軍，以洩胸中惡氣。剛追出四五里路，突然聽到殺聲四起。秦王與李靖、秦叔寶、程咬金各率領一哨輕騎，從陣後四路殺出。馬到之處，刀光劍影，血肉橫飛，敵陣中一片鬼哭狼嚎。

跑在前面的李勣也及時掉頭，從西面鼓噪吶喊著殺了回來。宋金剛的兩萬人馬頃刻間被包了包子，四面受敵，陷入絕境。看看掙扎、反抗都是徒勞，許多人開始棄戈投降。宋金剛見大勢已去，帶領少數人馬向西北倉皇逃走。其部將尉遲敬德又收拾殘餘部眾，據守介休城。這些日子，尉遲敬德這個名字，一直縈繞在秦王的心裡，揮之不去。他覺得，現在該是將這員猛將收為己用的時候了。正在考慮著用什麼辦法收服他方為萬全時，李勣前來求見，請求前往介休城，勸說尉遲敬德降唐。

按說，以李勣的足智多謀和隨機應變，足以擔當此任。但是，秦王卻有些猶豫不決。見秦王多時不說話，李勣似乎猜透了他的心思，忙笑著說：

勝利地光復太原

「殿下不必猶疑。不入虎穴，焉得虎子？再說，尉遲敬德豪俠曠達、義薄雲天，斷不會殺害一個手無寸鐵、毫無防備之力的說客。末將此去，縱使不能說服敬德來降，也必能全身而歸。」

李勣於次日凌晨出發，單槍匹馬來到介休城下。他未戴盔甲，只穿了一身布衫，頭帶襆巾，足穿麻鞋，完全是一個普通仕子的打扮，身上未帶任何兵器。

來到城門外，對城上守軍拱拱手，高聲說：「煩請通稟尉遲將軍，我叫李勣，奉秦王之命，特來面會將軍。」

尉遲敬德聽說來人不帶一兵一卒，竟敢隻身前來，便先有三分好感，就命人放他入城。李勣在介休州府的大堂上，見到了尉遲敬德。只見他高坐在正北的一把圈椅裡，雙目圓睜，虬須倒豎，紫棠色的方臉盤上像是陰了天。他旁邊坐著尋相，大堂四壁站著三四名武士，都持刀仗劍，怒目相向。

李勣上前拱手施禮，說：「在下李勣，見過尉遲將軍。」

「什麼在下在上，俺不耐煩這些俗套子。有話就直說，你可是來勸降的？」

「將軍何必把話說得那麼難聽，秦王殿下乃是誠心邀請將軍共圖大業。」

「哼！說得好聽，我將城池人馬拱手相送，不是投降是什麼？俺尉遲雖是個粗人，也懂得貞女不嫁二夫、忠臣不事二主的道理。俺雖是敗軍之將，最多不過一死，豈能投降你家主子？」

「將軍此話差矣。古人云，良禽擇木而棲，賢臣擇主而事。幾年混戰，大浪淘沙，應世之主已脫穎而出，英雄豪傑競相投奔，將軍千萬不可一誤再誤！」

「你所說的應世之主，莫非就是那個殺死你舊主李密的李淵嗎？」坐在一旁的尋相突然插嘴搶白道，「李密倒是『擇主而事』了，帶著數萬人馬誠心投奔李淵，結果落了個亂箭穿身而死！」

李勣微微一笑道：「說起魏公李密被殺一事，也實在怨不得大唐皇上。俗話說，向情向不得理。雖說李密是在下舊主，朝夕共處3年多，情同兄弟，但這事他做得太過魯莽、荒謬。二位將軍請想，歸而復叛，斬關出逃，哪朝哪代的律法不是殺無赦之罪？更何況，魏公歸順唐朝之初，唐帝以禮相待，封官賜爵，晉位國公，可謂榮寵備至。而他卻不念皇恩浩蕩，翻雲覆雨，做出此等謀逆之事，就是皇上能容，滿朝文武豈能容得？大唐律條豈能容得？儘管魏公之死乃是咎由自取，但大唐皇上仍寬大為懷，準允瓦崗弟兄們為其盛辦喪事，以國公之禮厚葬之。請問，若非賢明君主，誰能如此？更有甚者，下葬之日，秦王李世民降尊紆貴，親往弔祭，並派去300名戴孝甲士，使喪事辦得風風光光，瓦崗軍舊部，無不為此而感激涕零。」

　　尉遲敬德聽得有些出神，往日只聽說李密降唐後被殺，這些細節何曾聽說過，呆愣了一會兒，又問道：「依你這麼說，這李氏父子倒是個仁義主兒？」

　　「豈只是仁義之主，以在下看來，可稱得上是堯舜之君。別的且不說，就秦王殿下的折節下士，求賢若渴，占之聖君賢士也莫過如此。不瞞將軍，這次秦王命在下前來，只是為了一人。」

　　「為的是一個人，那是誰？」尉遲敬德頗感詫異。

　　「將軍還不明白？秦王思得將軍，如久旱盼雨，已是食不甘味。」

　　「哈哈哈……」尉遲敬德一陣大笑，「我尉遲敬德一介莽漢，何德何能，你李將軍巧舌如簧，說得也太玄了。」

　　「將軍若不相信，請細思之。你兩次落於我軍伏擊圈中，何以能夠生還？雖說將軍勇冠三軍，但秦王麾下之李靖、秦叔寶、程咬金、羅士信諸將，哪一個不是身懷絕技、降龍伏虎的上上之將？退一步說，就是這些人加在一起，也敵不過將軍神力，倘若三軍將士萬箭齊發，將軍還有生還之望？只不過秦王嚴令在先，不得傷害將軍一根毫毛。」

勝利地光復太原

尉遲敬德一下子愣住了。李勣這話看來不假，自己兩次身陷絕境，能夠僥倖逃生，既非神佑，也非天助，可能就是因為李世民下令要生擒自己所致。這樣一個愛才如命的主子，在當今世上也實在難找。

他不自覺地把語氣放緩和了，說：「李將軍當年投唐，是因為你的舊主李密已先行一步，自然無可非議。而我的主公宋金剛、皇上劉武周尚在與貴軍為敵，我尉遲敬德豈能背主求榮？」

李勣一笑說：「恕在下冒昧直言，可能有衝撞二位將軍之處。將軍最初所事主人是宋金剛，可宋金剛歸順了劉武周。將軍現在的主人是劉武周，可劉武周早就投靠了突厥人。從稱帝之日起，做的便是突厥人的兒皇帝，話雖然難聽，但這卻是連將軍也知道的事實。那麼，將軍出生入死，浴血征戰，到頭來是為了哪家主人呢？」

李勣話未說完，尉遲敬德早已滿臉羞臊，變得血紅。他沉默多時，才囁嚅著說：「李將軍一席話，如響鼓重槌，敬德領教了。不過，此事關係重大，得容我細細思量一番。」

李勣知道事情已經辦成，也不再多說，當下告辭，尉遲敬德親送至城門以外。

李勣快馬加鞭，直接回到了唐營。秦王李世民親迎出大帳之外，對李勣說：「看將軍滿臉喜色，此行必不辱使命。」

李勣笑道：「我料不出 3 日，必有佳音傳來。」

果然，第三天上午，尉遲敬德、尋相率領 8,000 人馬，舉永安、介休二城來降。秦王大喜，於當晚在軍中設下盛宴，命令眾位大將赴宴，為尉遲敬德接風。席間下令，任命尉遲敬德為右一府統軍，仍然統領他原先的 8,000餘部眾。讓尉遲敬德深受感動的，並不是初入唐營便驟得要職，而是仍讓他率領自己原來的那幫弟兄，這可是一種莫大的信任。這位年輕的秦王，真具用人不疑、疑人不用的大將風度。

宋金剛在介休一戰慘敗，率領數十騎親信果然逃往突厥。劉武周在太原城聞知宋金剛潰敗，全軍覆沒，大為驚恐，白知再難與唐軍爭鋒，便於深夜打開城門，悄悄北撤，向突厥逃去，結果相繼被突厥人所殺。至此，興盛了數年的劉武周勢力徹底灰飛煙滅，為其攻占的所有州縣也全歸大唐。秦王留下李仲文鎮守太原，回師途中，順手攻克夏縣，一路安撫而還。五月二十八日，李世民回到京師長安。高祖李淵率領文武百官，親迎至長安以東 20 里之外。

李世民帶著三軍將士，跪伏於大道之上，叩見父皇，山呼萬歲。拜見完後，高祖將兒子緊緊地摟在懷裡，激動地說：「我兒此次東征，大獲全勝。不僅一舉蕩平了劉武周、宋金剛，收復了並州等全部失地，而且將代北一帶，收入大唐版圖。這對於我朝安危，舉足輕重，其功之高，堪比南嶽。沒有我兒的能征善戰，便沒有李唐王朝的今日，這已為朝野上下，舉世公認。」

李世民慌忙說：「父皇謬獎，令兒臣不勝惶悚。東征所以取勝，全賴皇上威德昭於天下，三軍將士臨陣用命，世民不過代皇上領兵罷了，何敢言功？」

父子二人相視而笑，攜手而歸。

向關外東都出兵

收復太原、平定河東之後，是出兵關外，克復東都洛陽，東進南向以爭天下的時候了。

大唐朝廷在緊鑼密鼓地籌劃著大戰前的準備工作。一次朝會上，秦王李世民向高祖奏道：「攻打東都洛陽，比消滅薛舉父子，蕩平劉武周、宋金剛更加艱難，如今天下群雄，尚有能力與大唐抗衡者，除王世充外，還有河北之竇建德，江南之杜伏威、蕭銑。對這幾股力量，應實施分化瓦解。或羈縻，或安撫，或圍困，勿使其增援洛陽，與王世充沆瀣一氣。」

高祖說：「秦王所言極是，此事朕也思之日久。竇建德正與幽州羅藝交戰，羅藝雖表面上歸附我大唐，而心實不服，棄之也不足惜。可派使者暗通竇建德，聽其進攻羅藝，使之無力與王世充聯兵拒我，至於杜伏威，過去曾一度上表於洛陽楊侗，被封楚王，去年又改降大唐，朕封其為淮南安撫使、和州總管，此人好辦，只要再予加官進爵，優恤有加，便可安撫得住；只有蕭銑狂放不羈，須以武力遏制。但不知以誰為帥，可穩操勝券？」

秦王忙說：「兒臣保薦一人，獨擋蕭銑，可勝任有餘。」

「是何人？」

「李靖將軍足可以擔當此任。」

李靖以前與高祖有些過節，3年前險些為其所殺。被李世民救下之後，高祖卻始終未加封賞。但現在正是用人之際，又是秦王大力推薦，高祖只好點頭應允。

第二天，高祖派李孝恭前往河北，說服竇建德不與王世充聯合反唐，條件是任其進攻幽州羅藝，唐廷不管不問；又降詔杜伏威，晉封其為東南道

行台尚書令、淮南道安撫使，總管江淮以南諸軍事，並給吳王加爵。與此同時，高祖又下旨封李靖為山南道招撫大使，率3萬馬步軍，沿長江順流而下，出巴蜀，攻信州，直逼蕭銑所占據的江陵，阻斷其乘虛北上之路，並準備與即將攻打洛陽的唐軍南北呼應。

在李靖率軍南下一月之後，也就是武德三年七月一日，高祖李淵再次下詔，命秦王李世民統率諸軍，揮師出關，東向攻取洛陽。這是一場將決定大唐命運的驚心動魄、艱苦卓絕的大戰。東征陣容的威武雄壯是空前的，大唐兵馬的主力幾乎全部出動，所有驍勇戰將也都奉命隨秦王出征，可謂兵精將勇、弓勁馬肥。

秦王之下，高祖還命齊王李元吉以副帥的身分同往，說是要讓他在這場惡戰中經受磨礪，建功贖罪。是否還有其他用意，秦王就不知道了。他只讓隨軍同去的幕賓房玄齡、杜如晦、褚亮等人，暗中多注意這個頑劣不法的四弟，不要壞了大事。先鋒官是高祖和秦王經過反覆篩選才敲定的，最後選定了老將軍屈突通。此時，屈突通已仕陝東道行台，而他的兩個兒子卻仍在王世充的朝廷中為官。

高祖有些為難，問屈突通道：「今欲使愛卿東征，且任三軍前鋒，這對你的兩個兒子十分不利，你看怎麼辦？」

屈突通慨然答道：「昔臣為隋將，本當就死。得陛下大用，加以恩禮。當是之時，臣曾心口相誓，希望以此生餘年為陛下盡節，唯恐不能死得其所。今日受皇上如此寵信，得任三軍先驅，兩個兒了又何足顧惜？」

高祖不禁動容，嘆息道：「真義士也。」

秦王也忙說：「老將軍高風亮節，令小王不勝欽敬。此次攻取洛陽，我等一定要千方百計保全二位公子。」

七月二十一日，經過近20天的長途跋涉，秦王率領20萬大軍，到達了

向關外東都出兵

離洛陽僅有 70 里之遙的新安。一時間，滿山遍野寨柵毗連，旌旗如畫，鎧甲耀日，鼓角之聲相聞，人喊馬嘯喧天。鄭帝王世充也早已開始調兵遣將，嚴陣以待，擺開了一副生死決戰的陣勢。

東都洛陽城外戰雲密布，戰端一觸即發。作為大戰前的小試鋒芒，秦王命羅士信率前鋒中的一部圍攻茲澗。這是位於新安和洛陽之間的一座小城，也是大軍進逼洛陽途中的一顆釘子，必須拔掉。羅士信率 5,000 部眾，經過一天一夜激戰，力克茲澗。王世充親率 3 萬大軍前來馳援，反攻茲澗。羅士信率眾堅壁不戰，死守城池。秦王又派出多股人馬從背後襲擾王世充，使其首尾不能相顧，難以全力攻城，茲澗得以保全。

吃罷早飯，已是旭日初昇。秦王與尉遲敬德並馬緩轡，步出大營，身後 500 輕騎，各持刀槍劍戟，緊隨其後。急馳半個時辰，一哨人馬來到北邙山下。此山位於洛陽西北，古樹蓊鬱，盤山道斗折蛇行，蜿蜒而上。山南卻是一面緩坡，千軍萬馬可從此處俯衝而下。這裡既是保衛洛陽的天然屏障，又是攻取洛陽的理想戰場，誠可謂兵家必爭之地。

秦王登上北邙山的魏宣武陵，一面觀看山勢道路，一面對尉遲敬德說：「此山是對洛陽發動總攻的制高點，我軍必須迅速占領。」

尉遲敬德道：「末將也正是這樣想的。奇怪的是，王世充善於用兵，何以竟不在此設防？」

「想必是這幾日忙於爭奪茲澗，此處防備鬆弛。」秦王話剛說完，便聽一名士卒大聲疾呼：「秦王殿下，山下有敵軍兵馬。」

尉遲敬德向下一看，不禁驚得倒吸一口涼氣。山下王世充的兵馬有約二三萬之眾，正黑壓壓地從四面包抄過來。

尉遲敬德憂心如焚，他手提長槊，雙眦欲裂，對 500 名甲士吼道：「四面護住秦王，拼將一死，也得保著秦王衝出去！」

尉遲敬德，秦王並馬齊驅，奮力斫殺，一路向西南殺去。剛剛殺出重圍，適逢屈突通率領大隊人馬趕到。秦王大喜，又勒轉馬頭，率軍重新殺入鄭軍陣中。王世充見唐軍援兵已到，唯恐有失，急忙收集人馬，倉皇逃回洛陽城。

這一仗，可謂絕處逢生，敗中取勝。在返回大營的路上，李世民對尉遲敬德開玩笑道：「惡有惡報，善有善報，種瓜得瓜，種豆得豆。昨夜我力排眾議，放將軍一馬，不想今日將軍便救我一命，天理報應，何其速也。」

眾將士們聽罷，都禁不住哈哈大笑。

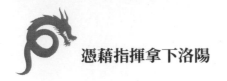

憑藉指揮拿下洛陽

　　秦王李世民開始對東都洛陽的外圍進行分割包圍。與此同時，他派幕府賓客，利用熟人、親戚等各種關係，採取投書散信、化裝潛入、遊說離間等手段，對洛陽周圍各州縣守將，展開了強大的心理攻勢和策反戰。八月初，王世充的洧州長史張公瑾與刺史崔樞獻城來降，隨後，鄧州土豪擒獲該州刺史來降，顯州總管以所部 25 州來降。就連與鄭地毗連的竇建德的共州縣令唐綱，也殺死了刺史，獻州來降。

　　王世充被困於城中，越來越感到難以支撐，轉眼之間，唐軍兵圍東都已經 5 個多月。隨著新季節的到來，草木復甦，鼠雀出沒。圍困者和被圍者雙方，似乎也與這世間萬物一樣，變得躁動不已、按捺不住了。

　　武德四年正月的最後幾天，李世民精心挑選了兩千名精銳騎兵，一律著黑衣鎧甲，分為左右隊。讓秦叔寶、程咬金、尉遲敬德、翟長孫各率一隊，分別突襲城外鄭軍。每次戰鬥打響，秦王李世民都親自披著鎧甲，背負強弓，手舞雙劍，率軍衝在最前頭，所向披靡，直令鄭軍將士聞風喪膽。進入二月之後，王世充軍糧漸感不足，派人運糧又被唐軍截獲，處境更加艱難。無可奈何，只好再派使者向竇建德求援。此時，竇建德已擊敗羅藝，收服了孟海公，正是躊躇滿志的時候。

　　二月二十三日，李世民將全部精銳結陣於北邙山，帶領眾位大將登上魏宣武陵，觀察了一下敵陣，對左右說：「賊勢已窘。我可悉軍而出，拚力一戰。今日大破賊兵，此後王世充再不敢出城矣。」

　　說罷，他看了看屈突通，下令道：「老將軍可率 5,000 人馬，渡水邀擊敵軍。且記，一旦雙方交戰，立即放煙為號，自有大軍隨後趕來。」

屈突通領令，立即帶領 5,000 步騎，向鄭軍營盤出擊。秦王李世民馬上率領千軍萬馬向山崗下衝去。唐軍居高臨下，如懸瀑傾瀉，頓時將鄭軍衝得七零八落。秦王一馬當先，衝在最前面。激烈的戰鬥一直持續了 3 個多時辰，王世充的兵馬開始潰退。李世民乘勢縱兵追殺，千軍萬馬如狂瀾怒濤，席捲而來，一直追殺至洛陽城下，將這座孤城從四面八方緊緊圍困。秦王下令，將中軍大營移至青城宮。此處已在東部的禁苑之內，谷水和洛水在這裡匯合，隔水便是通往洛陽市區的方諸門。唐軍還未來得及築起壁壘，王世充已率軍二萬衝出方諸門，憑藉原有的馬坊垣牆、壕塹，臨谷水結陣，鼓噪吶喊，抗拒唐兵。

　　三月中旬，秦王李世民下令強行攻打洛陽。王世充也非等閒之輩，為了抗拒唐軍，早在洛陽宮城裡做了大量的長期的防禦準備，可謂壁壘森嚴。城上備有大塊飛石，重達 50 斤，能拋出 200 步遠。還備有許多「八弓弩箭」，箭桿粗若車輻，箭簇大如巨斧，可射 500 餘步。其他如滾木、礌石、火箭、滾水自不必說，更是準備充裕，數不勝數。

　　王世充下令部屬，緊閉四門，堅守不出。精兵強將都登上城頭，唐軍來攻時，遠則不理，待其攻至城下，特別是爬上城牆半腰時，則萬箭齊發，滾木、礌石劈頭猛砸。唐軍晝夜不息，輪番攻城，雲梯、鐵索飛撾、鵝車、拋石車、排炮、火藥等各種攻城戰具全都用上了，一連猛攻十幾天，竟不能克。正當秦王與諸將焦躁異常之時，有探馬前來稟報，夏王竇建德率領 30 萬大軍，正離開沼州，殺氣騰騰地直奔東都而來。

　　李世民當機立斷，下令將大軍分為兩大部分。中齊王李元吉為帥，統領 15 萬人馬，以屈突通等為副，繼續圍困東都；秦王自率 5 萬人馬，東趨虎牢，扼守險要。當天晚上，在神不知鬼不覺的情況下，秦王所率兵馬悄悄開走，卻將一座座空帳篷仍然留在原地。軍帳之上，仍是旌旗招展，大纛飄揚。王世充不知城外唐軍人馬減少，只能一如平常，苦守待援。秦王進駐虎

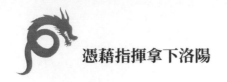

憑藉指揮拿下洛陽

牢的第二天，竇建德大軍就已經逼近虎牢城下，夏唐之間的決戰開始了。竇建德陳兵於汜水 20 餘里，鼓聲震天，不可一世。面對強敵壓境，唐軍將士皆露懼色。

李世民登上高台瞭望敵陣，安慰諸位將領說：「敵人從山東起兵，遠道而來，還沒有碰見過強大的對手，如今身處險境卻如此囂張，竟敢逼近城池排列戰陣，有輕視我們的意思。我們先按兵不動，等待敵軍的氣勢慢慢衰竭，列陣時間一長，士卒飢餓，勢必自動撤退，那時，我軍乘勢追擊，必然取勝。」

接著，又有竇建德部將王琬佩帶著嶄新的鎧甲和兵器，騎著隋煬帝的青驄馬，來陣前炫耀。尉遲敬德見狀請求奪馬，李世民立即制止，說：「怎麼能為了一匹馬損失一員猛士呢？」

敬德不聽，旋即和高甑生、梁建方騎馬直入敵陣，不一會兒，活捉王琬，帶著青驄馬奔回唐營。從早晨到中午，竇建德的軍隊長時間列陣，始終不見唐軍出戰，官兵極度疲憊，飢渴難忍。有的放下武器席地而坐，有的爭搶飲水，有的準備退卻。

李世民見夏軍隊陣已亂，時機成熟，立即命令唐軍全線出擊。宇文士及奉命帶 300 名騎兵由竇建德軍陣西側往南奔馳，誘敵出擊。李世民親率輕騎率先猛衝，大軍跟隨其後，東涉汜水，直逼敵陣。當唐軍兵臨帳下時，竇建德正要召集大臣議事，渾然不知身處險境，還在軍中行朝謁之禮呢！

唐軍騎兵突然出現，朝臣不知所措，慌亂之中，來不及抵抗。李世民的部將史大奈、程咬金、秦叔寶等指揮將士奮力拚殺，唐軍所向披靡，夏軍軍陣全線崩潰，亂作一團，爭相逃命。唐軍追擊 30 多里，殲敵 3,000 人。竇建德身中數槍，逃到牛口渚，被唐軍俘獲。

擊敗竇建德後，秦王李世民率得勝之師，押解著竇建德及王世充的部將郭士衡等人來到洛陽城下。王世充無計可施，召集諸將商議突圍，準備南奔

襄陽。而眾將領都說：「我們依賴的是夏王竇建德，如今夏王已被俘，我們就是突圍，最終也無法成功。」

走投無路的王世充最後只得身穿素衣，帶領太子、官員等兩千餘人到唐營投降。李世民率大軍浩浩蕩蕩開進洛陽城，一路秋毫無犯，嚴令守護街市，維持社會治安。後來，竇建德被押赴長安問斬，王世充則被仇家所殺。

一年間，唐軍取得了全殲王世充和竇建德兩大政治集團的重大勝利，佔有了富庶的中原地區，極大地增強了唐王朝的政治、經濟實力，為統一全國戰爭的勝利奠定了堅實的基礎。

隋朝的東都終於落入大唐手中，李世民凱旋，回到長安。他身穿黃金冑甲，威風凜凜，走在隊伍的最前面，李元吉、李勣等大將緊隨其後，騎兵、甲士數萬人浩浩蕩蕩，大批繳獲的物資列於太廟之上。李淵認為秦王原來的封號不足以顯示其特殊的功勞，就為他加號天策上將、陝東道大行台，位列王公之上。這一年，李世民 25 歲。

宮廷爭權鬥爭爆發

出人意料的是，竇建德的軍隊被消滅不久，在他原來控制的地區，劉黑闥再次起兵反唐，河北地區又燃起戰火。在劉黑闥攻占河北、窺視中原、威脅關中的危急時刻，李世民主動向李淵請兵征討。武德四年十二月，唐高祖李淵命李世民和李元吉共同帶兵出發，征討劉黑闥。

這是唐王朝統一全國過程中，李世民指揮的最後一場戰役。武德五年正月，劉黑闥自稱漢東王，改元天造，定都洺州。李世民率軍一舉收復了相州，進駐列人營，逼近劉黑闥的大本營。三月，李世民移營在洺水之南，南北布陣，與劉黑闥對峙。

其間，劉黑闥多次陣前挑戰，李世民堅壁不出，而且派奇兵切斷劉黑闥的運糧道路。劉黑闥舟車盡毀，損失慘重。雙方相持 60 多日，李世民估計劉黑闥存糧將盡，一定會來決戰。於是，李世民派人在洺水上游修築堤壩，堵截水流，並對守堤將士說，待雙方交戰時，就決堤放水。果然，三月二十六日，劉黑闥率步騎兩萬，南渡洺水，緊逼唐軍大營列陣，決定劉黑闥命運的「洺水之戰」打響。

李世民親率精銳騎兵首先擊破劉黑闥的騎兵，並乘勝衝入漢東軍的陣地，橫掃其步兵，劉黑闥率眾殊死抵抗。戰鬥異常慘烈，李世民所騎的駿馬身中 9 箭。

最終劉黑闥抵擋不住，向北逃竄。當軍至洺水中央，唐軍開堰放水，洺水河上游的滔天巨浪頓時轟然而下，精疲力竭的漢東軍士卒睜著血紅的雙眼，見滔天巨浪如萬馬奔騰般撲面而來，幾乎連恐懼和絕望都來不及體會，就在瞬間被咆哮的洪水吞沒。

洺水之戰後，劉黑闥與範願等人帶著 200 多名騎兵逃奔東突厥。這時，高祖李淵因為擔心李世民長期征戰，過度疲勞，就將他從戰場召回。李世民走後，河北戰場上的軍事指揮權暫由齊王李元吉接管。李元吉生性殘忍兇狠，一旦大權在握，便對劉黑闥潛伏於河北各地的部屬實行誘降和屠殺。

夏軍的許多將士見到唐軍的招降告示，紛紛前來歸順。李元吉卻把這些手無寸鐵、毫無反抗能力的歸降者集中起來，一個不留，全部坑殺。從此以後，劉黑闥的舊部再也無人前來歸順，就像躲避豺狼蛇蠍一樣，紛紛逃亡四鄉，藏匿於山林草澤之中。

一個月之後，劉黑闥在突厥頡利可汗的援助下，又氣勢洶洶地殺了回來。藏匿於各地的舊部將士，一聽說漢東王劉黑闥捲土重來，立時成群結隊，蜂擁而至，咬牙切齒要與唐軍血戰到底。

從六月至九月，劉黑闥帶領突厥騎兵，連連攻陷新城、定州、瀛州數座州城，唐軍損失慘重。高祖李淵下詔，命李元吉進討劉黑闥。唐朝貝州刺史許善護與劉黑闥部將劉十善交戰，結果全軍覆沒。唐朝淮陽王李道玄戰敗被殺，年僅 19 歲。

消息傳到京師，秦王聞訊放聲大哭，對左右說：「道玄隨我征戰多年，出生入死，勇冠三軍。他見我常常深入賊陣，心暗慕之，今必是學我的樣子，單騎闖陣，卻後援無人，以致身亡，此誠世民之罪。」

李道玄戰死，河北震駭。遠近各州縣或降附，或響應，或被攻陷，劉黑闥又順利地占領了夏國全部故地。李元吉率部退至夏境之外，畏葸不前。至此，李世民前番大戰所收復的失地，重又淪喪殆盡。

這時，太子李建成主動請纓，征討劉黑闥。其實，力促太子請纓的是其僚屬魏徵和王珪。因為李世民為建立唐朝和統一全國常年在外征戰，出生入死，屢建奇功，威望日高。太子李建成感到地位受到威脅，既嫉妒又害怕。擔任太子洗馬的魏徵曾多次提醒李建成及早與之抗衡，以防止李世民謀權篡位。

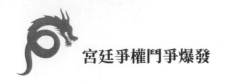

宮廷爭權鬥爭爆發

魏徵極力勸說太子帶兵出戰，與李世民爭功，他對太子說：「秦王李世民功蓋天下，中外賢能之輩大多歸心於他；殿下只不過是因為年長所以位居東宮，沒有豐功偉績，難以讓天下人折服啊！」

十一月，李淵派皇太子李建成帶兵出征。魏徵向李建成分析了河北問題久久不能平息的原因，他認為，由於唐軍在此實行的所謂「懸民處死」等政策斷絕了官兵及其親屬的生路，致使當地人心大亂，實際是官逼民反，想要徹底解決叛亂，除非改變這種政策，安撫人心，安定社會。

李建成接受了魏徵的建議，改用安撫政策，果然撫平了眾人的激憤恐懼，劉黑闥的部隊逐漸失去了鬥志，終於潰散。劉黑闥也在武德六年正月被唐軍殺害。太子建成以勝利者的姿態，率領大軍得意揚揚班師回朝。

不久，一直轉戰於長江以南的李靖大軍也傳來捷報，盤踞於巴蜀、江淮一帶的蕭銑、輔公祏等軍事勢力相繼土崩瓦解，紛紛歸順朝廷。至此，神州大地除了北方邊境的突厥勢力之外，已全部歸於大唐王朝的版圖，天下一統的局面基本形成。

九州混一，四海晏然，幾十年的紛爭和戰亂終於結束了，滿朝文武和天下庶民都沉浸在安享太平的喜悅之中。但是，大唐天子高祖皇上的 3 個嫡親兒子，太子建成、秦王世民和齊王元吉，卻難得有這份輕鬆寧靜的心情。3 個人心裡都很清楚，外患一旦清除，內憂便會隨之上升。只有勢均力敵，才可能爭執不下。李氏兄弟之爭，李世民依靠的是他的赫赫戰功，還有一批榮辱與共的鐵桿部下；太子李建成依仗的是合法的太子地位，還有李淵的支持。

李世民從小就聰明睿智，加上生於貴族豪門，受到良好的家庭教育，又經受了驚心動魄的戰爭洗禮，親歷了治世和亂世的急遽變化，因此，他不僅有拯救天下、建功立業的遠大抱負，而且確實功勳卓著。

隨著地位的提升，李世民搶奪皇權的野心也日益膨脹。到了武德四年，

由於李世民的赫赫戰功，李淵認為原有的官職已經配不上秦王的功勞了，為了表彰李世民的豐功偉績，李淵為李世民設置了一個新的職位，叫做「天策上將」，這個位置比王公還高一籌。同時還讓他開天策府，置官署，甚至還特批李世民可以自己設爐制錢，這些都不是一般意義上的待遇了，李世民在朝廷中的特殊地位越來越明顯。

李世民平日十分注意網羅人才，當時，他的天策上將府裡有長史、司馬、錄事、記室、參軍等軍事參謀機構，另外有尉遲敬德、秦叔寶等武將功臣相助。

除此之外，李世民還以銳意經籍、討論文典的名義特設文學館，招攬天下文士，組成了一個智囊團。文學館位於宮城之西，地靜景幽，無車馬之喧；典籍充棟，有蘭台之盛。

武德四年，杜如晦、房玄齡、於志寧、蘇世長、薛收、褚亮、姚思廉、陸德明、孔穎達、李玄道、李守素、虞世南、蔡允恭、顏相時、許敬宗、薛元敬、蓋文達、蘇勖等 18 人同日被授為文學館學士，號稱「十八學士」。

「十八學士」是一群博覽古今、明達政事、善於文辭的文人。入唐前，其中的大部分人就已經是名重四方的知名人物了；入唐後，他們追隨李世民，各盡其力，為國家統一、政治穩定和文化建設，作出了傑出的貢獻，而貞觀之治的成功也離不開李世民的「十八學士」。

李世民對他們優以尊禮，予以厚祿。每當處理完政務，常常召見他們，一起討論文化典籍，商討治國謀略。李世民還令大畫家閻立本為諸名士畫像，即著名的《秦府十八學士圖》，圖畫表現了他們一起出遊踏青的情景。

肖像都是按十八學士真人創作，畫卷中對每個人的身材、相貌、服飾、年齡及神情等特徵，都有生動而具體的刻畫。李世民還讓大文豪褚亮為每個人寫贊語，懸於凌煙閣。

宮廷爭權鬥爭爆發

當時，全國的讀書人都羨慕這「十八學士」，稱他們「登瀛洲」。這些人對李世民唯命是從，甚至到了只聽秦王的教命，對皇上的詔敕反倒置之不理的地步。

李淵就曾感慨地說：「這個孩子在外面帶兵打仗太久，十分專制，又受一些書生矇蔽教唆，簡直不像昔日的樣子了。」大臣封德彝也說：「秦王自恃建立了大功勳，必定不肯服居於太子之下了。」

帝王家的次子，大唐的首席功臣，即使他甘心做一輩子的親王，恐怕也做不成了。功高蓋世、重兵在手的李世民，早已成為他的同胞兄弟太子李建成、齊王李元吉的眼中釘。

在爭奪皇位的鬥爭中，齊王李元吉站在了太子一邊。兩人結盟，各有打算，李建成要除掉威脅自己皇位的強敵，需要李元吉這位親王的幫助；而李元吉則有他的非分之想，原來他也在暗中覬覦皇位，他把李世民視為奪取皇位的最大敵人。

在李元吉看來，如果追隨李世民，以李世民的精明強幹，他只能為李世民所駕馭，永無翻身之日；而一旦藉著李建成之力除掉這一眼中釘，再對付李建成就容易多了。為了儘快達到這個不可告人的目的，他甚至向李建成表示自己願意親自出馬殺掉李世民。

一次，李世民和李淵一塊兒去他的王府，他竟然派刺客準備暗殺，但被李建成及時制止。李建成這樣做，一方面是認為李元吉的做法太魯莽，很可能事與願違；另一方面，相比之下，李建成性格柔厚，也不喜歡用這種方式將李世民置於死地。

經過密謀，李建成和李元吉聯合起來，制訂了對付李世民的 3 條計策：第一，暗中招募兵甲，擴充軍事實力；第二，重金收買李世民的部將，瓦解秦王集團；第三，詆毀李世民，挑撥皇帝與秦王的關係。

李建成為了削弱李世民的勢力，私自招募各地驍勇善戰的士兵兩千餘人補為東宮衛士，守護東宮，分別屯守在東宮左右的長林門，號稱「長林兵」。

同時，又祕密派手下將領可達志去幽州，從總管羅藝處徵集騎兵300名，加強東宮防衛。不料被人告發，李建成受到李淵責備，可達志被流放邊地。不久，李建成又派人聯絡曾經護衛東宮的慶州刺史楊文幹，讓他招募壯士，輸送長安，誅除李世民。

武德七年，李淵赴仁智宮避暑，秦王李世民和齊王李元吉隨行，李建成留守長安。李建成認為時機成熟，對李元吉說：「生死安危，今年即可見分曉。」於是祕密派郎將爾朱煥、橋松山向慶州運送武器，並約定從長安和慶州同時向仁智宮發動進攻，李元吉在內部配合，一舉誅滅秦王。

但是，爾朱煥、橋松山雖長期受太子恩惠，但膽小怕事，臨陣脫逃，便向李淵告密，以求免罪。李淵聞聽大怒，急召李建成。李建成猶豫不決，進退兩難。

幕僚趙弘智獻策說：「想成就大事，就要能屈能伸，進退有節。如果現在起兵，勢單力薄，難以取勝，前功盡棄。不如向皇上請罪，請求寬恕，以圖東山再起。」

李建成權衡再三，最終赴仁智宮請罪。李淵怒不可遏，下令關押李建成。而楊文幹覺得自己已犯了十惡不赦之罪，索性舉兵反叛，攻陷寧州。李淵就派李世民前去平叛。

李世民臨行前，父子商討對策。李世民說，楊文幹這種小人物，隨便派什麼人都可以把他降服了。但李淵卻堅持認為，這件事恐怕和太子有關聯，還是李世民去比較好。並且承諾，等李世民回來後就將太子之位讓給他，把李建成廢掉發配到邊遠的蜀地，因為那裡地域狹小，好治理，以後即使再次圖謀不軌，也好對付。

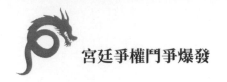

宮廷爭權鬥爭爆發

李世民帶著即將成為儲君的喜悅奔赴戰場，但後來李世民獲勝歸來後，李淵卻並沒有履行諾言。原因是在他帶兵出征期間，李元吉和嬪妃不斷為太子李建成說情，再加上大臣封得彝等人的勸告，皇上最後改變了主意，將李建成放歸長安，繼續鎮守京師，只是以兄弟不睦譴責他。

不久，突厥軍又侵併州，京師震動。這時，已經從仁智宮返回的李淵，召集群臣商議對策。由於突厥勢力強大，為了躲避突厥騷擾，當時有人建議遷都。

李淵、李建成支持遷都，李世民堅決反對。李建成怕的是李世民乘遷都之機，獨攬兵權，無法制約；而李世民則積極要求領導對突厥的戰爭，希望透過對外作戰的勝利，進一步增強威望，培養羽翼。他的分析義正詞嚴，無可辯駁，使李淵放棄了遷都計劃。同時，李淵委派李世民和李元吉共同率軍出征抵禦突厥，不久突厥的入侵被擊退。

秋日的長安，景色宜人。李淵帶皇子到城南圍獵，並命3個兒子比試騎術。太子牽出一匹肥壯性烈、極難駕馭的胡馬，想以此加害秦王。李世民跨馬逐鹿，胡馬後腿奔蹶，憑著高超的騎術，李世民連續3次從狂奔的馬上躍下，竟毫髮無損。

李世民似有所悟，對旁觀的宰相宇文士及說：「他們想用烈馬害我，死生有命，不是他隨便就可得逞的。」李建成則利用此話大做文章，透過李淵的寵妃誣陷李世民說：「秦王聲稱自有天命，企圖奪位登基。」

李淵聞聽，勃然大怒，當著太子和齊王，對李世民大加責備：「天子自有天命，不是耍點小聰明就能得到的。我的身體很健康，你也太著急了吧！」可見，兄弟奪儲之爭，已進入白熱化階段。

一天夜晚，太子邀李世民入宮宴飲，在酒中下毒。李世民早有戒心，只飲一杯，即告辭回府，腹中暴痛，吐血數升，差點丟了性命。

秦府幕僚聽到李建成、李元吉謀殺李世民的消息後，驚恐萬狀，議論紛紛。房玄齡對長孫無忌說：「如今太子與秦王的矛盾已經形成，大亂即將發生。一旦發生變亂，恐怕就會禍及王府，危及國家，怎不讓人深思呢？古人說『以國為重者不拘小節』，不如廢掉太子，尊奉秦王。難道我們要坐等國家滅亡、身敗名裂嗎？」

長孫無忌說：「其實我早有此意，只是不敢暴露。如今聽您一番話，深有同感。」說明兩個人不約而同地作出了以武力反擊東宮和齊王府的決定。

長孫無忌和房玄齡面見李世民，李世民說：「危險的徵兆已經出現，該如何對付呢？」

房玄齡說：「國家患難，處置辦法古今相同，不果斷就不能成大事。您功蓋天地，神人都敬仰，應該當機立斷。」勸李世民抓緊時機，以除心腹之患。

另一方，為了分化瓦解秦王府集團，李建成和李元吉軟硬兼施，對李世民的部下進行威逼利誘，矛頭直指尉遲敬德、段志玄和程知節（即程咬金）等人。李建成暗中致信尉遲敬德說：「久仰將軍風範，願與結為生死之交，請您不要拒絕。」並派人送去大量金銀珠寶。

尉遲敬德不為所動，毫不猶豫、不卑不亢地回絕說：「我出身低微，承蒙秦王厚愛才有今天，理應以身報恩。我沒有為您立過一點功勞，不敢受此厚禮。如果私下與您來往，豈不是見利忘義，事主二心？而這樣的人對您又有什麼用處呢？」

李世民聽說後，叮囑他注意安全。果然，見賄賂引誘不成，李元吉使派出刺客行兇。尉遲敬德聞訊，竟然大敞宅門，臥床不動。刺客被他的氣勢嚇倒，始終不敢入門行刺。

一計不成，李元吉又向李淵誣告尉遲敬德謀反，李淵當即把尉遲敬德投入獄中，並打算處死他。李世民以死相求，李淵才把他釋放。

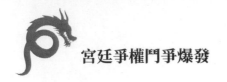

李建成又以高官厚祿拉攏秦王府的護軍段志玄，遭到段志玄的斷然拒絕。程知節驍勇善戰，是秦王府的統軍。李建成故意調他出任康州刺史，而且要他立即出京赴任。

程知節對李世民說：「大王的腿腳手臂被剪掉，身體哪還能長久？我誓死不離開大王，請您趕快想個萬全之策。」

杜如晦和房玄齡學識淵博，聰穎過人，是李世民智囊團的重要成員，最招李建成和李元吉嫉恨。李建成對李元吉說：「親王府中最可怕的人就是杜如晦和房玄齡。」不久，李建成和李元吉以杜如晦和房玄齡結黨營私為由，透過李淵把他們兩人趕出了秦王府。

想起程知節振聲發聵的一番話，目睹李建成和李元吉的一系列舉動，李世民感到了形勢的嚴峻。於是，李世民也緊鑼密鼓地行動起來。

朝廷之外，他派心腹張亮到洛陽招兵買馬，出重資讓他聯絡當地豪傑，一旦有變，便可遙相呼應。此事被李元吉發現告發，張亮被捕入獄。

嚴刑拷打之下，張亮咬緊牙關，守口如瓶，始終沒有供出幕後主使，可見李世民部下對他的忠心。後來，張亮官至刑部尚書，也是李世民對其忠誠的回報。

朝廷之內，一方面爭取大臣的支持；另一方面收買太子的部下。朝中，堅決支持李世民的大臣有蕭瑀、陳叔達等人。蕭瑀是隋煬帝的妻弟，投降唐朝之後，被封為禮部尚書、宋國公，也深得唐高祖李淵的信任。

李淵對李世民心存疑忌，多次想壓制他。蕭瑀不顧個人得失，堅決支持李世民。李世民即位後，敬佩蕭瑀的忠誠與膽識，對房玄齡說：「武德六年以後，我功高不賞，為兄弟所不容，蕭瑀不為利誘，不為勢屈，在關鍵的時刻支持我，真是國家的忠臣啊！」

李世民還感慨地說：「風大的時候才知道草的根有多麼結實，政局動盪的時候才知道臣子對主上的忠誠。」並把詩句「疾風知勁草，板蕩識誠臣」

賜給他。

　　李世民還得到了禮部尚書陳叔達的支持。每當李建成和李元吉詆毀李世民，李淵被迷惑時，陳叔達總是仗義執言，替李世民辯解。另外，東宮的太子率更丞王晊，守衛玄武門的常何、敬君弘等都被李世民收買，為他通風報信，在奪權的過程中發揮了重要的作用。

　　兄弟相爭，李淵的態度極為重要。李淵深知李世民的軍事與政治才能足以擔當治國大任，但他對當年隋文帝由於更換太子，導致楊勇、楊廣、楊俊、楊諒等諸王失和，最終釀成的大禍記憶猶新。自己面對同樣的局面，自然倍加小心，立建成為太子，就是想避免那樣的慘劇重演。於是，他努力在兩位皇子之間維持平衡。

　　早在奪取政權時期，李淵就讓兄弟倆共同領兵，李世民作為弟弟要聽哥哥李建成的。後來兄弟倆各自統兵之後，從將士到職銜都不偏不倚。而待到建立了大唐政權後，長子建成成為太子，名正言順；次子世民封秦王，為尚書令，掌典領百官，處群臣之首，也在情埋之中。

　　後來為了對付起兵的劉黑闥，李淵命令李世民與李元吉前往討伐，而當戰事稍一平息，李淵就命令李世民回朝，讓三子李元吉獨自帶兵繼續作戰。如此迫不及待地將統兵之將與其所帶之兵分開，也顯示了李淵心中的擔憂。

　　而當後來李元吉對抗劉黑闥失敗時，李建成主動請纓，李淵則當即允準，並讓李元吉隨同出征。他看到李世民的軍功越來越大，在朝中的威望越來越高，就很少派李世民率軍出征，以減少他建立功勛的機會。由於擔心兄弟之間發生不測，哪怕只是去仁智宮避暑，也要帶走兩個，留下一個。

　　但是，李淵的努力並沒有造成多大作用，一方面立李建成為太子，另一方面又賦予李世民過大的權力，平衡的結果是：第一，導致政出多門，政府部門常常會接到來自皇帝、太子、秦王的不同指令；第二，削弱了至高無上的皇權；第三，加劇了李氏兄弟間的矛盾衝突。

玄武門勝利奪權

就在雙方劍拔弩張之際，武德九年六月二日，突然傳來緊急軍情，突厥大舉入侵，已經逼近武威郡。按照慣例，遇強敵壓境，會派秦王李世民統兵禦敵，但太子李建成極力建議李元吉和燕王李藝出征。李建成的目的很明確，是為防止軍權落入李世民之手。高祖李淵便以李元吉為元帥，率大軍北征突厥。李元吉等抓住機會，請求派李世民手下將領尉遲敬德、秦叔寶等一同出征，並要秦王府的精兵調歸齊王，企圖架空李世民。

對於李世民來說，這無異於釜底抽薪。李建成和李元吉在李元吉出征前，加緊密謀謀害李世民的具體方案。李建成說：「既然已將秦王府的精兵調歸與你，我們的軍事力量就超過了秦王府。明天我約秦王在昆明池畔為你餞行，在宴會上設下伏兵，趁機將秦王殺死，然後讓父皇讓位於我。我做了皇帝，就立你為皇太弟。」

李元吉憂心忡忡地說：「刺殺秦王不難，但是，他手下的尉遲敬德等人，個個驍勇無比，他們不服的話，怎麼辦呢？」

李建成說：「尉遲敬德已經歸你統率，你以主帥的身分將他殺掉，其餘的人，誰還敢不服？」這番話，被東宮的屬官王晊聽到。王晊早已被李世民收買，於是急忙報告給了李世民。

入夜，李世民立即召集心腹密商對策。秦王府外戒備森嚴，府內鴉雀無聲。長孫無忌和兩位身著道士服的人來到秦王府，扮道士的原來就是房玄齡和杜如晦。接著，尉遲敬德、高士廉、侯君集等人很快趕到。

李世民首先通報了王晊的情報，長孫無忌一聽，激動地說：「先發制人，後發則為人所制。大王應當機立斷，除掉太子和齊王。」

李世民說：「我與太子，同根而生，骨肉相殘，是亡國的徵兆啊。我雖被猜忌，禍在眼前，但念兄弟之情，終不忍下手。不如先等他們動手，我們再名正言順地討伐。」

尉遲敬德搶先說：「我等冒死前來，就是要保衛大王，大王卻只顧個人的仁愛小情，不顧江山社稷，真讓我們失望。大王理應大義滅親，為國解憂。請先殺太子，除掉這個禍害。」

見李世民還是猶豫，尉遲敬德激動地說：「大王處事心存疑慮，並不明智；事到臨頭猶豫不決，並不果斷。您即使不關心自己的利害，總要考慮國家前途啊。您手中的 800 名勇士正整裝待發，時不我待。如果您聽不進我們的意見，我等寧願上山為寇，也不能坐以待斃。」

長孫無忌在一邊故意附和說：「如果敬德上山為王，我等也只好隨他而去。」

此時，李世民仍然沉默不語。房玄齡就引經據典開導李世民，說：「以前，周公曾大義滅親，殺死了禍國殃民的兄弟管叔和蔡叔，但人們並不認為周公不義，相反，卻稱之為聖人，這就是以國為重的緣故。大王如果能斷然舉事，那可真是功在國家，福在百姓啊！」

這時，杜如晦突然提出一個問題，說：「大王如何評價舜呢？」

李世民說：「為子孝順，為君聖明，是一位無可爭議的人物。」

杜如晦進一步苦口婆心地說：「那如果舜淘井時被弟弟用石塊打死，修糧倉時被弟弟用火燒死，又怎麼能夠君臨天下、恩施萬民呢？坐以待斃，只能貽笑千古，一個有大作為的人，就應不念私情，不拘小節。」侯君集則發誓：「只要大王一聲令下，我等捨生忘死，誓死跟隨大王。」這時，李世民的目光轉向一言未發的高士廉。

高士廉是李世民妻子長孫氏的舅舅，德高望重，他當即表明了自己的態度：「當斷不斷，反受其亂。事已至此，只好起事。」在這種情況下，李世

玄武門勝利奪權

民終於痛下決心，要與太子決一雌雄。

六月三日，一份神祕的天象報告傳入宮中。繼六月一日「太白經天」以後，六月三日，太白金星再次劃過長空。所謂「太白經天」，就是日照中天之時，太白星還在經天而行。

按照漢魏以來的觀念，出現這種天象意味著天下將有兵戈之爭，人間將要更換君王。負責觀天象的太史令傅奕向李淵呈送密奏，稱太白金星出現於秦國的天界上，秦王李世民將君臨天下。

於是，李淵馬上召見李世民。李世民看過密奏後，馬上自我辯白說：「作為建成和元吉的兄弟，我沒有絲毫對不住他們的地方，但他們卻總想將我殺掉。我立下那麼多戰功，而他們卻這樣對我，簡直像是要為曾經被我打敗的敵人王世充、竇建德等報仇。我今天如果含冤而死，不僅因為永遠離開了父皇而悲痛，還會因為在九泉之下這樣見到那些被我誅殺的賊人而羞恥。」

聽了這番訴說，李淵也感到十分無奈。同時，李世民還趁機告狀，說李建成與李元吉「淫亂」後宮，以挑撥李淵與李建成和李元吉的關係。李淵聽後十分吃驚，突然想起平日裡說李建成好話的，確實就那幾個妃子，頓生疑慮。

李淵當即決定，第二天把三兄弟叫進宮中一起對質。對於李世民來講，這可是一個絕佳的機會。

很快，李建成就透過李淵的寵妃張婕妤得到這一消息，馬上把李元吉召到東宮。李元吉建議應該趕快集合兵馬，擁兵府中，託病不上朝，靜觀事態變化。

李建成認為，東宮的兵事已安排妥當，自己在玄武門的兵備又十分嚴整，而且親信常何隨時聽他調遣，根本不會發生什麼意外。於是決定與李元吉一起入宮，戳穿李世民的謊言。因此，兄弟兩人對第二天的早朝，未做任何防備。由於商議時間太長，當晚，李元吉就住在了東宮。

六月四日黎明，靜靜的玄武門內，殺機四伏。李世民率長孫無忌、尉遲敬德、房玄齡、杜如晦、宇文士及、高士廉、程知節、秦叔寶、段志玄等秦王府的驍將謀士，早已在此悄悄設伏，等待李建成和李元吉自投羅網。早朝時分，李建成、李元吉騎馬馳向玄武門，遠遠看到守門的是曾跟隨李建成血戰河北的老部下常何，也就未加戒備。當二人進入門內，到達宮中的臨湖殿時，李建成突然察覺形勢異常，急忙調轉馬頭，準備逃回東宮。

李世民當即現身，飛騎追來。李元吉反應迅速，搭弓便射，但驚慌過度，連射 3 次，都沒射中。李世民卻勒停座騎，穩穩對準狂逃的太子射出一箭，太子應弦倒下，不甘心而又無奈地閉上了雙眼。這時，伏兵瞬間殺出，尉遲敬德率 70 餘騎如排山倒海般撲來。太子、齊王的衛兵匆忙招架，被殺得紛紛落馬。齊王慌忙逃竄，被尉遲敬德射於馬下。李世民的座騎受傷，失控衝入林中。

不巧，李世民的腰帶被樹枝鉤住，隨即落馬，摔傷腳踝，無法站立。齊王垂死無懼，奔到樹下，奪過秦王弓，用弓弦死死勒住李世民的脖頸，凶光四射。在這千鈞一髮之際，尉遲敬德策馬而至，一箭疾飛，齊王倒地斃命。

東宮和齊王府的將士聞聽事變，立即衝向玄武門，想要救出太子和齊王。玄武門守將敬君弘、呂世衡挺身而出，奮力拚殺，但寡不敵眾，同時被殺。秦王府的張公瑾力大無比，竟獨自關上城門，把兩千多名士兵擋在門外。

唐代實行的是全軍皆農的府兵制，平時軍隊一邊軍事訓練，一邊在自己的屯種之地從事農業生產。而一旦遇到戰事，則由朝廷調派；戰事結束，兵仍然歸於府，將則歸於衛，誰也沒有權力調動。這就使得不管是李世民，還是李元吉，甚至就是貴為太子的李建成都無法直接統率軍隊。這樣一來，所謂各自的軍事實力，就是各家王府的宿衛人員罷了。而東宮和齊王府兩相相加，兵士多達數千人，秦王府則只有 800 餘人，雙方力量懸殊。

玄武門勝利奪權

　　東宮的士兵開始攻城，有的已經登上城樓。危急時刻，尉遲敬德想出妙計，將李建成和李元吉的人頭示眾，兩府軍隊見首領已死，頓時潰散。這時，李淵正在宮中與宰相裴寂、蕭瑀、陳叔達等泛舟湖面，聽到外面的動靜，正要派人打探。受李世民委派，尉遲敬德直奔李淵而來。見到身穿鎧甲、手持長矛的尉遲敬德，李淵大驚失色。因為這樣的裝束出現在殿堂之上，是可以按叛逆罪斬首的。

　　李淵問道：「外面是怎麼回事，你為何如此裝束來這裡？」

　　尉遲敬德對他說：「是太子和齊王作亂，秦王已經帶兵將他們誅殺，害怕您受到驚嚇，派我來保護您。」

　　李淵嚇得不知所措，問召集前來的大臣們該怎麼辦。蕭瑀和陳叔達乘機進言說：「太子和齊王在當初起義滅隋的時候，就沒有立下多少戰功，如今他們又看不慣秦王功高望重，所以共為奸謀，要除掉秦王。現在秦王把他們殺了，這應該是順應民心的事情。如果現在陛下把太子之位交給他，那麼天下就太平了。」

　　事已至此，李淵只好順水推舟。此時，外面還在激戰，李淵給尉遲敬德一份手詔，命令所有軍隊聽從秦王指揮，戰事由此平息下來。李世民掌握了全部軍權，朝中再也沒人敢與他抗衡了。

　　緊接而來的便是血腥的殺戮，李建成的 5 個兒子和李元吉的 5 個兒子全部被殺。眼見一群心愛的孫子人頭落地，李淵自知身處危境，只能默默無語，暗自垂淚。

　　玄武門之變的第三天，李世民被立為太子。李淵在詔令中說：「皇太子李世民天生聰慧，度量大，見識廣，文治武功，無人能比。立世民為皇太子，真是託付得人，也是我的夙願。從今以後，軍機兵仗糧倉，乃至朝廷的所有決策，事無巨細，都委託皇太子決斷。」

禮賢下士

李建成和李元吉雖然在這場兵變中一朝被殺，但他們畢竟以太子和齊王的身分經營了多年，在朝廷和地方都有相當大的勢力。因而，對他們的昔日舊黨採取寬大和安撫的政策，對可能發生的地方兵變及時果斷地撲滅，已經成了安定天下局勢的關鍵。

李世民立即以皇上的名義下達詔書大赦天下。明確提出，凶逆之事，止於建成、元吉二人，其餘人等一律不予追究。這一招果然奏效。大赦令發布的第二天，曾帶兵攻打玄武門，並殺死了敬君弘的建成舊部馮立、謝叔方，便從長安近郊前來自首；逃往終南山的薛萬徹，經李世民幾次派使者前往詔諭，也終於出來自首。

當他們跪在李世民面前時，仍不免惶恐顫慄。雖然詔書說是不予追究，但政治沒有誠信可言，當權者歷來翻雲覆雨，出爾反爾。誰知道這位新上任的太子爺會怎樣處置他們，既然敢來，就做著被砍頭的最壞的打算。

馮立說：「罪將馮立等見過太子。攻打玄武門，殺死敬君弘、呂世衡將軍，都是罪將的主意，與他人無關，請太子治末將之罪。」

李世民笑著說：「汝等何罪之有？既是原太子府的人，在太子危難之時，能夠挺身而出，冒死相救，此乃忠於所事，義士之為。都起來吧，各人安心回府，我將另有重用。」馮立等懸著的心這才像一塊石頭落地，一個個感激涕零，叩首拜謝而去。

見為首的馮立、薛萬徹等人皆未獲罪，那些逃奔藏匿的散兵游勇紛紛來歸。數日內，兩千多名長林軍和齊王府兵幾乎悉數自首，李世民令部屬對他們一一安撫，重新編入禁軍，不準有任何歧視。

 禮賢下士

　　眼見著這許多人前來自首，李世民自然高興。但是，在他的內心深處，卻不免仍有著一個極大的缺憾。他其實是在等待著一個人的主動來歸，但一直等了數日，卻一直不見此人前來，不免有些焦躁。

　　這天一早，房玄齡、杜如晦等一班秦王府舊人都齊集於東宮顯德殿議事。李世民看看房玄齡，心事重重地問道：「他怎麼還沒來，莫非已潛逃了不成？」

　　這句話問得沒頭沒腦，眾人皆不知所云。房玄齡卻猜透了他的心事，知道這個所謂的「他」，肯定是指原太子洗馬魏徵。

　　「不會的。泰山崩於前而色不變，這個人能做得到。滿腹經綸，兩肋錦繡尚未施展於萬一，他怎麼能潛逃呢？」房玄齡語焉肯定地說。

　　「那他為什麼不來歸順呢？」

　　「海內碩儒，一代大賢，豈能輕易來投，像個乞者一樣，求殿下賞個差事，給碗飯吃？」

　　「你是說，我該像當年劉備請諸葛亮一樣，三顧茅廬，躬身往請？」

　　「不，殿下應該派人把他抓來！」

　　李世民吃了一驚，這不像是房玄齡說的話。

　　「先生是在說笑吧，那樣豈是我李世民的禮賢之道？」

　　「不，並非說笑，我是認真的。對別人可『先禮後兵』，對魏徵就該『先兵後禮』。」

　　「為什麼？」李世民不解地問道。

　　「魏徵事建成日久，建成對他十分尊重，優禮有加。他又是個念舊情、講義氣的人，建成新亡，屍骨未寒，若不採用點非常手段，使之迫於無奈，他如何下得台面，痛痛快快地前來？再說，他對於殿下畢竟知之甚少，借此也可讓他對殿下留下一個深刻的印象。」

李世民馬上心領神會，點頭笑道：「先生所言有理，對高潔之人，不可以俗禮待之。」

於是，他派尉遲敬德帶上幾名兵士去「請」魏徵，若不肯來，用繩子捆也得把他捆來。

其他人皆於內室迴避，李世民獨自一人在外廳等候。用了沒多久，魏徵果然被帶到。

李世民坐在那裡沒有動，只冷冷地看著魏徵。魏徵既不打躬施禮，也不說話，只昂然站在那裡。兩個人一時僵持起來，都在等待著對方開口。

「魏徵，你可知罪？」還是李世民先打破了這種難堪的沉默。

「魏徵無罪。」回答得簡短而又乾脆。

李世民霍地站了起來，厲聲說：「你身為太子洗馬，卻離間我兄弟之間的手足之情，多次鼓動太子建成先下手為強，必欲置我於死地，斬草除根，這罪孽還小嗎，何言無罪？」

魏徵冷笑一聲說：「兄弟爭儲，如群雄逐鹿，捷足技高者得之。我既為太子洗馬，只知有太子，不知有秦王，竭忠盡智輔佐太子保住皇儲之位，不致鹿失他人之手，此乃職守所關，不知何罪之有？」

「這麼說，你多次為建成設計，數次謀殺於我，這都是確定無疑的事實了？」

「大丈夫行事，光明磊落。陰謀暗殺，乃鬼蜮伎倆。欲得國之神器，豈能靠鼠竊狗偷？即使偶爾得手，在朝不能服眾臣，在野不能得民心，身居大位，又何能持久？謀殺之事，歷來為魏徵所不齒，豈能為他出這些餿主意？不過，魏徵確是日夜為太子謀劃，可惜他懵懂不悟，不肯聽我的。若能按我的意思行事，又何至於有今日下場？」

「噢，那你是怎麼為他謀劃的，願聞其詳。」

禮賢下士

「太子已經死了，早魂歸陰山，如今說這些還有什麼意思？自古勝者王侯敗者賊，魏徵乃敗者，是殺是剮，任憑發落。」

「哈哈哈……」李世民突然開懷大笑，「先生高風亮節，謀略過人，世民傾慕日久，思之若渴。舊太子歿了，可我這新太子還在。建成有眼未識和氏璧，不聽先生之言，我李世民卻願與先生終生廝守，日夜聆聽綸音。」

話剛說完，房玄齡、杜如晦以及程知節、秦叔寶、李勣等這些魏徵在瓦崗軍中的舊友，一塊兒從內室中轉了出來，笑哈哈地將魏徵圍住，邀他就座。

李勣說：「魏兄，當今太子思賢若渴，對您更是心儀有年。只因您是故太子的人，不肯挖他牆腳。今日大勢已定，願魏兄摒棄前嫌，與我等共同輔佐新太子。」

李世民也忙欠身說：「適才失禮之處，還望先生見諒。」

魏徵也笑了：「這麼說，剛才太子殿下的一番風暴雷霆，是要給在下一個下馬威了？」

眾人一齊大笑。

秦王命下人們為各位獻茶，大家一邊啜飲，一邊敘談。

過了一會兒，李世民又問魏徵：「當此變亂初定、人心不穩之際，何為急務？」

魏徵說：「自然是安定政局，平息動亂。我知道，殿下已注重此事，朝廷也頒布了大赦令。但僅有這點措施，並不足以穩定全國局勢，在許多地方，朝廷的大赦令形同一紙空文。」

李世民吃了一驚，忙問道：「何以如此說？」

「故太子的勢力散布於國內各地，對朝廷的寬赦不敢輕易相信，猶自不安。更何況，許多地方官員，正在爭相抓捕故太子餘黨，或殺或押，以邀功

請賞。朝廷雖有好經，下面的世賊祿蠹們卻把它念歪了，如之奈何？」

「有這等事？」

「魏徵雖足不出戶，但這類事卻早已紛紛傳來。殿下身居高位，自然不得而知。」

「以先生之見，當如何處之？」

「殿下應派出使者分赴各地，嚴格履行朝廷大赦令，有敢忤逆者，嚴懲不貸，以示誠意。仁至義盡之後，如仍有反叛者，則堅決鎮壓。那時，殿下將有理有節，無愧於天下。」

「好，就依先生所言，先生在山東一帶頗有威望，就請您任山東宣慰使，可便宜行事。不知先生能否答應，前往辛苦一趟？」

「殿下既信得過魏徵，魏徵情願前往。另外，尚有一事，請殿下裁之。原太子中允王珪及韋挺、杜淹，因楊文幹反叛之事無罪遭貶，此 3 人皆治世之能臣，望殿下不計前嫌，召回並予重用。」

秦王看看房玄齡，欣慰地笑了：「咱們所見略同。不瞞先生說，我已於昨日派人急馳嶺南，宣召王、杜等人還朝了。」

魏徵宣慰山東尚未成行，卻從幽州方面傳來了盧江王李瑗反叛的消息。李瑗是高祖李淵的堂弟，李世民的堂叔，數年前，高祖任命他為幽州大都督。

李建成在與李世民激烈爭鬥的過程中，不僅在朝廷和京師拉攏朝臣，部署力量，在外地也極力樹立朋黨，廣結外援。李瑗便是他在地方上結交的死黨和奧援之一。

李建成被殺的第二天，李世民便派侯君集前往任副都督。不久，又派通事舍人崔敦禮赴幽州，持皇上手諭召李瑗入朝。李瑗驚慌失措，認為一旦入朝，凶多吉少，李世民肯定要將李建成的所有黨羽斬盡殺絕。

禮賢下士

　　李瑗在憂鬱慌亂之際，只好向副都督侯君集求教。他認為侯君集是秦王李世民的人，眼下唯有他能救自己。按說，侯君集應該極力勸李瑗入朝，向李世民和朝廷請罪，便可獲得寬赦。然而，他卻不想這麼做。他覺得，自己建功邀賞的機會到了。李瑗一旦起兵，自己就將他誅殺，從內部平息叛亂，對當今的太子，未來的新皇帝，便有擎天保駕之功。弄好了，自可出將入相，甚至會封公封王。

　　李瑗本來就不敢入朝，又經侯君集動以利害，更加害怕。送走侯君集以後，他又招來心腹謀士兵曹參軍王利涉，密商起兵之事。王利涉也極力鼓動他起兵，但卻認為侯君集為人反覆多詐，建議他乘起兵之時將其殺掉，以絕後患。

　　李瑗終於下了決心，於當天晚上將朝廷使者崔敦禮拘捕，並立即派人馳往涇州，聯繫羅藝。定於第二天一早，公開樹起反旗，以號召天下。至於是否殺掉侯君集，等到起兵之後，看情況再定。

　　一切安排妥當之後，他才回寢室睡下。侯君集就率人將他殺死，並救下了被關押的崔敦禮，派人護送他回到京師，向太子李世民稟報了幽州平叛的整個過程。而他暗中煽動李瑗反叛的事，自然隻字不提。

　　幾天後，羅藝在涇州反叛，被他的部下所殺。益州行台兵部尚書韋雲起，與其弟慶儉、慶嗣都是李建成的舊黨，也被行台左僕射竇軌以「謀反」的罪名殺掉，奏報朝廷。

　　李建成的舊黨謀叛，雖說已是強弩之末，掀不起什麼浪頭，但是，在數日之內，便有這麼多人因「謀叛」被殺，已足以讓李世民感到不安。

　　這些謀反者究竟是真是假，一時還弄不清楚，但這麼多人人頭落地，卻讓李建成的舊黨們心驚肉跳，人人自危，必然會為未來種下動亂的禍根。看來魏徵說得很對，如不快派人下去撫慰，朝廷的大赦令將真的成了一紙空文。

太子李世民再次向全國下達命令：六月四日以前事連東宮及齊王，十七日前事連李瑗者，概不追究，並不得相告言，違者反坐。

接著，李世民讓魏徵趕緊起程，宣慰山東。並派房玄齡、杜如晦、宇文士及等，分赴隴西、河南等地，善加撫慰。魏徵一行沿途宣諭朝廷大赦令和太子李世民的教命，一路向山東地面走去。

這一天走到磁州地界，老遠便見十幾名兵弁押著一輛囚車，吱吱嘎嘎地迎面走來。開始魏徵並未在意，以為不過是地方上的盜賊或刑犯被抓。待走到近前，偶然抬頭看時，不禁吃了一驚。原來是前太子千牛李志安、齊王護軍李思行被押在囚車上。

魏徵立即橫馬攔住囚車，高聲喊道：「站住！」

光天化日之下，竟有人公然攔截囚車，十幾個護衛兵各持刀劍，呼呼地圍了上來：「何方賊徒，要造反嗎？此乃朝廷要犯，正欲押送京師，識相的，快閃開！」

魏徵的隨從也圍上前來，眾人喝道：「放肆！此乃朝廷欽差魏徵大人。」

一聽說是魏徵，眾人不再喧嚷，但仍緊緊地護著囚車，一個官員模樣的人走近一步，打躬說：「魏大人，在下乃磁州典史楊耒，奉刺史之命，押送二犯進京，不知大人有何見教？」

「請問，這兩個人犯了何罪？」

「他們兩個，一個是前太子千牛，一個是前齊王護軍。」

「這我知道，我是前太子洗馬，還不認得他們？我問的是犯了何罪。」

「回魏大人，此二人係李建成、李元吉死黨，與李建成、李元吉勾結，密謀造反。事敗後潛逃至磁州，被我們捕獲。」

魏徵冷笑道：「朝廷大赦令已頒布經月，你們莫非不知道？快把他們放了！」

 禮賢下士

「這……」典史楊耒猶豫了，心想你魏徵也是李建成的死黨，而且是主謀，怎麼忽然成了朝廷欽差？別是潛逃至此，假冒欽差之名，來救同夥的，便猶豫著問道，「請問，魏大人可有朝廷關文？」

魏徵知道他不相信自己，便笑著拿出了太子李世民的手令，說：「你不信我魏徵，這個總該相信吧？朝廷已三令五申，當今太子又有赦命，也已布告全國，你們明知故犯，公然忤旨，莫非要落個『違者反坐』的罪名嗎？馬上放人！」

楊典史仍猶疑不決：「魏大人，下官乃奉刺史之命，上支下派，實在不敢做主。」

連與魏徵同來的隨從們也一齊勸魏徵道：「魏大人，算了吧。此事你已管了，也宣示了朝廷和太子的赦令，聽不聽由他們吧。」其實，隨從們是在替魏徵捏著一把汗：你畢竟曾是李建成的人，這些都是你的昔日同僚，弄不好落個假公濟私、包庇謀逆者的嫌疑，那又何苦呢？

魏徵卻絲毫不為所動，當即沉下臉來說：「你只管放人，你們刺史那裡由我去說，與你毫無關礙。如若不然，我這就上表參奏，抗旨不遵，你該知道是什麼罪過。」

楊典史無奈，只好命手下放人。李志安、李思行走下囚車，至魏徵面前雙雙跪下，流淚說：「謝魏大人救命之恩，我等沒齒不忘。」

魏徵忙將二人扶起，嘆口氣說：「二位大人大錯特錯了，救你們命的，不是我魏徵，乃是昔日秦王，當今太子。太子寬仁賢德，大度如海，包容百川，不計私怨，若不是碰上這麼一位明主，我與你們一樣，恐怕早已成了斷頭之鬼、枉死之魂了。請問二位大人，不知下一步要去哪裡安身？」

志安、思行二人泣聲說：「死裡逃生，已屬萬幸。留下這條命，回鄉里種田，養家餬口，能了此殘生也就罷了。」

魏徵沉思一會兒說：「二位又錯了，大丈夫處世，豈能如燕雀營巢，雞

鶩覓食，碌碌此生？往昔命運陰差陽錯，使我等跟了建成。如今得遇明主，正是為江山社稷、黎庶百姓大展抱負之時，可不能一朝被蛇咬，十年怕井繩。我看二位就隨在下同行，宣諭朝廷敕命，慰撫眾人之心，為平息動亂、安定地方出一份力，也可將功補過。有你我 3 人的現身說法，這趟差事會順利得多。」

二人喜出望外：「有明公指點迷津，我二人情願追隨鞍前馬後。」於是，眾人同去磁州。

磁州刺史見魏徵釋放了欽犯，眼看到手的一樁功勞泡了湯，甚不甘心。送走魏徵一行之後，立即快馬加鞭，趕往京師向李世民告狀。

「殿下，我看魏徵是徇私懷舊，過去他們同惡相濟，今日又借朝廷敕命救其同類，不是朋比為奸，也是私心所致。」那刺史奏報完魏徵擅放要犯的過程之後，又憤憤然說。

李世民聽完，卻不禁眉開眼笑，欣喜地說：「好，魏徵不愧是忠臣、直臣，未來必是我大唐的柱國之臣。他這是以江山為重，以朝廷為重，若有私心，就該明哲保身，這樣的事避之還唯恐不及呢。要說私心，我看你倒是有點。你以為送來李志安、李思行，便可邀功請賞，升官加爵，對吧？我告訴你，你該好好謝謝魏大人才是。倘若你真的將此二人以囚車押來京師，一路上招搖過市，壞了我的安定大計，我不僅要將你貶官削職，說不定會將你下入大牢。」

話音甫落，那個刺史嚇得冷汗直流，撲通一聲跪下，連聲說：「微臣知罪，微臣知罪。」

經魏徵、房玄齡、杜如晦等人在全國各地奔走月餘，到處宣諭朝廷和新太子的寬容政策，終於使李建成、李元吉的舊勢力頃刻瓦解，幾乎所有的昔日舊黨全都自首歸順。各地的政局迅速地平穩下來，就連小股的反叛也沒有再發生過。

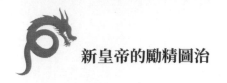

新皇帝的勵精圖治

　　武德九年八月甲子日，李世民即皇帝位，大赦天下，改年號為貞觀。按說，新天子登基，是一件轟動天下的盛事，就應該轟轟烈烈，普天同慶，但李世民並不想太過張揚。

　　為了不讓父皇感到難堪，李世民沒有在父皇當年登基的大殿舉行登基大典。他決定就在東宮顯德殿即位，登基儀式也儘量從簡。各州郡的都督、節度使、刺史等官員，一律不準入朝稱賀，更不準送什麼賀禮、賀儀，對這類送禮行賄的腐敗行為，李世民歷來深惡痛絕。

　　杜絕腐敗之風，必須從自己當皇帝的第一天起，就要堅決果斷地身體力行。各地的官員若有那份忠心，只上一封賀表就行了。那不過是一張紙而已，你們休想借此機會，巧立名目，搜刮民脂民膏，為自己大撈一把。

　　當然，登基大典也不可能太過草率，這畢竟是一個新時代的開始，在京的全體朝廷命官要一律參加。當日辰時，宰相裴寂、封德彝、陳叔達、蕭瑀等，召集朝中文武百官，齊集顯德殿，等待著新皇帝駕臨。大家各懷心事，或興奮，或喜悅，或激動，或憂慮，但一個個都是表情莊重，大殿裡一片肅穆。

　　將近辰時末刻，李世民在房玄齡、杜如晦的陪同下，健步走進大殿。當宇文士及宣讀完高祖皇上的禪位詔書，李世民這才由太監們服侍著，在側殿中換上了一襲簇新的袞冕龍袍，然後步入丹墀，由宣徽使導引著，先北向而拜，再面向父皇所在的兩儀殿方向，行叩拜大禮。

　　禮畢，4位宰相趨前，分左右扶李世民升殿。李世民終於坐上了那個千百年來，不知令多少英雄為之折腰的神聖的帝王寶座。宰相們躬身退下丹墀，與百官分文武兩班，雁序排列，然後行三跪九叩大禮，山呼舞拜。「萬

歲」之聲，如雷鳴海嘯，在大殿中「嗡嗡」作響。

至此，經過了多年的浴血征戰、疆場拚殺、宮廷爭鬥、嘔心瀝血、精心籌劃，李世民終於獲得了統治天下的最高權力，登上了大唐帝國的權力頂峰，這一年他 28 歲。

李世民宣布，自即日起，大赦天下，遙尊父皇為太上皇，仍居於皇宮禁苑之內，寢殿、妃嬪、僕婢一應不變，起居飲食一切生活待遇由父皇自定，要優於自己這個當皇帝的；今年年號仍稱武德，從明年正月初一起，改元貞觀；冊封秦王妃長孫氏為皇后，楊妃為德妃；立長子李承乾為太子，次子李泰封魏王。

接下來，便是大封群臣。有史以來，歷朝歷代，都是一朝天子一朝臣，這既是新皇帝施政的需要，也是治理國家的需要。太宗皇上自然不能也不想違背這個規律。

但是，對父皇的那批老臣，特別是那幾個心腹近臣，他暫時不想動他們，這樣既可慰藉父皇，又可安撫人心。有不盡如人意之處，以後再慢慢調整。

對群臣的敕封仍由宇文士及公布：任命陳叔達為侍中，房玄齡為中書令，蕭瑀為左僕射；封德彝為右僕射，同掌宰相職權；任長孫無忌為吏部尚書，杜如晦為兵部尚書，秦叔寶為左武衛人將軍，程咬金為右武衛大將軍，尉遲敬德為右武侯大將軍，侯君集為左衛將軍，段志玄為左驍衛大將軍，張公瑾為左武侯將軍，張亮為右衛將軍，在玄武門之變中立下大功的常何被任為左監門將軍，長孫安業為右監門將軍，杜淹為御史大夫。

同時，原太子李建成的屬官魏徵、王珪、韋挺被任為諫議大夫。薛萬徹為右領軍將軍。原來的左僕射裴寂被擢為司空，位居各位宰相之上。

在對朝臣的任職安排上，太宗皇上煞費了一番苦心。這是一個很奇特的成分混雜的朝臣團隊，既有父皇時期的朝廷元老，又有原秦王府的後進新

秀,同時,還特意簡選了一批原東宮和齊王府的屬官。

很顯然,太宗皇上在有意向天下人表明,他在為國家選賢,為江山社稷用人,完全是任人唯賢,絕無門戶之見。但是,細心的人們也不難看出,這個以新舊官員組成的混合團隊,仍然是以他多年來的幕僚心腹為主體。

好了,新的朝臣和宰執團隊已安排妥了。太宗皇上長長地舒了一口氣,自己的帝王生涯,已經邁出了堅實的第一步。以後,他可以按照自己多年的設想,與眾位大臣同心合力、大刀闊斧地進行各項朝政改革了。

即位之初,唐太宗就下詔免去關東賦稅一年,老百姓得知消息後非常高興。但沒想到,太宗不久又變卦,下詔按以前的標準收取賦稅,關東地區百姓大失所望。

正在奉命宣慰山東的魏徵立即上書,堅決地指出:「現在陛下剛剛登基,百姓都在拭目觀察您的言行,而您剛剛下達了命令,就要食言,這會讓八方百姓對您充滿疑慮而難以信任。貪圖小利而損失了德義,這是目光短淺,太可惜了。」

魏徵的慷慨陳詞,最終打動了李世民。不久,山東、河北大旱,唐太宗下詔免去當年賦稅。由於唐太宗的政策得體,加上魏徵在山東盡力安撫,謹慎妥善地處理各處關係,最終使唐朝在山東、河北地區的統治基本上鞏固下來了。

在安排國事的同時,家事還需要繼續處理。李淵是一個被自己的兒子趕下位的太上皇,新皇帝即位,如何面對太上皇?在李世民和李建成、李元吉的鬥爭中,李淵明顯偏袒太子,玄武門政變後又是在李世民的武力脅迫下交出權力的,因此,李淵與李世民父子之間結下了很深的芥蒂。

出於父子親情,更是出於人們普遍恪守的孝道,李世民在照顧親情和孝道的前提下,對李淵進行了妥善的安置。

為了照顧太上皇的情緒，李世民讓李淵仍舊居住在皇宮太極宮中，享受皇帝的待遇，自己堅持在東宮顯德殿處理軍國大事。這一舉措，既沒有給別人留下把柄，也同時緩解了李淵的失落感，造成了穩定政局的作用。

過了 3 年，也許是養尊處優的李淵覺得長期居住在太極宮不合適，就以喜好弘義宮的山林勝景為由，主動提出遷居城西的弘義宮。一再堅持下，李世民終於答應了李淵的請求，並把弘義宮改名為大安宮。

弘義宮是李淵為了安置功高的秦王而建造的，與太極宮比起來，規模狹小，讓太上皇居住其中，有礙大國體面。於是，唐太宗聽取了監察御史馬周的建議，在太極宮東北部地勢高敞的龍首原上，為李淵另建大明宮。

但是直到貞觀九年，當了 9 年太上皇的李淵去世，大明宮還未完工，建造工作半途而廢。後來，唐高宗又重新修建，這裡最終代替太極宮，成為大唐的決策中心。

在安慰父親的同時，李世民下詔，追封故太子李建成為息王，諡號隱王；追封齊王李元吉為海陵王，諡號刺土。二人都按照親王的葬禮重新安葬。

出殯那天，李世民登宜秋門目送靈柩，痛哭流涕。並且命令原東宮和齊王府的屬官，全都參與送葬。後來，李世民又把自己的兒子趙王李福過繼給李建成，以續香火。

正在唐太宗為政局穩定忙得焦頭爛額的時候，東突厥頡利可汗趁著李世民尚未將馮立、謝叔方、薛萬徹、羅藝等李建成和李元吉餘部招降或剷除乾淨，命拔野古部和同羅部的騎兵圍攻烏城，牽制住程知節、徐世勣、柴紹和屈突通的唐軍主力，他自己則協同其弟突利可汗以及鐵勒首領契苾何力率 20 萬大軍南下，兵鋒直指長安城，占領了離長安不遠的武功城。

頡利可汗派遣帳下大將軍執失思力進長安城威脅唐朝君臣，並同時率大

新皇帝的勵精圖治

軍進逼到長安城外的渭河北岸。李世民扣留了執失思力，然後冒險率長孫無忌、高士廉、房玄齡、侯君集、段志玄、獨孤彥雲等 6 騎到長安城外的渭水便橋南岸，隔河責問東突厥背信棄義。同時，唐朝大將尉遲敬德率領一支軍隊於涇陽之戰中擊敗突厥的左翼軍，突厥名將阿史那烏默啜險些被俘。

頡利可汗等自知理虧，又因為側翼遭襲，大將被扣押，因此與李世民在渭水便橋上斬白馬為盟，之後退兵。突厥頡利可汗獻馬 3,000 匹，羊萬頭。李世民也放回了執失思力。

城下訂立盟約，眾人都覺得榮耀。李世民則不然，他把它當作一種屈辱，當作奮發圖強的動力。「不滅突厥，誓不罷休！」他痛下決心，「朕既為中原天子，自應威服四夷，歸化萬邦，使九州內外皆受聖朝恩澤，功業超過秦皇、漢武，名垂千古，流芳百世。」

從此，唐朝一方面休養生息，恢復經濟，增強國力，全力以赴做好最後跟突厥一決雌雄的準備；另一方面拉攏突利小可汗，挑起他與頡利可汗之間的矛盾，並且千方百計聯絡突厥北面的薛延陀，與之通好，以孤立頡利可汗。

富國強兵的方略確定下來，李世民親率禁衛軍將士在顯德殿前面的廣場上操練。他滿懷激情，諄諄訓諭道：「戎狄侵擾中原，搶掠財產，自古以來常有，並不值得憂慮。值得憂慮的是，邊境稍微安寧，君王就沉湎於淫逸享樂之中，忘記了戰爭，一俟外寇入侵，便無法抵禦。現在朕不派你們掘池築苑，只要你們專心練習騎馬射箭。平常無事，朕當你們的教頭；突厥侵犯，朕當你們的將軍。只有臥薪嘗膽，才能使國家強盛，百姓安居樂業。」

東宮熱鬧起來了。號角聲、喊殺聲、歡呼聲，時有所起。弓箭射靶的「嗖嗖」聲，不絕於耳。李世民每天帶著數百人在殿前庭院中訓練，教授箭術，親自測試，忙得汗流浹背，而熱情卻非常之高。中靶多的士卒，賞賜弓箭、刀槍、布帛，他們的長官也給予「上等」考績。

文武官員都覺得不妥，王珪提醒道：「依照大唐律令，凡是把武器帶到皇帝住處的，都要處以絞刑。而今讓一些禁衛在宮中拉弓射箭，陛下身處其間，萬一有狂徒恣肆妄為，出現意外，那可就不好收拾囉。」

「王者視九州為一家。」李世民辯解說，「四海之內，都是朕的子民。朕開誠布公，推心置腹，難道連禁衛也要猜忌？」

王珪一諫再諫，房玄齡和杜如晦等也打幫腔，最終唐太宗同意將訓練場移到了宮外。

不久，東宮出現了一種奇怪現象，夜晚小楊妃總是從睡夢中驚醒，叫喊有鬼，聲音淒厲，聞之毛骨悚然。李世民準備宣潤州茅山大受觀道士王遠知進宮，修設齋醮，祈禳驅邪。

長孫無忌奏稱王遠知功德圓滿，已經羽化登仙。蕭瑀奏請選舉有大德行的高僧作壇，建設道場，舉行水陸法會，供奉諸佛菩薩，超度冤死的鬼魂。太史令傅奕嗤之以鼻，請求禁止佛教。信仰佛教的蕭瑀不服氣，跟傅奕爭得面紅脖子粗。

「信則有，不信則無。可以各抒己見，但不要互相指責，更不必傷和氣。」李世民一開口，爭論便停止下來。

蕭瑀跟佛廟僧人往來頗多，很快在長安大莊嚴寺找到了一位掛褡的和尚。法名玄奘法師，俗姓陳，名禕，洛州緱氏人，13歲出家於洛陽淨土寺，修持寂滅，道德高深。

李世民賜五彩織金袈裟一件，毗盧帽一頂。玄奘頓首謝恩，前赴化生寺，擇定吉日吉時，講經設法。法會開場後，小楊妃夜夜睡得安穩，再不夢見鬼魅。

印度僧人波頗密多羅來到長安，向玄奘介紹了那爛陀寺戒賢法師的講學規模，和他所講授的《瑜伽師地論》。玄奘決計去西天取經。在唐太宗的支

持下，貞觀元年八月，玄奘從長安出發，開始了取經之旅。

唐太宗在支持佛教的同時，並沒有排斥道教。傅奕在宮中負責觀測天象變化，自武德七年以來，接連上了排佛十一疏，在朝廷中展開了多次大辯論，致使佛、道地位發生了微妙的變化。

李世民很欣賞傅奕的勤謹正派，特賜同席共餐。飲宴中，他用一種至誠的態度慰勉道：「你在六月所上的奏章，說金星出現在秦的分野，幾乎給我帶來了災禍。反過來說，這恰恰是你忠於職守的行為。以後要是再有天象變異，應該一如既往，言無不盡，不要心生障礙。」

「陛下聖明，」傅奕感動得熱淚盈眶，「你有一副包容萬物的心胸啊。」

「佛教所傳播的教義，玄妙奧祕，可以作為人生的導師。為什麼你悟不出其中的道理？」

「佛教是方外之教，任其傳播，臣以為誤國誤民，最好用本土宗教 —— 道教 —— 取而代之。」

李世民感覺有道理，隨即降旨嚴格規定：「民間百姓不得私自設立妖祠神廟。除非正當的卜筮術，其餘占卜算命之類，一律禁止。」

依靠人事鞏固政權

　　李世民即位之初，唐朝統治集團內部有三股勢力：一是唐高祖李淵籠絡的士族勳貴，包括跟隨李淵晉陽起兵的功臣和前朝的勳貴；二是秦王府李世民手下的幕僚，他們是李世民奪取政權和鞏固政權的最可靠的力量；三是原太子李建成和齊王李元吉的官員，曾經各為其主與李世民爭鬥，其中不乏有識之士。唐太宗當政以後，大刀闊斧地調整領導團隊，開拓大唐政權的新局面。

　　流放李淵的寵臣、密友裴寂，這是李世民調整的第一步。裴寂是蒲州桑泉人，李淵留守太原時，他任晉陽宮副監，與李淵交情深厚，參與了晉陽兵變的謀劃。所以，在高祖朝他被任命為尚書右僕射，官至宰相，崇貴無比。但此人才能平庸，又好妒賢嫉能。

　　在劉文靜事件中，他與李世民結下了冤仇。劉文靜是李世民的心腹，在晉陽起兵時起了重要作用，才能又遠在裴寂之上，裴寂卻唆使李淵誅殺了罪不當死的劉文靜。在太子、齊王與秦王的爭鬥中，裴寂公開站在太子一邊。政變後，表面上看，裴寂還是十分受尊重。貞觀元年，太宗給他食封 1,500 戶，比所有的功臣都多，居位第一。但實際上，裴寂卻被剝奪了參與商議政事的實權。

　　貞觀三年，有一個叫法雅的和尚口出狂言，誣枉朝廷，有人告發裴寂與之關係密切。李世民趁機將裴寂免官，貶回家鄉。裴寂上表請求皇帝允許他住在京師，久久不肯離去。不久又有人揚言說裴寂似乎有得天下的氣象，裴寂聽後非常惶懼，竟殺人滅口。

　　唐太宗知道後，勃然大怒，宣布了裴寂 4 大罪狀：第一條，身為宰相，卻與妖人法雅這樣的人過往甚密；第二條，以功高自負，竟聲稱唐朝奪天下

依靠人事鞏固政權

是他的功勞；第三條，妖人說他有得天下的氣象，竟不上報；第四條，私自殺死妖人滅口。

唐太宗早有除掉裴寂的打算，終於找到機會。在列舉了上述罪行之後說：「我要殺掉裴寂有充足的理由，但既然臣子們都為他說情，勸我將他流配遠方而留他一條性命，我就聽從大家的意見吧。」不久，將裴寂流放到靜州。後來，裴寂死於靜州寓所。

在將裴寂貶官流放的同時，李世民還罷免了陳叔達、蕭瑀等人的職務。唐高祖時先後有 12 位宰相，其中支持李世民的有陳叔達、蕭瑀和宇文士及。這 3 個人分別出身於陳朝皇族、梁朝皇族及北周宗室，地位十分顯赫，但思想趨於守舊，缺乏進取精神，還常常與朝中新貴爭執。

朝中每逢評議大事，蕭瑀等老臣總是言辭激烈，不可一世，房玄齡、魏徵等不敢抗言。如果房玄齡等人有小的過失，蕭瑀都要上奏彈劾。唐太宗對房玄齡等人十分信任，往往不會治他們的罪，反而對蕭瑀有所疏遠。武德九年七月，唐太宗罷免了出身隋朝宗室的中書令楊恭仁，由宇文士及接替他的職位。同時任命蕭瑀為尚書左僕射，封德彝為尚書右僕射。

十月，蕭瑀和封德彝發生矛盾，又與陳叔達在殿廷上爭吵，聲色俱厲。唐太宗就以無視朝堂的大不敬之罪，藉機將蕭瑀和陳叔達免官。唐太宗雖然罷免了陳叔達、蕭瑀等宰相的職務，但仍舊把他們當作德高望重的大臣以禮相待，時常慰問陳叔達，與他重溫舊誼。

後來，陳叔達犯事被法司彈劾，李世民念及舊的情誼，沒有聲張他的罪名，悄悄罷免了他的官職，讓他回家養老。蕭瑀雖然幾次觸怒唐太宗，但太宗仍然不忘舊恩，將他的畫像與其他功臣一起供奉在凌煙閣，並且拜為太子太保。

太宗對宇文士及也十分重情義，在他重病的時候前去看望，悲痛得不能自已。宇文士及死後，厚葬在昭陵。

這樣，李世民逐漸擺脫了李淵舊臣的束縛，接下來就是在重要職務安插親信了。早在武德九年六月，李世民剛被立為皇太子之時，就任命宇文士及為太子詹事，長孫無忌、杜如晦為左庶子，高士廉、房玄齡為右庶子，尉遲敬德為左衛率，程知節為右衛率，虞世南為中舍人，褚亮為舍人，姚思廉為洗馬。

貞觀三年，唐太宗任命房玄齡為尚書左僕射，總領百司；杜如晦任尚書右僕射，與房玄齡共掌朝政。房玄齡善於謀劃，明達政事；杜如晦機智深算，處事果斷。當時，天下大事及典章制度，都由二人定奪。兩人相互輔助，同心協力，成為有名的賢相，後世傳為佳話，被譽為「房謀杜斷」。在房玄齡、杜如晦成為宰相的同時，秦王府其他僚屬如尉遲敬德、侯君集、高士廉、程知節、秦叔寶、段志玄、張公瑾等也都各居要職，初步形成了以李世民為核心的決策機構。對於東宮及齊王府屬官，李世民也酌情加以任用。貞觀三年，他將原東宮舊屬王珪提拔為宰相。

李建成被殺後，李世民召拜王珪為諫議人夫。貞觀元年，唐太宗對大臣講了他心目中的君臣關係，他說：「正直的君主，任用邪惡的大臣，不能成就大事業；正直的大臣佐助邪惡的君主，也不能成就大事業。君臣相遇，就像魚和水，相互依賴，國家才能長治久安。從前，漢高祖劉邦不過是一介農夫，手拿 3 尺長劍而定天下，主要是有賢臣的佐助。朕雖不明，卻有幸得到諸位的佐助匡扶，所以希望大家各抒己見，以求天下太平。」

聞聽此言，王珪接著說：「我聽說彎曲的樹木，用墨繩可以修正成材。君主只要聽從臣下的意見，就能成為聖明的人。所以，古代的聖賢君主，擁有眾多的敢於直言的諍臣。陛下聰慧，卻仍能虛心納諫，這是國家的福氣。臣等處在這樣寬鬆的環境下，還有什麼理由不坦率陳述自己的意見呢？」

唐太宗對王珪的話十分贊同，於是下令：「從今以後，凡是三品以上大臣朝會，一定要派遣諫官，以糾正得失。」

 **依靠人事鞏固政權**

　　為廣泛網羅人才，李世民還打破士族門第觀念，破格提拔山東士人。開始，唐太宗對山東人有些偏見。殿中侍御史張行成對李世民說：「臣聽說天子以天下為家，不應當以東西為限。否則，就是向人顯露他的狹隘。」這話對李世民來說，真是振聾發聵，使他慢慢改變了對山東人的看法，開始重用出身低微的山東寒士，如馬周、張亮、戴胄等人。

　　透過一系列的人事調整，李世民分化爭取了敵對勢力，擇優錄用山東士人，將自己的親信安排到各重要部門，牢牢掌握著軍政大權，基本形成了以李世民為核心的、由多個階層參與的決策集團，為其後的政治改革和經濟發展，奠定了良好的基礎。

大力推動政治改革

李世民即位後，對三省六部制進行改革，對三省的職權及其相互制約關係作出了明確的規定，創建了中國歷史上新的宰相制度，建立了以三省六部製為核心的中央政權機構。

三省即中書省、門下省和尚書省。中書省，長官為中書令，負責草擬詔令，制定政策；門下省，長官為門下待中，負責審核詔令，審議政策；尚書省，長官為尚書令及左、右僕射。尚書省下轄吏、戶、禮、兵、刑、工六部，各部設尚書、侍郎，負責執行詔令和各項政策，是執行政令的最高行政機關。因為唐太宗曾經擔任過尚書令，所以，尚書左、右僕射成為尚書省的最高長官。

三省長官並稱宰相，相互牽制，最後聽命於皇帝。三省制使決策、審議、執行三權分離，各行其是，各盡其職，相互制約，特別是門下省的封駁權具有特殊的意義。

「封」，是指封還由中書省替皇帝草擬的政令詔書；「駁」，是指駁回尚書省呈上的臣下奏章。古時臣下上書奏事，為防止泄密，同時也出於維護皇帝的尊嚴，奏書要用袋子封緘，稱為封事。封駁一般都採取密封這一形式。這一制度在減少政策失誤方面起著重要的作用。

三省長官中，尚書左、右僕射權力最大，為宰相之首。由於三省長官位高權重，後來不輕易授人。李世民便任用一些資歷淺、職位低的官員參加宰相會議，這些人稱為「同中書門下三品」或「同中書門下平章事」，行使宰相權力。

這樣做，一方面分散了宰相的權力，便於皇帝一人集權，使他的集權統治變得遊刃有餘；另一方面，更多的人參加宰相會議，可充分發揮集體的智

大力推動政治改革

慧，確保國家政令的準確性和前瞻性，有利於減少行政失誤，具有一定的積極意義。同時，宰相集團的建立，促使貞觀時期出現了人才濟濟的局面。

三省之中，中書省發布命令，門下省審查命令，尚書省執行命令。一個政令的形成，先由各位宰相在設於中書省的政事堂舉行會議，形成決議後報皇帝批准，再由中書省以皇帝名義發布詔書。詔書發布之前，必須送門下省審查，門下省認為不合適的，可以拒絕「副署」。

詔書缺少副署，依法即不能頒布。只有門下省「副署」後的詔書才成為國家正式政令，才能交由尚書省執行。這種運作方式類似現代的「三權分立制」，西方在 17 世紀興起的分權學說，李世民早在 1,000 多年前就已運用於中國的政治體制，這表明貞觀王朝政治文明已經達到相當高的程度。

尤其難能可貴的是，李世民規定自己的詔書也必須由門下省「副署」後才能生效，從而有效地防止了他在心血來潮或心情不好時作出不明智的決定。在中國歷史上眾多帝王中，只有李世民一人擁有如此寬闊的胸襟和卓越的膽識。

除三省六部外，中央還設有御史台，負責監察百官，其長官為御史大夫，副長官為御史中丞。御史台下屬三院：台院、殿院、察院。台院有侍御史 4 人，負責糾舉獄訟、覆議死囚、平反冤案和彈劾官員的違法行為。殿院有殿中侍御史 6 人，主要糾察殿廷內百官的儀態、著裝、行止。級品再高的官員也要服從糾察。在一些重大的慶典活動中，他們還負責維護秩序，檢查儀式、服飾是否規範。察院有監察御史 10 人，主要職責是受皇帝委派，到各地檢查軍政事宜。其中，御史大夫位高權重，可以參與朝政，行使部分宰相的權力。貞觀前期的御史杜淹、溫彥博、蕭瑀、韋挺等都受到了太宗的器重。

在地方上，唐朝設州、縣兩級。州設刺史，縣設縣令，均由中央任免，負責地方清查戶口、催徵賦役、維持治安等。貞觀初年，由於地廣人稀，民少官多，唐太宗又合併和減少州縣，依山河形勢，劃全國為十道，即關內

道、河南道、河東道、河北道、山南道、隴右道、淮南道、江南道、劍南道和嶺南道。道為監察區，由中央派官吏巡視指導工作，對整頓地方吏治可以造成較好的作用。

　　縣以下的行政組織有鄉、裡、保、鄰：五里為一鄉，設鄉老一人。每百戶為一里，設裡正一人。鄉官裡吏的主要職責是教化民風，檢查戶口，徵斂賦役，管理農業生產。每裡之中，又實行鄰保制，4家為鄰，5家為保，保有保長，協助裡正維持地方治安，穩定社會秩序。

　　鑒於地方機構臃腫的情況，唐太宗下令合併州縣，取消郡一級行政機構。與武德年間相比，州縣的數量大大減少。減並後的州府共35個，比原來減少了三分之一。減併後的縣共1,551個，比以前減少了一半。這樣，不僅減少了政府行政開支，減輕了百姓負擔，有利於社會的安定，還提高了地方政府的辦事效率。

　　李世民即位不久，就對房玄齡說：「量才授職，關鍵在於精簡官員數量。官員的使用在於是否得當，不在於數量多少。如果任人得當，數量雖少也能成事；如果任人不當，即使官員再多也於事無補。這就是古人說的『千羊之皮不如一狐之腋』。因此，應當淘汰多餘的官員。」

　　房玄齡等按照李世民的指示，將中央文武官員裁減到643員。當時民戶約300萬，以平均每戶5口人計算，全國人口約1,500萬。一個擁有1,500萬人口的國家，中央政府官員只有600多人，可以說是比較精簡的了。

　　貞觀年間，唐太宗對官員的職責、考核、獎懲都有嚴格細緻的規定。官員無故缺勤或擅離職守，要受到懲罰，各官府上班時要點名，並且一日多次點名，點名一次不到，要受到「笞十」的懲罰。

　　唐太宗還要求各級官員輪流值班，即下班後及夜間官府也要有人值班。對詔令下發和官府文書的會簽，有明確時間規定，違者受罰，直至罷官、判刑。

大力推動政治改革

貞觀元年，黃門侍郎王珪有密奏交給宰相高士廉，讓其轉交太宗，高士廉未能及時轉送，結果被貶為安州都督。為了保證官員能勤於職守，貞觀朝制定了嚴密的考課制度。官員一般 4 年一任，其間每年都要進行一次小考，評定等級 ；4 年一大考綜合小考的等級決定官員的升降。

考課由尚書省吏部的考功司主管，考功司設郎中、員外郎各一名，郎中負責京官考課，員外郎負責外官考課，對三品以上的高級官員，最後須報呈皇帝，由皇帝親自裁決。

唐太宗把賞罰作為管理官吏的重要手段，重視考核監督。為使賞罰有據，他特別重視對地方官的監督。在精簡機構的同時，唐太宗還根據山川形勢和地理位置，設置了關內、河南、河東、河北、山南、隴右、淮南、江南、劍南、嶺南十道，中央政府經常派員到各道巡視，考核官員的政績。

唐太宗為考察地方官的治績，將每一個刺史的名字都寫在屏風上，並標上紅黑點來記錄他們的善惡。在獎優罰劣政策下，各級官員都能恪盡職守，湧現出一大批政績優異、以清正廉潔著稱的州縣良吏。

善養百姓的鄧州刺史陳君賓，被百姓呼為慈父的通、巴二州刺史李桐客，開鑿無棣河變水害為水利被老百姓編歌讚頌的滄州刺史薛大鼎等，都是當時受人傳頌的好官。

在李世民統治下的大唐帝國，皇帝率先垂範，官員一心為公，吏佐各安本分，濫用職權和貪汙瀆職的現象降到了歷史上的最低點。難能可貴的是，這一切，主要不是靠殘酷刑罰的警示，而是皇帝以身示範，以及一套比較科學的政治體制來取得的。在一個精明自律的統治者面前，官吏貪汙的動機很小，貪官汙吏也不容易找到容身之地。

在進行政治改革的同時，李世民又決定完善府兵制。府兵制是西魏、北周時建立的一種兵制，到隋朝時已日趨完備，但由於隋末大亂，府兵制遭到一定程度的破壞。

唐初沿襲隋代的府兵制，在中央設衛，在關中設軍，每軍管轄一道，各道都有驃騎府和車騎府。由於戰事繁忙，編制經常變化。加上李世民同太子和齊王的矛盾，中央十二衛及所屬十二軍同親王率的六府形成對立之勢，不利於皇帝對軍隊的控制。

貞觀十年，李世民下令改革兵制。府兵的領導機構在中央為十二衛，每衛設大將軍一人，將軍二人。各衛均下統一定數量的折衝府。折衝府一般設在州府，州府之下的縣鄉等行政機構設團、旅、隊、火等府兵機構，屬於折衝府之下的基層組織。

軍府大小不一，上府有士兵 1,200 人，中府 1,000 人，下府 800 人。府下為團，每團 200 人；團下有旅，每旅 100 人；旅下有隊，每隊 50 人；隊下有火，每火 10 人。

唐朝的府兵制，是建立在均田制基礎上的，兵農合一。國家授給士兵土地，他們不負擔國家賦役，平日生產，輪番出征作戰和戍衛京師。出征和戍衛期間，所需武器、糧食、服裝等均須自備。

府兵是世襲的，士兵 21 歲應徵，60 歲免役。當時，全國置折衝府共600 多個，其布局以加強中央武備為原則。中央所在地占軍府總數的百分之四十，擁兵達 26 萬，其次為河東、河南地區，江南地區軍府則較少，形成了內重外輕的局面。

為了彌補府兵兵員的不足，唐太宗還使用招募的辦法徵集兵員。貞觀年間，府兵制是兵制的主體形式。府兵制對於加強中央集權，維護國家安全，發揮了積極的作用。

採取休養生息策略

　　唐太宗繼位之初，面對百端待舉、百廢待興的局面，為了找到一條實現天下大治的途徑，他十分注意吸納賢能之士的建議，曾在朝堂上主持過一次關於自古以來歷朝皇帝理政得失的討論，向群臣詢問使國家大治之策。

　　面對歷史遺留下來的重重困難，魏徵滿懷信心地說：「動亂之後，人心思安，易於教化。如果要天下大治，必須加強教化。上下同心，見賢思齊，有幾個月的時間社會風氣就會好轉，用 3 年的時間，社會經濟就能恢復和發展起來。」

　　封德彝認為不可，他引證歷史，認為夏、商、周三代以後，秦朝專用法律來治理，漢朝雜用霸道來治理，他們不是不想教化，但卻都沒有達到教化天下的目的，可見實現教化的目的是十分艱難的事情，甚至是在當今社會不可能實現的事情。

　　他還厲聲指責說：「魏徵只是一介書生，不識時務，如果聽信他的胡言亂語，會導致國家的危亡。」

　　魏徵毫不客氣地反駁說：「人處在困難危急之中，最怕死亡，於是就考慮產生變化的辦法。自隋以來，人們飽嘗喪亂之苦，生活在危難之中，人人都希望有一個休養生息的環境，靜則安，動則亂，這是婦孺皆知的道理。因此百姓可以教化，國家可以治理，關鍵在於執政者有沒有能力和信心。」

　　魏徵還提出實現天下大治的策略，那就是「撫民以靜」。魏徵指出，所謂的靜，就是休養生息，減輕百姓的負擔，等大亂給他們造成的損害漸漸消失，給他們足夠的恢復生產的時間，才能進一步謀求發展。這正是安定局勢、治理國家的根本所在。

唐太宗十分贊同魏徵的觀點，對群臣說：「我剛剛即位，治國理民，務在安靜。如今，國家未安，百姓未富，應當以靜安撫，我日夜思慮的問題，就是如何清靜，使天下無事。」

　　唐太宗目睹了隋朝末年隋煬帝虐待百姓，大肆營造土木工程，又窮兵黷武，最終導致風起雲湧的起義爆發，身死國亡，因此把對保證百姓的存活空間看得十分重要。把「存百姓」當作「為君之道」的先決條件，這在歷代君王中都是十分有遠見的。

　　唐太宗同時又認為，封建王朝的長治久安取決於百姓能否生存，而反過來，百姓的存亡又取決於君主能否克己寡慾。他有一句名言：國君有道，那麼百姓自然會推舉他為人主；國君無道，那麼百姓就會拋棄他而不服從。也就是說，君主能否長久保有天下，是受到百姓的制約的。他把國治、民存和君賢三者有機地連繫起來，反覆強調民存取決於君賢，這更加顯示了他的遠見卓識。民為貴，社稷次之，君為輕，治國必先養民，是先秦哲人孟子的主張。從以下的談話中，可以看出唐人宗對這種民貴君輕理論的理解與認同。

　　唐太宗指出：「君主依靠國家，國家依靠百姓，如果剝削百姓以侍奉君主，就好像割掉人身上的肉來充飢一樣，這樣雖然肚子填飽了，但身體死亡了，君主富裕而百姓貧苦國家也必然會滅亡。」這就形象地表現了民為邦本、治國必先安民的遠見卓識。

　　貞觀二年，唐太宗在慰勞刺史陳君賓時就曾對他說：「我最近常常是在正午過去很久了，還不記得吃飯，天還未亮時就起床穿衣，我每天這樣夜以繼日地思索，全是為了能夠找到讓百姓靜養以恢復發展生產的良策啊！」

　　唐太宗時常告誡百官，做事情要重視順應民心，他對侍臣們說：「自古以來帝王凡是要興建工程，必須要順應民心。大禹開鑿九山，疏通九江，耗費人力非常巨大，卻沒有人痛恨埋怨，就是因為民心希望他這樣做，他實現

採取休養生息策略

了百姓的心願。而秦始皇營造宮室，卻常常遭到人們的指責批評，這是他只為了滿足私慾，不跟民心一致的緣故。我最近想造一座宮殿，材料已經準備齊全，但是想到秦始皇的事情，就決定不興建了。」

貞觀四年，唐太宗又對侍臣說：「建造修飾宮殿屋宇，流連欣賞亭閣池台，這是帝王所希望的，卻不是百姓所希望的。帝王所希望的是驕奢淫逸，百姓所不希望的是勞累疲敝。孔子說，有一句可以行之終身的話，就是要實行仁恕之道啊！自己所不情願做的事，不要施加給別人。勞累疲敝的事，不能施加給百姓。我坐上帝王的尊位，享有天下，處理事情都要設身處地，真正節制自己的慾望，不做百姓不希望做的事情，這樣一定能夠順應民情。」

李世民非常關心老百姓的生活，重視農業生產，主張休養生息，輕徭薄賦，不奪農時。他採取了均田、墾荒、興修水利、獎勵人口生育等一系列發展農業的政策措施，在一定程度上促進了唐初農業的快速發展。均田制始於北魏，歷北齊、隋而至唐。經歷了隋末的大亂，全國州縣經濟蕭條，人口稀少，大量空荒的土地等待開墾，而這成為唐初實行均田制的前提。唐初，為了使流亡無地的農民重新回到土地上進行生產，繼續推行北魏以來的均田制。

武德七年，唐政府頒布均田令。均田令規定：凡年滿 18 歲的男丁授田一頃，其 80 畝為口分田，死後交還國家；20 畝為永業田，可以傳給子孫。殘疾者授口分田 40 畝，寡妻妾授口分田 30 畝，工商業者減丁男之半，一般婦女和奴婢不授田。有爵位的親王、貴族和公侯可依照品級，依次授田 100 頃至 200 頃的永業田，各級官府和官員還有數量不等的公廨田和職分田。限制土地買賣，只有在身死家貧無以供葬時，可賣永業田，從地少人多的地區遷往地廣人稀的地區可賣住宅及口分田。

貞觀二年，唐太宗又號召地方官員動員當地百姓遷居，下詔說：「如果為官者能夠按照朝廷的指示，鼓勵當地百姓遷居到寬鄉，安置他們各得其所，那麼官人的考功成績可以得到一定的獎賞。」

貞觀十八年二月，唐太宗下令，向荒遠地區百姓授田，21 歲以上的丁男每人授田 30 畝。把官員對百姓的安置與自身的考課結合起來，大大刺激了官員的積極性，有利於政策的推行。這樣一來，大量百姓遷居到荒涼待墾的地區，遷居的百姓中有災民、流民，也有部分自耕農，他們開發了大片的荒地。

　　貞觀二年，山東大旱，下詔免當年賦租。貞觀四年，免隴、岐二州租賦一年。貞觀十一年，免洛州租調一年。貞觀十二年，免朝邑當年租賦。貞觀十三年，免三原縣租賦一年。貞觀十四年，免第安縣延康裡當年租賦。貞觀十五年，免洛州租一年。此後，也有不同程度的租賦減免。

　　發展農業生產，時節十分關鍵，人誤田一時，田誤人一年。貞觀年間，為了讓農民休養生息，統治者征發徭役比較注意不違農時。唐太宗在《賜孝義高年粟帛詔》中說：「自從我登基以來，不曾准許一個百姓遭到過分的役使，這就是為了能讓百姓有休養生息的機會，從而能夠恢復精力啊！」

　　另外，當政府活動與農時相衝突時，唐太宗也能做到不違農時。貞觀五年，皇太子將要行冠禮，禮部官員撥引陰陽家的占卜，提出舉行禮儀的時間應該在二月。但二月份正是春耕的忙碌季節，兩件事發生了矛盾。皇太子的冠禮是國家的大事，但唐太宗寧願放棄太子的禮儀而尊重農時，陰陽家和很多大臣前來勸阻，太宗堅持不肯在春耕的季節為太子舉辦禮儀，而堅決把禮儀推遲到秋後農閒的十月舉行。

　　朝廷官員到州縣檢查農業生產時，太宗要求他們親自到田間地頭，不要讓地方送往迎來，以免耽誤農時。他常說：「迎送往來，多廢農業。如此勸農，不如不去。」

　　太宗喜歡打獵，但是為了不妨礙農時，也儘量將狩獵的時間安排在農閒時間進行。根據史書的記載，貞觀年間太宗大約有過 7 次田獵，而時間都是選在當年的十月、十一月、十二月。

採取休養生息策略

太宗皇帝反對濫用民力、勞役無時，有人主張修建豪華的宮殿，太宗對群臣們說：「崇尚豪華，裝飾台閣，是帝王的需要，不是百姓的需要。勞民傷財的事，千萬不能施加給百姓。」

太宗之所以不濫徵民力，是因為唐初統治者目睹了隋亡的全過程，認識到統治者和被統治者之間的關係是船和水的關係，他經常對臣下說：「君主，好比是舟；百姓，好比是水。水能載舟，也能覆舟。君主有道，人民推而為主；君主無道，人民會棄而不用。這是多麼可怕的事啊。」

魏徵趁機說：「自古以來，亡國之君都是居安忘危，處治忘亂，所以不能長久。今陛下統一了全國，四海昇平，上下一心，卻不陶醉於成功之中，處處如臨深淵，如履薄冰，如此勵精圖治，國家自然能長治久安。您常說，『水能載舟，亦能覆舟』，這是千年古訓，陛下能認識到這個道理，這是國家和人民的福氣啊。」

唐太宗十分強調節儉，控制自己的私慾。有一次他對褚遂良說：「大舜以漆器做餐具，大禹雕琢菜板。當時勸諫舜、禹的有 10 餘人。只為了食器之類的小事，何苦勸諫呢？」褚遂良說：「奢侈的開始，就是危亡的開始。對陶器不滿意，就用漆器；對漆器不滿意，就會用金銀器；對金銀器不滿意，就會用玉器。所以諍臣在其開始奢侈時就勸阻他，以防微杜漸，如果奢侈的惡習形成，勸阻也不起作用了。」

唐太宗深以為然，對身邊的大臣說：「如果我迷戀奇服異器，你們應及時勸諫阻止。」

貞觀二年，有人針對宮中潮濕的情況，請求營建一座乾燥的台閣，唐太宗說：「朕患有關節病，本不適宜在潮濕的宮中居住。但建造台閣，要花費錢財。從前，漢文帝要營建一座露台，痛惜要花相當於 10 家民戶資產的錢財，而沒有營建。我的才能和品德都趕不上漢文帝，怎麼能在浪費錢財上超過他呢？」群臣再三請求，太宗仍不允許。

貞觀四年，太宗曾對大臣們說：「華麗的樓宇，供遊賞玩樂的池台，是做帝王的普遍都想得到的，但卻不是百姓所希望看到的。這類勞民傷財的負擔，絕對不可以施加給百姓。」

　　唐太宗從節儉目的出發，嚴禁厚葬。他說：「修建高墳，厚葬送終，是傷風敗俗的惡習。長此以往，富人爭相奢侈，越禮僭制；窮人破產傷財，陷入困境，有害無益，應當革除。秦始皇營修驪山墓，奢侈無度，最終加速他的滅亡，取辱天下，豈不可惡。」

　　他對自己的陵寢也作出了安排，決定以山為陵，僅容下棺木而已。同時，下令自王公以下，喪葬、婚嫁、車服都有嚴格的限制，要求各級官員嚴加檢查，有明知故犯者，嚴懲不貸。在唐太宗的帶動下，貞觀年間出現了許多崇尚節儉的大臣。諫議大夫魏徵，住宅內沒有正堂，臨死時，叮嚀家屬用布被裹屍，土埋了事，抑奢尚儉在當時已成為風氣。

　　在不擾民、重節儉的同時，唐太宗更重視農業生產。貞觀三年，恢復了被廢棄的藉田禮儀。正月，太宗親自祭祀農神，手操耒耜，在田野中行藉田禮。這種儀式自從東晉以後就一直棄而不用，唐太宗認為前代的人這樣做，是不懂得農事的重要，他要記取教訓，恢復這一制度。當時，成千上萬的百姓前來觀看，熱鬧非凡，一片歡騰。

　　貞觀十八年，揚州大都督府長史李襲譽，引雷坡水，築構池塘，溉田800餘頃，百姓大獲其利。滄州刺史薛大鼎帶領百姓疏濬無棣河、長蘆河、漳河及衡河，可灌可排，境內無水旱之災。百姓作歌讚賞薛大鼎說：「新河道能夠通舟船，直達滄海捕撈到大量魚鹽。昔日只能徒行而今馳騁其間，薛公的恩德像大海無邊。」

　　為了保護水利工程和堤防，還制定了有關法律條文，稱為《水部式》，凡違犯《水部式》的人都要受到懲治，以法律的形式確保河水與堤防的合理使用。凡是違反《水部式》規定的失職官員，都要重處。

採取休養生息策略

貞觀十八年，太常卿韋挺負責向遼東水運糧食，由於事先沒有視察好河道，船舶擱淺不能前進，致使 600 艘糧船滯留岸邊，造成重大損失。很快，韋挺就以不先行巡視漕渠的罪名，被押解到洛陽，受到免官的處分。

農業的發展，勞動力是關鍵，沒有充足的勞動力，就談不上農業的發展，所以貞觀年間十分重視招徠勞動力和增殖人口。貞觀初年，由於長期戰亂，百姓輾轉流離，戶口百不存一。

為了有效地控制勞動力，制定了嚴格的戶籍登記制度，由鄉、里、村基層檢查戶口，上報州縣，編訂戶籍，將隱蔽在豪強門下的逃戶變成了國家的自耕農。同時放免奴婢，驅民歸田。貞觀二年，從國庫中拿出金銀，贖男女自賣者還其父母，此後，又從突厥贖回 8 萬口，提高了他們的身分地位和生產積極性。

貞觀之初，在唐太宗的帶領下，全國上下一心，經濟很快得到了好轉。關中農業豐收，流散人口紛紛回鄉。到了貞觀六七年間，從伊、洛以東直到泰山的山東地區，也改變了之前人煙斷絕、雞犬不聞的荒涼境況，出現了連年豐收的局面。

到了貞觀八九年，牛馬遍野，百姓豐衣足食，夜不閉戶，道不拾遺，貞觀年間的社會經濟從隋末的凋敝景象中走了出來，出現了一片欣欣向榮的昇平景象。

當時，人們外出，都不用自帶食糧。行旅進入山東的村落，百姓自願拿出糧食來供享用，有時還贈送禮品，昔日面貌一去不復返了。

唐代史學家杜佑在他的史學名著《通典》中描繪當時的情況說：「自從貞觀以後，太宗勵精圖治，到了貞觀八年、九年，糧食豐收，每斗米賣四五錢，馬牛遍野，人們出門都不必關閉門窗。到了貞觀十五年，每斗米只賣兩錢。」

經濟的繁榮又促進了社會秩序的穩定，許多地方沒有盜賊，監獄經常是空無一人。貞觀四年，全國一年才判 29 人死刑。舉國上下，政治清明，經濟繁榮，社會安定，史學家稱之為「貞觀之治」。

高度重視選人用人

經歷了隋末大動盪的唐太宗，深知創業難，守業更難。何以守成？他認為關鍵在於人，特別是忠臣良將。他希望依靠大批有才幹的官吏，穩定和鞏固自己的統治。他認為安定天下，作為君主切不可獨斷專行，否則會使決策錯誤百出，最終導致王朝的滅亡。關於人才的重要性，唐太宗有一個恰當的比喻，他把君主比作人頭，把人才比作人的四肢，兩者相輔相成，才能成就事業。他常說沒有舟楫難渡江河，沒有構件難起大廈，沒有人才難以興國安邦。

一天，唐太宗和魏徵談起隋煬帝，唐太宗問魏徵：「我讀了隋煬帝的文集後，認為他很有才華，而且學識淵博。他在字裡行間又常常流露出崇尚堯舜、鄙視桀紂的強烈意向，可他為什麼沒有治理好國家呢？」

魏徵為他分析說：「自古以來的明君賢主，都在於他有器量，能知人善任，所以有智者為他出謀劃策，有勇者為他衝鋒陷陣。隋煬帝雖有才華，卻沒有這種器量，不能發現人才，又剛愎自用，所以最終隋朝滅亡了。」唐太宗認為魏徵分析得非常正確，所以在他的政治生涯中，他求賢若渴，尚賢任能。

唐太宗曾先後 5 次頒布求賢詔令，求取人才。同時，唐太宗還督責大臣選賢薦賢，他把協助選賢視為大臣們的重要職責，要求大臣們尋覓、薦舉賢才。為此他責令房玄齡、杜如晦不要一味忙於政務，更要注重求訪賢哲。

貞觀二年，唐太宗對房玄齡、杜如晦說：「你們身為宰相，應當為朕分擔憂勞，廣開耳目，求訪人才。如果整天沉浸於日常事務中，沒有空暇時間，怎麼能幫助朕尋求人才呢？那些日常瑣事，應該交給屬官辦理，你們只處理軍國大事和留心發現人才。」

唐太宗制定了考課法，把發現和薦舉人才作為評價官員工作成效的標準，還對薦賢者給以獎勵，從而形成一種求賢愛才的良好風氣。常何薦舉馬周，唐太宗就賞賜他 200 匹絹。

馬周是山東清河人，出生於一個世代貧寒的農民家庭。幼時父母雙亡，孤苦伶仃，屢遭當地人欺侮。但他勤奮好學，飽讀詩書，滿腹經綸。後來四處遊歷，投到了中郎將常何門下，做了一個門客，偶然的一次機會改變了他的命運。

貞觀三年的一天，唐太宗下詔讓官員們議論國家大事，並針對當時的形勢，人人獻計獻策。大臣們積極響應，提出了很多好建議。常何是個武將，沒讀過書，不會舞文弄墨，根本想不出什麼計策，但不寫又難以交差。於是，馬周就替他寫了 20 條建議，上呈皇上。唐太宗看了常何的奏章，十分讚賞，同時又感到奇怪：常何識字不多，怎麼會寫出這麼有見地的意見呢？便招常何進殿，問他是怎麼回事。

常何為人誠實，如實說出奏章是馬周替他寫的。唐太宗聽罷，才知道居然有這麼一個奇才，還被遺落在朝堂之外，於是立刻召見馬周。在馬周還沒趕到的時候，唐太宗坐立不安，一連 4 次派人去催。等到馬周前來，見到這位穿著普通卻氣質非凡的年輕人，太宗就感到這人非同一般。與之傾心交談後，發現他很有治理國家的才能，太宗更加高興，直嘆相見恨晚，就任命他做了監察御史。後來又任命他做中書令，主持朝廷的大政。

馬周終於有了用武之地，他十分感激唐太宗的信任，覺得自己得到的不僅是高官厚祿，更得到了一個充分發揮才能的機會，他盡其所學為國家作出了自己的貢獻。唐太宗強調唯才是舉，體現在他用人不避親疏仇嫌，把才能視為選拔官吏最重要的標準。他說：「只要是人才，哪怕是自己的親屬和仇人，也應該薦舉。」對待自己的親戚，他也是採取唯才是舉的方針，而不因私人關係有所偏頗。

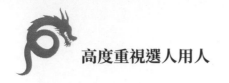

高度重視選人用人

他常說：「君主一定要大公無私，才能使天下人信服。官員不論大小，都應當選用賢能的人才。不可以按照關係的親疏遠近，資格的深淺，來決定官職的大小。」因此，雖有大臣諫阻，他照樣對長孫皇后的哥哥長孫無忌授以高官。

他的一些老部下在他當了皇帝后，覺得憑著老資格應該步步高陞，但是卻沒有如願以償，位置甚至不如魏徵等人，所以很不滿意，吵鬧著說：「我們這些人多年來鞍前馬後，出生入死，今天反倒不如李建成手下的人！」

唐太宗聽後對他們說：「選拔人才，如果不能分新舊、先後，新人賢明，舊人愚笨，那麼我只能用新人，而不能用舊人。你們發出這樣的怨言，是因為你們沒有為國家著想。」

所以，他能包容魏徵、薛萬徹等原為敵對營壘的賢能之士，讓其擁有廣闊的政治舞臺，發揮文韜武略，貢獻聰明才智。魏徵本為原太子的心腹，但唐太宗欣賞他出眾的才華和一片赤膽忠心，不記私怨，從治國的大局出發，不僅沒有治魏徵的罪，反而委以重任。唐太宗甚至多次讓魏徵進入自己的臥室內，詢問政治上的得失。而魏徵果然不負太宗的厚望，敢於犯顏進諫，及時地糾正了太宗的很多失誤。

唐太宗唯才是舉，還體現在他不論貴賤，不限門第。魏晉以來，長期推行九品中正制。這種制度按照出身門第的高低將士人分為 9 等，結果，高官沒有出身寒門的，低級官吏沒有出身高門大戶的，形成士族壟斷政權的局面。

唐太宗以其寬闊的胸襟和遠見卓識，採取士庶並舉的政策，鼓勵並吸納出身貧苦但富有才華的庶族子弟入朝為官，唯才是舉，不問門第。他重用士族地主杜如晦等人，同時也重用庶族地主房玄齡、張亮、侯君集等人。不僅大膽擢用庶族地主子弟，唐太宗甚至對於出身布衣而有才華者也一視同仁。

貞觀三年四月，唐太宗下了一道詔令，宣布出身貧寒百姓之家但是有文武才能的人，只要言行忠誠謹慎，能夠通曉時事，處理政務，就都可以錄用為官。

　　唐太宗唯才是舉還體現在他能衝破民族偏見的藩籬，敢於任用少數民族中的佼佼者。他根據少數民族將領的功勳與才能，讓他們分別擔任朝廷的高級將領與地方的都督之職。突厥的阿史那杜爾就因為智勇雙全而受太宗器重，貞觀十四年，曾經被任命為交河道行軍總管，出征高昌。

　　在他獲勝凱旋後，太宗賜給他從高昌得來的寶刀及各色綵綢 1,000 丈。執失思力多次進諫忠言，深得唐太宗賞識，於是把公主嫁給他，並拜為駙馬都尉，封為安國公。鐵勒族酋長契苾何力投降後，太宗授予他左領軍將軍的職位。在平定吐谷渾的赤水源一戰中，唐朝將領薛萬均、薛萬徹被圍，兄弟二人均中槍受傷，隨從騎兵死傷十之六七。危急之時，左領軍將軍契苾何力率數百騎前往救援，奮力廝殺，拚出血路，薛氏兄弟才倖免於難。因契苾何力的大功，唐太宗擢升他為北門宿衛。

　　大批的人才被召集到朝中後，接下來的一個重要問題就是如何充分調動他們的積極性，使他們盡其智、盡其能地為國家效力。可以說，唐太宗在這方面做得也相當成功。

　　唐太宗深諳「尺有所短、寸有所長」的道理，所以，在用人問題上，既不拘一格，又不求全責備，根據屬僚群臣的不同特點，作出準確的定位，用其所長避其所短，從而使不同類型的人才皆得其所，讓他們的才能得到盡可能地發揮，心情舒暢地履行自己應盡的職責。

　　唐太宗即位之初，命令封德彝薦舉賢才，可很長時間過去了，封德彝也沒有選薦一個人。唐太宗詰問他為什麼不推舉人才，封德彝說他已經做了努力，但確實沒有發現德才兼備的人。

高度重視選人用人

唐太宗十分氣憤地怒斥道：「用人就像使用器物，各取所長罷了。難道古代的致治明君，都是借用前代的人才嗎？你自己不能瞭解別人，怎能妄說天下沒有人才呢？這是對天下人的誣衊！」

他還強調說：「人不可能全知全能，我在用人的時候就常常揚長避短。」實際上，他任用房玄齡、杜如晦、戴冑等人，就是明證。

唐太宗看到房玄齡善於用人的才能，時常讓他為自己舉薦賢才。房玄齡在用人時從不求全責備，也不用自己的長處去衡量別人，總是按照才能的高低或功績的大小加以錄用、獎勵，而且不嫌棄出身低微的人，得到了太宗的稱讚。

對於杜如晦，太宗注意發揮其善於分析問題，能夠果斷決策的長處，讓他與房玄齡相互配合，共掌朝政。兩人配合默契，深得時人的稱讚。

戴冑的長處是性情忠直、辦事公正；短處是讀書不多，不通經史。太宗就揚長避短，任命他為大理少卿。

由於戴冑處事幹練，案無滯留，而且敢於犯顏執法，甚至太宗量刑有失偏頗時，他都大膽指出，太宗讚歎地說：「法律有失公正的時候，有戴冑來糾正，我就沒有什麼憂慮了！」

在使用權萬紀時，唐太宗不僅看到他的長處，而且還沒有因為他某一方面的缺點而否定其長處。權萬紀好私下告狀，他上書劾奏宰相房玄齡、王珪主持考評不公正。

唐太宗讓人調查，發現證據不足，王珪也不服氣。魏徵奏言唐太宗說：「房玄齡、王珪都是當朝重臣，即便是他們在考評時有私心，權萬紀也應在考堂上當面指出。當面不說，卻背後告狀，而又證據不足，這不是真心替國家著想。」

雖然唐太宗對魏徵的意見一向深信不疑，但是，他認為房玄齡是當朝宰相，又是自己最寵信的人之一，權萬紀敢於告發他，是不阿諛權貴，精神可嘉。因此，他不但沒有處治權萬紀，反而對他進行獎勵。

權萬紀以敢於進言得到唐太宗的重用，因此更加肆意恣情，捕風捉影，朝臣們唯恐被他告發，終日惶恐不已。

魏徵針對這一情況再次對唐太宗說：「權萬紀違背秉公直言的原則，所告發的都是捕風捉影，嚴重失實。陛下對他的告發卻一一相信，所以他敢附下罔上，釣取不阿權貴、剛強直言的美名，用以迷惑陛下，搞得群臣離心，終日惶惶。像房玄齡這樣的重臣都沒有機會申訴自己的冤屈，何況一般小臣呢？」

唐太宗認為魏徵言之有理，就將權萬紀貶官。權萬紀雖然有缺點，但他不阿權貴敢於講話，而且也比較廉潔。

當時，齊王李祐多行違法亂紀之事，太宗便讓權萬紀任齊王李祐的長史，以監督齊王李祐，權萬紀盡職盡責，除向齊王奏諫外，還向太宗匯報齊王的種種不法行為。後權萬紀被齊王殺害，唐太宗追贈他為齊州都督、武都郡公，諡曰「敢」。

唐太宗雖然求賢若渴，但並不潦草從事，而是從嚴要求，寧缺毋濫。唐太宗對魏徵說：「古人說君王應當因官擇人，不能因人設官。朕的每一舉動，天下的人都能看到；每一句話，天下的人都能聽到。如果用人得當，正直善良的人會相互鼓勵；如果用人不當，邪惡的人就會四處奔走鑽營。獎賞得當，無功的人會自動退下；懲罰得當，有罪的人會引以為戒，所以用人要十分謹慎。」

魏徵就此引申，指出品德對於官員的重要性，他說：「瞭解一個人，是很難的事，所以要進行考察。如果任用某人，事前務必察訪。一個人沒有才能，危害並不大；如果此人雖有才幹，卻品質惡劣，危害就嚴重了。所以亂世求才，不顧其他。太平時期，要德才兼備，才可以任用。」因此，唐太宗用人十分謹慎。

高度重視選人用人

貞觀二十一年，唐太宗想提拔李緯為戶部尚書，便向大臣詢問房玄齡對李緯的看法。大臣說，房玄齡只說了一句「此人的鬍鬚挺漂亮」，再沒說什麼。唐太宗意識到房玄齡對李緯的德才不賞識，便改授李緯為洛州刺史。

為了發現人才，唐太宗將各地都督、刺史的名字都寫在屏風上，坐臥觀看，如果哪位做了善事，就在其名下做上記錄；做惡事，也在名下做上記錄。他認真仔細地觀察分析每一位官員的長處和短處，然後量才使用。

有一次，唐太宗下令各州向朝廷推薦人才，諸州薦舉了 11 人，唐太宗非常高興，將他們引入內殿，詢問治國理民的策略。然而 11 位被薦舉上來的所謂「人才」，相顧結舌，不知如何回答。

太宗以為他們第一次入宮見皇帝，過於緊張，便將他們轉移至尚書省，進行筆試，但這些人構思了一天，仍然文不對題，詞句也庸俗生硬。太宗大失所望，將他們放回原地，不予任用。

因為唐太宗重視人才，唯才是舉，所以貞觀時期賢相名將輩出，文學家稱之為謀臣如雨，猛將如雲，單是被太宗列入凌煙閣的特殊功臣就達 24 位。

貞觀十七年二月，為了表彰文武大臣在創建唐朝、平定天下和貞觀年間的豐功偉績，唐太宗選定了 24 人，讓宮廷畫師閻立本將他們的像繪在太極宮的凌煙閣內，並令褚遂良題寫閣名，自己親自題寫贊語。

這「凌煙閣二十四功臣」是：長孫無忌、房玄齡、杜如晦、魏徵、尉遲敬德、李孝恭、高士廉、李靖、蕭瑀、段志宏、劉弘基、屈突通、殷開山、柴紹、長孫順德、張亮、侯君集、張公瑾、程知節、虞世南、劉政會、唐儉、李勣、秦叔寶。後來，侯君集因勾結太子承乾，以謀反罪被殺，便有人建議將侯君集的畫像抹掉，唐太宗沒有同意，理由是侯君集有為國立功的歷史。

唐太宗用人不拘一格，關隴貴族、山東貴族、草莽英雄、民間寒士、少數民族「夷狄」將領，得以各顯其能。正是這些棟樑之才，用他們的聰明才智，為「貞觀之治」作出了重大的貢獻。

積極鼓勵大臣進諫

李世民一直鼓勵極言直諫，令百官各上封事，提出關於治理國家的意見與建議。

短短的幾個月時間，遞呈的奏疏，多得直如雪片一般飛來。在一次閒談時，他對裴寂說：「最近很多人上疏直陳國家大事，我把他們的奏章都貼到牆壁上，每當走過時，就駐足觀看，思考為政之道，往往到深夜才能入睡。你們應該兢兢業業，體會朕的心意。」

貞觀二年，唐太宗反思歷史，對大臣說：「聖明的君主找出自己的短處反而更加英明，昏庸的君主掩蓋自己的短處反而更加愚昧。隋煬帝自以為是，護短拒諫，臣下便不敢進諫了。從前，箕子見商紂無道，諫而被囚，假裝瘋癲才得以保全性命，孔子稱其為仁。虞世基不敢勸諫煬帝，為的是保全自身，煬帝被殺，虞世基不是也難保自身嗎？」

杜如晦聽了，進一步說：「天子有諍臣，雖然有過錯也不致失去天下。虞世基明知隋煬帝有過錯，卻閉口不言，苟且偷安；又不辭職請退，與箕子佯狂而去不同，虞世基位在宰輔，竟一言不諫，死有餘辜。」

唐太宗點頭稱是，說：「如晦說得很有道理。君主必須有忠良之臣的輔弼，才能身安國寧。如果君主言行不當，臣下又不匡諫，苟且阿順，事事稱美，則君為昏君、臣為諛臣，離滅亡已經不遠了。朕希望君臣上下，各盡其職，共相切磋，以成就國治民安、天下太平的大事業。各位應務盡忠諫，匡救朕的過失，朕絕不會因直言忤逆而遷怒你們。」

唐太宗曾經對大臣蕭瑀說：「我少年時候喜愛弓箭，曾經得到幾十張好弓，就以為天下再也不會有更好的弓了。不久前，拿給制弓的師傅看，他們卻說那些都不是好弓，說這些木頭的心不直，所以自然脈理都會邪，弓再強

硬，發箭也不能直。聽了這番話，我才知道自己過去鑑別不精。我當年是用弓箭平定了天下，但還不能真正識別弓箭的好壞，何況治理天下的事情，我怎麼能都懂得呢？」

唐太宗非常重視諫官的作用，他任命王珪、韋挺、魏徵等人為諫議大夫，中書、門下及三品以上官員入閣議事，都有諫官跟著，隨時糾正過失。唐代諫官包括左右散騎常侍 4 人，掌規諷過失，侍從顧問；左右諫議大夫 8 人，左右補闕 12 人，左右拾遺 12 人。他們出入朝閣，極言切諫，對唐初良好的政治風氣的形成起了重要作用。

而立之年的李世民，正是血氣方剛的時候，神采煥發，英武果決。他那魁偉健壯的體魄，蘊藏著十分充沛的精力。他穿著黃文綾袍，戴著烏紗帽，腰繫九環帶，足蹬烏皮六合靴。胸脯顯得厚實而堅硬，彷彿能夠承受千斤重壓一樣。他的肩膀特別寬，臂力強勁，五官就像是由這種臂力用鐵錘打造出來的。嘴上的兩撇鬍髭又濃又黑又粗，翹成八字形，有人形容它可以掛弓。濃濃的眉毛根根豎起，在寬廣的前額上向兩邊平射出去。目光明亮閃爍，賽如兩團燃燒著的火，光焰灼灼熱得炙人，又似劍刃一般鋒利。文武官員觀見時，往往手足無措，顧忌重重，唯恐觸犯龍顏。

唐太宗感到自己的威嚴給朝臣們帶來了壓力，以後凡遇人上朝奏事，必定和顏悅色，希望聽到規諫的直言。有的王公大臣對此提出了異議。

李世民解釋說：「人要正衣冠，必須依靠鏡子；君主要知道自己的不足和過錯，必須依靠諍臣。君主如果自以為是，剛愎自用，臣下又不及時匡正，想不敗亡是不可能的。古人說，『皮之不存，毛將焉附』，如果君主失去了國家，大臣也難以免遭災難。因此，臣下應犯顏直諫。隋煬帝暴虐無道，臣下閉口不語，使他從來看不到自己的過失，所以很快就滅亡了。前事不忘，後事之師。你們對君主的每一件事、每一句話都要分析，凡有不利於人

民和國家的，必須規勸。」

李世民還採用嘉獎的辦法，鼓勵臣工諍諫。元律師輕罪被重判死刑，大理少卿孫伏伽諫道：「根據律令，元律師不該處死，怎麼可以濫施酷刑呢？」

「諫得好。」李世民冷靜一想，覺得有理，「不錯，量刑得以法律為準繩。」當即免除了元律師的死刑，並把蘭陵公主的花園賞賜給孫伏伽，價值百萬。

蕭瑀兩眼睜得大大的，上前奏道：「孫伏伽所諫不過是平常的事，獎賞太優厚啦。」

「朕即位以來，從未有過大膽的諫諍，故此特別給予重賞，以資鼓勵。」

此後，李世民規定，凡是死刑，都必須經過中書省和門下省四品以上官員會同尚書省議定，杜絕冤屈濫殺。他表情莊重，不厭其煩地反覆強調說：「死刑關係重大，所以必須覆議 3 次，減少差錯。古代處決犯人，君王要撤除樂班，減少御膳，朕進膳時沒有設音樂，但也不沾酒肉，只是沒有明文規定罷了。有關衙門斷案判刑，只依據法律條文，即使情有可原，也不敢違背律令。其中難道沒有冤枉？」

「3 次覆議太少，」長孫無忌奏請道，「最好再增加兩次，做到慎之又慎。」

「朕怕就怕受喜怒哀樂的影響，妄加賞罰。」

一陣沉默之後，魏徵說：「隋煬帝時期曾經發生過一樁盜竊案，于士澄搜捕竊賊，稍有疑點即嚴刑拷打，屈打成招擴大到兩千多人，隋煬帝下令一律處斬。大理寺丞張元濟感到奇怪，試著查考其訴狀，發現其中僅 5 人曾有前科，其餘均是無辜平民。可是，他不敢據實奏報，最後仍是全部處決。」

「咳，豈止是楊廣昏庸，」李世民感嘆道，「臣工也沒有盡職盡責盡忠。君臣稀里糊塗，國家怎能不滅亡？」

積極鼓勵大臣進諫

朝廷下達制文規定：「判死刑的囚犯，在執行前二日之內，要5次奏報；由州府執行的，刑前也要覆議3次；唯獨犯『十惡』中『叛逆』罪的，只覆奏一次。行刑的當天，尚食局不得進酒肉，內教坊及太常寺不得奏樂。如有依律當處死而情有可原的，應專案奏報。」

吏部尚書長孫無忌等與弘文館學士、立法官、司法官，共同重新議定律令，從寬減少絞刑50條，又把斷趾改為加重流刑。

兵部郎中戴冑忠貞清廉，公平正直，李世民提升他當大理少卿。戴冑多次冒犯天威，堅持維護法律的尊嚴，對答時如同急湧而出的泉水，順流直下。李世民非常信任他。

貞觀初年，太宗曾問魏徵：「為什麼有人成為明主，有人卻成為昏君呢？」魏徵說：「所以成為明主，在於廣泛聽取他人意見；所以成為昏君，在於偏信某一些人。這就是兼聽則明，偏信則暗。從前，堯舜治理天下，即便是農民樵夫的意見也要聽取，所以目明耳聰，無所不知。秦二世偏信趙高，堵塞群言，結果天下潰叛，自己還蒙在鼓中。梁武帝偏信朱異，侯景發動叛亂，竟然不知。隋煬帝偏信虞世基，城破亡國，還不知道為什麼。所以，人君應兼聽天下，群臣應極力進諫，下情上達，自然能成為明君。」

在封建時代，君主對臣下有生殺予奪的權力，伴君如伴虎。君主要使臣下無所顧忌，能盡肺腑之言行，就要有容人之量。魏徵的話，深深打動了唐太宗。

朝廷派人徵兵，右僕射封德彝上奏道：「中男雖然不滿18歲，但是其中體格健壯的，也可以提前服役。」李世民準其所奏。敕令送到門下省，魏徵堅持反對，不肯簽署，往返4次。

李世民憤然不能自抑，將他召進宮中，責備道：「中男體格健壯的，實際上都是成丁。奸民在年齡上進行欺騙，用來逃避兵役。提前服役，並無害

處，你卻從中設阻。」

「軍馬在於整飭得法，而不在於人數眾多。陛下徵召健壯的成丁，加強訓練，足以無敵於天下，何必多征些還未成年的少年徒增虛數？而且陛下常常說：『朕以誠信治理天下，冀望臣民都沒有欺詐行為。』現在陛下登極不久，卻已經多次失信了。」

「朕哪些地方失信了？」李世民露出了愕然的神態。

「陛下剛即位時，就下詔說：『積欠朝廷的債務，一律免除。』有司以為秦王府的財物不屬於朝廷，對於臣民所積欠王府的債務繼續追索。陛下由秦王當上了天子，府庫裡的東西不屬朝廷又該屬誰？」

「嗯，算你講出了道理。所有債務一筆勾銷。」

「『關中免收兩年的租庸調，關外免除徭役一年。』也是陛下即位時傳下的詔書。可是不久又作了更改：『已納稅和已服徭役的，從下一年開始免除。』把已退還了的稅金，又重新徵收回來。」

「國家窮，國庫空虛，正急需用錢啊。」

「治理國家，首先得取信於民。敕文一經頒發，切切不可朝令夕改。再者，地方官身處國家的基層，朝廷政令都靠他們落實，等到檢查役男體格時，卻又懷疑他們瞞上欺下。用人而又疑人不是開明的做法。」

「以前朕以為你倔強固執，不通達政務，現在聽你談論國家大政方略，口若懸河，引經據典，言之鑿鑿，對答如流，都切中要害。你說得很對，朝廷政令如果沒有公信力，百姓則不知所從，如何能夠治理好國家？」

李世民轉怒為喜，露出了笑容。他知錯即改，不僅收回了徵召不滿18歲而體格健壯者入伍的文書，還賞賜魏徵一隻金甕，獎勵他暢所欲言。貞觀二年，隋通事舍人鄭仁基的女兒年方十六七歲，容貌豔麗，堪稱絕代佳人。長孫皇后聽說後，請求將她留在後宮，太宗也同意納為妃嬪。

就在詔書已經發出，但冊封的使者尚未出發的時候，魏徵聽說鄭仁基的女兒已許嫁給陸爽，急忙勸阻太宗說：「陛下作為百姓的父母，撫愛百姓，應該以百姓的憂慮為憂，以百姓的歡樂為樂。

「自古以來，有道義的君主，都把百姓的心願作為自己的心願，所以君主住在亭台樓閣，就想到百姓應有房屋安身；君主吃著美味佳餚，就想到百姓應該沒有飢寒交迫；君主眷顧妃嬪之時，就要想到百姓也有娶妻成家的歡樂。

「這是作為國家的君主應當經常想到的道義。現在我聽說鄭氏的女兒，很久以前就許配給了別人，陛下毫不遲疑地聘娶她，也沒有詢問她的情況，這件事傳播到全國各地，難道是作為百姓父母的國君應該有的道義嗎？我知道的只是傳聞，並沒有親自調查驗證，但因為怕它會損害聖上的形象，所以不敢隱瞞實情，急忙諫止。何況君王的一舉一動，史官都會記錄下來，所以，願陛下深思。」

太宗聽了魏徵的話，非常吃驚，深深自責，緊急下詔，立即停止派遣冊封的使者，下令將鄭女送給其未婚夫。這時，左僕射房玄齡、中書令溫彥博、禮部尚書王珪、御史大夫韋挺等反對說：「傳說鄭女許嫁給陸氏，並沒有明顯的證據，況且詔書已下，大禮即將舉行，不能中途停止啊。」

這時，陸爽擔心冒犯皇上，自己上表說：「我的父親陸康在世時，與鄭家來往，有時互相饋贈資財，但卻沒有訂立婚姻關係，外人不知道實際情況，才妄傳已訂立婚姻之約。」

大臣們見陸氏否認婚姻之約，又勸太宗迎娶鄭女，太宗猶豫不決，就問魏徵：「群臣這樣勸說，也許是討好我，但是陸爽為什麼否認婚約呢？」

魏徵說：「按照我的考慮，陸爽的意思可以理解，他是把陛下等同於太上皇。」

太宗說：「這是什麼意思呢？」

魏徵說：「從前，太上皇剛進京城，遇到辛處儉的妻子，有所愛慕。當時，辛處儉為太子舍人，也在宮中。太上皇知道後很不高興，就下令將辛處儉調出東宮任萬年縣令。辛處儉因此懷有恐懼之心，經常擔心不能保全性命。陸爽認為陛下今天雖然寬容了他，但以後會對他暗加譴責貶官，所以再三自我表白，本意就在這裡，並沒有什麼可奇怪的。」

太宗笑著說：「外人的想法或許這樣，然而我所說的話，還不能使人一定相信嗎？」於是發出詔書說：「現在聽說鄭氏之女，過去已經接受別人禮聘，先前發出詔書的時候，對此事沒有詳細審查，這是我的錯誤，也是有關官署的過失。迎聘之事，就此停止。」人們聽說後，無不感慨太宗的聖明。

一次，李世民宴請黃門侍郎王珪，讓原廬江王李瑗的愛姬侍奉。這位美人本有夫君，廬江王貪其美色，將其丈夫殺掉後霸為己有。廬江王謀反被殺，這位美人又被納入太宗的後宮。

宴樂之間，太宗指著美人對王珪說：「廬江王真不道德，殺掉她的丈夫，強納入室，殘暴如此，哪能不滅亡呢？」

「廬江王所作所為，是對，還是錯？」王珪問太宗。

「殺人奪妻還有對的嗎？你明知故問，是什麼意思？」太宗說。

「知善而行，知惡而改，是做人的基本準則。陛下認為廬江王殺夫奪妻不對，為什麼又將這位美女留在身邊，這叫做知惡而不改啊。」

唐太宗聽後，後悔莫及，下令將美人送還給她的親屬。

越王李泰是太宗第四子，非常聰敏，很得太宗喜愛。太宗聽說三品以上的官員都輕蔑越王，便在齊賢殿面見三品以上的官員，大家坐定，太宗大怒說：「我有句話要對你們說，往年的天子是天子，今天的天子也是天子，往年的天子兒是天子兒，今天的天子兒難道不是天子兒嗎？隋朝的諸王，達官以下，任其折辱。我的兒子，自然不允許他放縱，你們才這般好過。我如果放縱他們，難道不能折辱你們嗎？」

積極鼓勵大臣進諫

　　房玄齡等文武高官，各個膽顫股慄，不敢吱聲。只有魏徵卻嚴肅地說：「當今群臣並沒有輕視越王。從禮法上講，越王雖然年幼，位在諸侯之上。今三品以上的公卿都是天子大臣，陛下對他們也十分敬重。即使稍有過失，越王憑什麼折辱他們？如果國家綱紀廢壞，情況另當別論。當今聖明之時，越王豈能如此？隋朝時，寵縱諸王，使其無禮，自尋滅亡，不可傚法，又有什麼可稱道的呢？」

　　太宗認為魏徵言之有理，就說：「朕剛才所講，出自對兒子的愛護。魏徵所說，是國家大法。朕剛才發怒，還自以為有理。聽到魏徵的話，才知道自己錯了。」

　　由於魏徵對唐太宗的批評毫不客氣，太宗對他既尊敬又畏懼。一次，太宗要去南山，臨行之際，魏徵外出歸來，太宗又決定不去了。

　　魏徵對太宗說：「人們都說陛下要臨幸南山，外面都嚴陣以待，整裝待發，您又突然不去了，這是為什麼？」唐太宗說：「開始確有這個打算，可又怕你批評，所以中途停止了。」

　　唐太宗喜愛雀鷹，常將它放在臂膀上玩耍。有一天，太宗正在玩耍一隻雀鷹，突然看見魏徵走來，太宗怕魏徵說他玩物喪志，急忙將鳥藏在懷裡，魏徵裝作沒有看見，故意拖延奏事的時間。等魏徵離開，鳥已經憋死在太宗懷裡了。

　　貞觀年間，天下太平，國泰民安，群臣議請到泰山封禪。因為古代帝王中的功高德厚者，都要東封泰山，秦皇漢武都曾多次封祭。對於此事，只有魏徵認為不可。

　　唐太宗問魏徵：「希望你直說，別避諱。難道我功不高嗎？德不厚嗎？國家沒治理好嗎？五穀不豐收嗎？為什麼不可以封禪？」

　　魏徵說：「陛下雖然功高，但百姓還沒有從中受到恩惠；德雖厚，卻還

沒有澤被天下；天下雖然安定，隱患並未消除；四夷雖然歸附，卻沒有滿足他們的要求；吉兆雖已出現，自然災害仍然很多；雖然五穀豐登，倉庫尚不充實。這是我認為不可的理由。我不能拿遠的相比，就用一個人作比喻吧。有一個人患病 10 年，剛剛治癒，雖然皮骨猶存，並無力氣，讓他背負一石重的東西日行百里，必然不可以。隋朝的禍亂，不止 10 年，陛下好像良醫，剛剛將病亂醫治過來，尚未將社會恢復到健康發展的軌道，此時就告天地，稱成功，臣以為不可。況且東封泰山，各國都要派使者祝賀，如今關東一帶剛從動亂中平靜下來，蒼茫千里，人煙斷絕，雞犬不聞，如果周邊國家前來，豈不是將自己的虛弱告訴別人嗎？如果遇到水旱災害，百姓產生邪念，一旦有變，後悔就來不及了。」唐太宗靜靜聽完後，稱讚魏徵說得頗有道理，最終放棄了封禪泰山的勞民傷財之舉。

唐太宗的兒子蜀王恪有個十分寵愛的妃子，其父楊譽憑著這層關係，肆意妄為，甚至在京城公開爭奪官奴婢，都官郎中薛仁方依法將楊譽拘留審問。

楊譽的兒子正巧是唐太宗的侍衛官，就在殿廷上對唐太宗說：「古人說『禮不下庶人，刑不上大夫』，五品以上的高級官員，如果不是犯謀反罪，一般不得拘留。我父親因和陛下有親戚關係，被薛仁方節外生枝，拘留審查，打狗尚且看主人，況且是陛下的親戚呢！」

唐太宗聽後，勃然大怒，下令將薛仁方革職，並將他痛打一頓。魏徵挺身辯護說：「薛仁方身為司法人員，為國守法，是忠於職守，怎麼能因為他拘留違法的外戚而對他妄加刑法呢？有些外戚自恃權勢，目中無法，就像是城狐社鼠，危害不淺，如果因他們是外戚，投鼠忌器，不予懲治，這是自毀堤防，後果不堪設想。」唐太宗深感自己考慮不夠周全，收回了對薛仁方不公正的處理意見。

積極鼓勵大臣進諫

　　由於魏徵處處為國家利益著想，直言敢諫，唐太宗常常覺得很尷尬，臉上無光而又無可奈何。有一次，在被魏徵指出過失後，太宗退朝回到宮中，見到長孫皇后，怒氣衝衝地說：「總有一天，我要殺掉這個鄉巴佬兒！」長孫皇后問殺死誰，唐太宗說：「魏徵常常當眾頂撞我，使我下不了台，真是可惡！」

　　長孫皇后聽完就退了出去。過了一會兒，只見她穿著禮服，恭恭敬敬地走上前來向太宗道賀。

　　唐太宗很詫異，長孫皇后說：「我聽說，君主聖明，臣子才敢直言進諫。今天魏徵敢直言進諫，就是因為陛下聖明，既然這樣，我怎麼能不向陛下道賀呢？」唐太宗聽了皇后委婉的批評，怒氣也就慢慢消下去了。

　　貞觀時期，由於魏徵多次進諫諍言，使得唐太宗避免了很多政策失誤，唐太宗對魏徵十分信賴甚至依賴。

　　魏徵病重時，唐太宗得知魏徵家連正廳都沒有，當即把自己建樓的材料拿來給魏徵造正廳。還排派人送去被子和白色的衣服，成全他一貫的樸素節儉。魏徵死後，唐太宗親自到他家裡，哭得十分傷心。追贈魏徵為司空，諡號文貞，親自為他撰寫碑文。

　　唐太宗臨朝時對群臣說：「用銅作鏡子，可以端正衣冠；用古事作鏡子，可以明白興衰；用人作鏡子，可以明白得失。過去我常常注意保持這三面鏡子，謹防自己犯過失。現在魏徵去世，我失去了一面鏡子啊。」魏徵能夠大膽進諫的前提，是唐太宗的虛心納諫，君臣兩人配合默契，成為貞觀之治得以實現的重要條件之一。

　　正因為唐太宗能夠如飢似渴地納諫，所以，貞觀時期除了魏徵之外，其他大臣也都敢於直言進諫。

　　貞觀四年，太宗下令修復洛陽宮，給事中張玄素認為修復洛陽宮並不是最緊要的事情，上書反對。

他對太宗說：「秦始皇剪滅六國，一統天下，想要傳之萬世，卻二世而亡，這是為什麼？這是奢侈無度，賦役繁重，百姓不能承受。只有儉約從事，息事寧人，才能使江山永固，長治久安。從前漢高祖劉邦要營建洛陽，大臣婁敬只說了一句話，劉邦就改變了主意。我聽說隋煬帝修宮殿，裝飾華麗，曾用兩千人拉一根大柱，從幾千里以外運到洛陽，這樣勞民傷財，給百姓造成非常大的苦難。遺憾的是阿房宮修成，導致秦亡；乾陽宮修成，導致隋亡。如今，戰亂剛剛結束，我朝的財力不如隋朝，人民的元氣也還沒有恢復，滿目瘡痍，百廢待興，陛下理應以身作則，節之以禮。陛下卻先忙著修繕洛陽宮，這不是比隋煬帝還貪暴嗎？望陛下三思而行。」

唐太宗聽到張玄素拿自己與隋煬帝相比，很不高興，說：「你認為我還不如隋煬帝，那麼我比桀、紂如何呢？」

張玄素說：「如果這個工程不停止，陛下一定會得到和隋煬帝、夏桀、殷紂一樣的下場的。」這番不客氣的批評讓唐太宗聽起來很不舒服，但思前想後，還是覺得張玄素的話有道理。

由於太宗的大力倡導，甚至連一些地方小官也敢於說出自己的意見。櫟陽縣丞劉仁軌認為，唐太宗在秋收大忙季節去打獵，不合撫民以靜的治國策略，就上書要求將畋獵時間改在冬閒的時候進行。唐太宗覺得很有道理，不但採納了他的意見，還予以提拔，以示鼓勵。

貞觀十一年十月，唐太宗在洛陽圍獵野豬，合圍之後，野豬向太宗這邊突圍，太宗一箭一頭，4頭野豬當場斃命。但是，一頭雄野豬兇猛迅捷，已經突進到唐太宗的馬鐙旁邊。兵部尚書唐儉一見，立刻手忙腳亂上來援助，還沒有等他到來，唐太宗手起刀落，那頭野豬斷為兩截，而這時的唐儉則是狼狽不堪。

唐太宗哈哈大笑，說你這個天策府的長史，沒有見過我這個天策上將殺

積極鼓勵大臣進諫

敵嗎？為什麼這麼膽小？唐儉也不示弱，說馬上打天下不能馬上坐天下，陛下以神武定天下，現在又跟一頭野獸逞威風，有這個必要嗎？那時候的唐太宗不僅雄姿英發，而且心胸開闊。他對唐儉說：「好，你說得對，咱們這就罷獵。」

正因為有唐太宗這樣虛懷若谷的君主，才成就了魏徵這樣的名臣。唐太宗與魏徵君臣之間的故事一直為後人傳為美談。透過虛心納諫，使身居尊位的唐太宗可以瞭解各方面的情況，避免和防止了一些決策上的失誤。同時，也正是唐太宗的虛心納諫，才造就了一個個敢於犯顏直諫的忠臣，形成了良好的政治風氣。

與大臣共謀和平

作為一代明君，唐太宗十分懂得君臣和諧的重要性。要建立良好的君臣關係，他認為一個重要的方面就是信任臣子。他堅持用人不疑、疑人不用的原則，對賢能之士十分信任。

即位之初，唐太宗曾召景州錄事參軍張玄素進宮問政，張玄素說：「隋朝的皇帝自作主張，獨自處理日常政務，而不將國家事務委任給群臣；群臣內心恐懼，只知道秉承旨意加以執行，沒有人敢違命不遵。但是，憑藉一個人的智力決斷全天下的事務，即使得失參半，乖謬失誤之處也在所難免，加上臣下諂諛，皇上矇蔽，國家的滅亡就不遠了！」

「人們常說費力不討好，」唐太宗踱了幾步，「隋煬帝倒是一個很有說服力的例子。」

「陛下如果能謹慎地擇取群臣的意見，讓他們各司其職，自己拱手安坐，清和靜穆，考察臣子的成敗得失，並據此實施刑罰賞賜，國家一定能夠治理得好！」

「說下去。」

張玄素在唐太宗的鼓勵下，把想法一股腦兒端了出來，滔滔不絕地說著：「我觀察隋末大動亂，三十六路反王，七十二路煙塵，其中想要爭奪天下的，不過幾人而已，大多數只是希望保全鄉里和妻室兒女，等待有道之君而歸附，由此可知好犯上作亂的人並不多，只是君王不能使他們安定罷了。」

「說得好。」唐太宗很欣賞張玄素的建言，擢升他擔當侍御史。

朝廷收集經史子集 4 大類書籍 20 餘萬卷，藏於弘文殿，並於殿旁設置弘文館。遴選虞世南、褚亮、姚思廉、歐陽詢、蔡允恭、蕭德言等國內精通學術的人士，以原職兼任弘文館學士，讓他們輪流值宿。

與大臣共謀和平

唐太宗主持朝會後，如果時間寬裕，就把他們召喚到內殿，檢討從前的言語行事和利弊得失，商榷當今大計，有時甚至談到深夜。又選取三品以上官員的子孫，充實弘文館。

唐太宗親自裁定開國元勳長孫無忌等人的爵位采邑，命令陳叔達在殿前唱名公布。他開誠布公地強調說：「朕分等級排列你們的功勞及賞賜，若有不當之處，可以各自申訴。」

朝堂上頓時活躍起來，唔唔噥噥，嘰嘰呱呱，喧鬧洶洶。淮安王李神通不服氣，氣哼哼地說：「我在關西起兵，首先響應義舉，而房玄齡、杜如晦等人只是捉刀弄筆，功勞卻排在我的前頭，難以心服。」

「義旗剛舉時，叔父雖然率先起兵，但其中也含有自救成分。」唐太宗態度和藹而措辭尖利，「後來竇建德攻打山東，叔父全軍覆沒。劉黑闥糾集餘部叛亂，你又吃了敗仗。房玄齡等運籌帷幄，奠定社稷，論功行賞，功勞自然在叔父之上。叔父是皇家至親，朕並不吝惜，然而也不可徇私情而濫與勳臣同等封賞。」

氣氛緩和下來。臣僚不再爭功論賞了，轉而互相傾談起來，帶著感情抒發胸臆說：

「陛下至公至正，對皇叔都不偏心，我們怎敢不安分？」

「功大功小，其實也難說清楚。世上沒有常勝將軍，不要光想過五關斬六將的威風，還要回頭看看走麥城的狼狽相。」

「我們能夠活到今天，比起慕容羅睺、羅士信和敬君弘他們，算是太幸運了，還搶什麼功勞？」

經過一番議論，眾人都心平氣和了，心悅誠服。房玄齡記起了一件事，出班奏道：

「秦王府的僚屬沒有升官的，有些抱怨情緒。他們說：『我等侍奉陛下

多年了，而封賞反而落到了前東宮和齊王府僚屬的後面。』」

「君王公正無私，」唐太宗回答說，「才能使天下人服氣。朕跟你們平日的衣食，都取自百姓。設置官位，擬定職守，都是為了百姓，理應選擇賢才加以任用，怎麼能將新舊關係作為當官的準則和先後順序呢？倘若新人賢能，故舊不才，豈可放棄新人而取故舊？不問賢愚，只問新舊，那不是為政之道。」

最初，李淵想以加強皇室宗族的勢力來鞏固政權，所有跟他同曾祖、高祖的遠房堂兄弟，及其子侄，即使童孺幼子，都封王爵，多達數十人。

唐太宗覺得過了頭，親自徵求群臣的意見：「遍封皇族子弟，對國家有利嗎？是利大於弊，還是弊大於利？」

「從前，只有皇兄、皇弟和皇子才可以封王，其他宗親即便建立了大功勛都沒有封王的。太上皇厚待皇親國戚，大肆分封宗室，自兩漢以來都沒有過如此之多。所封的爵位既高，又多賜給僕役，臣以為不是以天下為公的治國舉措。」

封德彝的對答表達了眾人的心聲，唐太宗也受到了啟發。他說：「朕做天子，是要撫育萬民，怎麼可以不顧百姓勞苦來供養我的家族？」於是將宗室郡王降格為縣公，只有功勛卓著的幾位不降。

在議論周朝和秦朝的壽命為什麼有長有短時，蕭瑀發表見解說：「商紂王無道，周武王出軍討伐，是以有道伐無道。而周朝及六國均無罪，秦始皇卻把他們消滅。奪取天下的方式雖然一樣，人心的歸向卻不同。」

「你只知其一，不知其二。」唐太宗眉峰聳了聳，「周朝開國後重視修行禮樂仁義，秦朝建國後繼續推行詐術和暴力，這才是主要原因。爭奪天下時或許可用非常手段，治理國家則必須用正道，順應民心。」

蕭瑀等在場的大臣都佩服不已。

與大臣共謀和平

君臣在對答中，唐太宗對關中人和山東人頗有分別。殿中侍御史張行成跪倒丹階，直截了當地啟奏道：「如今江山一統，四海一家，都是陛下的子民，不應當有東方西方的區分差別，那樣未免顯得太狹隘了。」

唐太宗欣然接受，給予張行成豐厚的賞賜。從此每當朝廷有大事，都讓他參與謀劃。

建國初期，官吏中多有接受賄賂的，唐太宗十分憂慮，便祕密安排身邊的人去試探他們。刑部的司門令收下了一匹綢緞，唐太宗打算處以死刑。

民部尚書裴矩諫道：「官吏貪贓枉法，自應處死。但是陛下派人送上門去讓其接受，是故意引誘人觸犯法律，恐怕不符合孔子所謂『用道德引導，用禮教治理』的古訓。」

「說得有理，說得有理。」唐太宗眉開眼笑，召集五品以上的官員，歡欣鼓舞地說，「裴卿能夠面對皇上竭力爭辯，不肯一味順從，假如每件事情上都能像他一樣明辨是非，正確對待，就不必擔心國家治理不好。」

右驍衛大將軍長孫順德接受別人饋送的綢緞，事情暴露出來了。唐太宗疾首蹙額地說：「長孫順德要是能有益於國家，朕願與他共享國庫，何至如此貪婪？」

「大將軍是元謀功臣，不便懲罰。」宇文士及提示道。

「不能放任自流呀！不震懾他一下，讓他反省過來，不行。」

「響鼓不用重槌，不妨先刺激一下看看。」

唐太宗想出了一個刺激的法子。在殿堂上，反過來當眾賜給長孫順德數十匹綢緞。

黃門侍郎王珪感到不可理解，睜大眼睛率直諫道：「長孫大人貪贓枉法，罪不可赦，怎麼還要賞賜綢緞？」

「王愛卿你沒有理解朕的用意，」唐太宗走到他跟前，細聲慢語解釋說，

「不妨再深思一下。如果他還有人性的話,得到朕賜給綢緞的羞辱,遠勝於受到懲罰。如果不知慚愧,不過是禽獸而已,殺之又有何益?」

「陛下所用的反刺激法,一下子確實很難理解。」

「朕聽說西域胡商得到寶珠,就用刀割開身上的肉皮,把它藏到裡面,有沒有這回事?」

「有。」

「人們笑他愛明珠,而不惜身體。官吏貪汙腐化依法受刑,帝王追求奢侈國破家亡,跟胡商的所作所為有什麼區別?」

「魏徵講過一個故事,春秋時代,魯哀公對孔子說:『有人得了遺忘症,搬家連妻子都記不住。』孔子說:『還有比這更嚴重的事實,夏桀王和商紂王把自己的性命都忘掉了。』大概也屬於類似情形。」

「咦,魏徵快要回了吧?」

「陛下老唸著他,似乎少不了那頭犟牛。」

「他奉旨宣撫山東,頂翻了濮州刺史龐相壽。昨天雷雲吉轉奏朕,龐相壽請求見駕。長孫皇后提示朕,最好等魏徵回京後,一同召見。」

王珪的心驟然變得沉重起來。他知道龐相壽曾在秦王府充任幕僚,和雷氏兄弟十分友好,都是皇上的心腹。「魏徵呀魏徵,你為什麼偏要跟龐相壽過不去,撤他的職,罷他的官?」他猜不透唐太宗到底會聽誰的,不由得替魏徵捏著一把汗。

魏徵返回長安,來不及歇息,徑直步入東宮正殿顯德殿復旨。唐太宗即命傳龐相壽進殿。

龐相壽雙膝跪倒丹階,做出一副可憐巴巴的樣子,喊冤叫屈。長孫無忌、房玄齡和杜如晦跟龐相壽都有舊交情,頓生同情之心,覺得魏徵做得太過分了。

與大臣共謀和平

　　魏徵並不心虛，理直氣壯地奏道：「臣踏上濮州的土地，便陸續收到了幾份狀子，狀告龐刺史貪得無厭，大肆搜刮民脂民膏。事情非同小可，我不敢妄下結論，於是微服私訪，查實證據，獲取證詞，然後跟他當面對質。他無法抵賴，只得低頭認罪。後來又挖出他侵吞稅銀 3,000 兩，罪上加罪。於是撤銷了他的官職，遣送回京。」

　　唐太宗狠狠瞪了龐相壽一眼：「看你幹的好事，還有臉面來見朕？！」

　　「皇上息怒，」龐相壽磕了兩個響頭，「容臣申述一二。臣的犯罪事實，均發生在武德年間。皇上即位以後，臣決計重新做人，打算興修水利，治理黃河水患，造福於民，將功補過。」

　　「人心隔肚皮，誰能猜透你的心思？你願意改過自新，多少還得有所表現呀。」

　　「臣的貪汙都如實作了退賠。治理黃河，初步勘探完畢，已繪製出了圖樣。」說罷，龐相壽呈上了治黃圖本和奏章。

　　長孫無忌等大臣互相交換了一個眼色，異口同聲地為龐相壽求情，幫他說話：「知錯認錯，還能改錯，很不容易。懲前毖後，無非治病救人。龐相壽在濮州跌倒了，怎麼不可以讓他在原地爬起來？」

　　「你們都想保他？」唐太宗產生了憐憫心，也想讓龐相壽官復原職，仍歸原位。

　　「乞請皇上赦免他一次，下不為例。」長孫無忌出班奏道。

　　「不可法外施恩。」魏徵昂起凸額頭，據理力爭，「龐相壽身為一州父母官，上不思報效朝廷，下不思造福萬民，反而魚肉百姓，亂我朝綱，不管功勞多大，畢竟功不抵過。王子犯法，與庶民同罪。若是姑息遷就，替龐相壽網開一面，怕只怕大唐律令日後難以施行囉。」

　　長孫無忌勃然大怒，眼珠子瞪得拳頭大：「魏徵你也不要做太絕了！龐相壽不過一念之差，一時之錯，犯不著非要一棍子打死不可。」

「他上任 3 年，黃河兩度決口，」魏徵也激動起來，「南岸被沖成了百里荒灘，百姓流離失所，逃荒討米，怨聲載道。《治黃圖》並非出自他之手，而是前任刺史留下來的。如今交他實施，誰還會聽從？」

「另作安排，行嗎？」唐太宗綜合二者的意見，打算折中處理。

「不行。」魏徵寸步不讓，「臣並非不曉得他的來歷，也曉得因他要擔莫大的風險，之所以下狠心整治他，是因為要以此警告地方官吏，一旦腐化墮落，營私舞弊，無論他過去的功勞多大，後台多硬，照樣逃脫不了法律的制裁。」

「用朕的臉面保他一次呢？」

「也不行。秦王府的舊僚屬，朝廷內外不少，如果都仗恃陛下的私惠恃寵而驕，作威作福，必將使品行端正的人莫名其妙，不知如何是好。」

唐太宗被魏徵說服了，走下御座，俯身對龐相壽說：「我從前當秦王，是一府之主。如今做天子，是四海之主，人人都是朕的子民，必須一視同仁，不能再偏祖舊部了。」

「魏徵安撫山東，」龐相壽轉守為攻，「見了原東宮和齊王府的人就保，而對待秦王府的人則骨頭裡面挑刺，從嚴從重處理，也許別有用意噢。」

「別誤會。魏徵純粹是執行朕的旨意，比如說，處分你，就是朕批示的。今日當殿對證，也是朕的安排，主要是想考一考魏徵的鋼火硬不硬。魏徵不愧為良臣，經受住了考驗。」

唐太宗把擔子往自己肩上一擱，誰也不敢再反對了。他賜給龐相壽一些金銀綢緞，表示撫慰，同時又勉勵他改過自新，做一個安分守己的良民。龐相壽流著淚叩辭而去。

魏徵得到了唐太宗的支持，膽子更大了，只要知道的，從不隱瞞，都一五一十地兜出來。唐太宗也願意聽他的，多次召入寢殿，詢問政治得失，共商國家大計。

與大臣共謀和平

自古以來，不少君王的一個通病，就是用人多疑，因而使得君臣之間往往不能肝膽相照、相互信任。

貞觀初年，唐太宗曾對近臣說：「朕認為前代的讒佞之徒，都是損國害民的蟊賊，有的巧言令色，結黨營私，有的主上昏庸，被人迷惑，以致忠臣孝子流血含冤。朕防微杜漸，以絕讒言，恐怕力不從心，還望各位大臣時時提醒，以免禍端。」

奸佞小人是賢能之士施展才華的最大阻礙，因此斥小人、杜讒邪就顯得尤其重要。唐太宗作為一代明君，對奸佞小人的危害看得很清楚，把任用小人比作養惡草，指出養了惡草會對好穀子有傷害。

唐太宗還引用北齊和隋朝的歷史教訓，說明群小之徒誹謗君子、讒害賢臣給國家造成的危害。唐太宗對讒言有所警惕，使得一些誣告未能得逞。

貞觀三年，監察御史陳師合上《拔士論》，聲稱房玄齡、杜如晦的思慮有限，不可讓他們總理一切，企圖排斥房、杜的宰相地位。

唐太宗說：「朕以公心治理天下，任命房玄齡、杜如晦並不是因為他們是我的老部下，是因為他們有才華。陳師合無事生非，妄加譏謗，企圖離間我們的關係。從前蜀後主劉禪昏庸無能，諸葛亮所以能鞠躬盡瘁，死而後已，是因為不相猜忌。朕如今任用房玄齡、杜如晦等，也是如此。」

於是，唐太宗將陳師合流放到嶺南。事後，唐太宗對房玄齡、杜如晦說：「朕聽說自古以來成就大事業的帝王，都是上下一心，依靠股肱大臣的力量。如果君主猜疑臣下，就不能上通下達，想使臣下盡忠，豈不困難？如果有人故意讒毀，破壞君臣關係，就應當以他讒毀別人的罪名懲治他。」

當然，賢能之士畢竟不是神人，有時難免犯小的失誤和過失。居心叵測的人往往抓住不放，藉機譏謗。對這種情況，唐太宗看得很清楚，態度也十分明確，總是竭盡所能保護賢能之士。

有一次，魏徵、溫彥博在處理政務的過程中，都曾犯過一些小的過失，有人據此上奏太宗彈劾他們。太宗對這些奏章絲毫不理，對魏徵等人的信任也從未曾改變。這樣一來，魏徵等人就能夠安心做事，充分發揮治國的才華。

　　一次，唐太宗問曾在隋朝擔任大臣的房玄齡和蕭瑀：「隋文帝作為一代君主怎麼樣？」

　　兩人回答說：「隋文帝勤於治理朝政，有時臨朝聽政，會一直延長到日落西山的時候。五品以上的官員，圍坐論事，衛士傳送餐飯。雖然他品性算不上仁厚，但可以稱得上一位勵精圖治的君主。」

　　唐太宗不贊同這種說法，對他們說：「你們只知其一，不知其二。隋文帝是一個不十分精明而且喜歡苛察的人，因為他不精明，所以使得君臣上下不能通融一氣，因為他苛察，所以對事物多有疑心，所有的事都自行決定，而不信任群臣。天下如此之大，他一個人日理萬機，費心勞神，難道每一件事都能做得合乎情理嗎？群臣既然已經明白主上的意見，那麼就只有無條件接受，即使主上出現過失，也沒人敢爭辯糾正，所以隋朝到了第二代就滅亡了。我就不是這樣。選拔天下的賢能之士，讓他們分別擔任文武百官，讓他們考慮天下大事，然後彙總到宰相處，宰相深思熟慮，然後才上奏到我這裡。這樣，有功則行賞，有罪則處罰，誰還敢不盡心竭力，各司其職呢？這樣一來，何必擔心天下治理不好呢？」房玄齡和蕭瑀聽後深以為然，心中慶幸遇到了明君。

　　貞觀十三年，有人誣告尉遲敬德企圖謀反。唐太宗不但不信，還將此事告訴了他。敬德聽後，脫下衣服，露出滿身傷疤，對唐太宗說：「我跟隨陛下征戰四方，身經百戰。現在天下安定了，難道陛下要懷疑我嗎？」

　　「請趕快穿上衣服，我不相信誣告，才將此事告訴你，你何必惱怒呢？」唐太宗流著眼淚動情地說。

幾天後，唐太宗為了表示對尉遲敬德不疑，決定將女兒嫁給他。尉遲敬德一邊叩謝，一邊說：「臣的妻子雖然年老珠黃，但與我同甘共苦多年。臣雖然沒有學問，不知書達理，也知道富不易妻的古訓。我實在不願接受陛下的厚愛。」唐太宗感到尉遲敬德言之有理，不再勉強。

貞觀十七年，蕭瑀因為自己不受重用，嫉妒房玄齡，誣告房玄齡交結朋黨，把持朝政，提醒皇上明察秋毫，以防被他們矇蔽。但太宗深信房玄齡的為人，並沒有因為蕭瑀的話而懷疑房玄齡。相反，他嚴厲地批駁了蕭瑀的誹謗，使其不敢再挑起事端。

由於唐太宗知人善任，用人不疑，君臣之間、臣子之間都能從國家大局出發，相互信賴無疑，精誠團結。因此，貞觀時期的大臣，多數都是鞠躬盡瘁，盡職盡責。

中書令岑文本，雖貴為中書省的長官，但住的房子又小又濕，家裡甚至連帷帳這樣的東西都沒有。有人勸他經營一點產業，產業就是家業。

岑文本說：「我沒有什麼功勞，僅僅因為寫文章就擔任了這麼重要的官職，這已經讓自己很擔心了，哪裡有心思搞什麼產業。」他想的不是自己的家產，而是自己是否對得起這個重要的職務。

中書省的機密最多，因為任何重大的事情首先是中書省知道，皇帝的什麼想法，也總是先透過中書省草擬詔敕。在當中書令之前，岑文本當中書侍郎多年。如果要經營產業，他早就有機會，但他一心考慮的是朝廷大事。

戶部尚書戴胄是國家財政經濟的一把手，國家的預算、決算、稅收、土地、人口等都在他管轄範圍之內。他去世的時候，因為家裡房屋又破又小，沒法設堂祭奠。

李大亮曾任左衛大將軍、太子右衛率和工部尚書，還擔任過劍南道巡省大使和涼州都督。他死的時候，家裡沒有珠玉可以作為口含之物，只有 5 斛

米、30 端布。朝廷給他的賞賜，他不據為己有，而是發給親戚和下屬。他撫養的孤兒，與他如同父子的就有 15 人。

可見，貞觀時期，皇帝對待大臣信任有加，大臣對皇帝和朝廷盡心盡力。上下合力，共同造就了貞觀之治。

積極推行依法治國

　　貞觀初年，朝廷圍繞教化和刑威展開了爭論。封德彝主張威刑嚴法以整治天下，他說：「秦朝嚴刑峻法，漢朝雜以霸道，都是形勢所造成的。如今是大亂之後，法制紊亂，隋朝的弊政還未消除，只有威刑嚴法，才是立國之本。」

　　魏徵主張實行仁政，慎刑寬法，他說：「從前，黃帝征蚩尤，高陽征九黎，商湯逐夏桀，周武伐商紂，都是在大亂之後，都以仁政致天下太平，所以治國之本在於仁恩，寬仁恤典，慎用刑法，必能大治。」

　　「寬仁慎刑」是儒家的主張，以從寬處罰為立法的原則，與法家的嚴刑峻法、殺一儆百的思想是對立的。唐太宗採納了魏徵的意見，後來唐太宗曾經回憶說：「貞觀初年的時候，人們議論紛紛，說當今根本不可能實現帝道、王道，只有魏徵認為可以。我聽從了他的勸說，過了不到幾年，就實現了華夏的安寧，邊境的降服。」

　　孟子的「仁政」學說對唐太宗的政治法律思想影響很大，他指出：「治理國家的道理，必須用仁義來安撫百姓，向百姓展示威信，體諒百姓的心思，而不用苛刻的刑罰。」

　　唐太宗還從秦、隋的滅亡之中得出了結論，認為「古來帝王以仁義來統治的，國運就會長久；用法律來統治的，雖然能夠救弊於一時，但敗亡也很快」。因此，他把立法的寬嚴同王朝的興亡連繫在一起，多次提出要以禮制律、禮刑相輔。

　　在這一思想指導下，唐太宗開始對唐代法律進行修訂。最初，李淵進入長安後曾與關中父老約法 12 條，以爭取各階級、各階層的支持。武德初年，李淵又宣布廢除隋朝的《大業律》，下令重新修訂法律。裴寂、蕭瑀、劉文靜等在隋《開皇律》的基礎上，修成新法《武德律》。

唐太宗繼位後，令長孫無忌、房玄齡等以隋文帝開皇年間修的《開皇律》為藍本，以李淵的《武德律》為基礎，本著刪繁就簡、以輕代重、寬仁慎刑的思想，歷時 10 年，於貞觀十一年製成《貞觀律》，從而奠定了整個《唐律》的基礎。

《貞觀律》是一部體例嚴謹、內容完整的封建法典。《貞觀律》共 30 卷，律文 502 條，分為 12 篇。

第一篇是《名例律》，共有 57 條，是關於刑法的種類及其適用範圍的一般性規定，是整部律法的總綱，相當於現代的刑法總則。

第二篇是《衛禁律》，共有 33 條，是關於宮廷警衛和守衛關津要塞的相關規定，其目的在於確保皇帝的尊嚴和人身安全，以及嚴禁私度關津要塞等。

第三篇是《職制律》，共有 59 條，主要是關於懲治官吏違法失職的相關規定，主要內容是對玩忽職守、官署設置過限等罪行的處罰，尤其是嚴懲貪贓枉決。

第四篇是《戶婚律》，共有 46 條，主要是關於戶籍、田宅、賦役和婚姻家庭方面的規定，其主要內容有嚴格保護國有土地和私有土地的所有權，嚴禁欺瞞戶口、逃避賦役，維護封建的婚姻家庭關係等。

第五篇是《廄庫律》，共有 28 條，主要涉及牲畜、倉庫管理方面的有關規定，它的目的是保護官有財物不受侵犯。

第六篇是《擅興律》，共有 24 條，主要涉及士兵徵集、軍隊調動及興造方面的有關規定，主要內容為嚴禁擅自發兵、嚴懲貽誤與洩露軍機的行為，以及禁止隨意興造等。

第七篇是《賊盜律》，共有 54 條，主要涉及保護個人的生命財產不受侵犯的法律規定，主要內容包括對謀反、謀大逆、謀叛罪等等危害國家和皇帝特權及人身安全等犯罪的嚴懲，以及對其他危害生命安全犯罪的嚴懲，特別

是對竊盜、強盜、監守自盜等盜竊行為和買賣人口的嚴懲。

第八篇是《鬥訟律》，共有 60 條，主要涉及鬥毆傷人和控告、申訴等方面的法律規定，主要內容包括鬥毆犯罪和訴訟方面的規定等。

第九篇是《詐偽律》，共有 27 條，主要是關於懲處欺詐和偽造內容的法律規定。

第十篇是《雜律》，共有 62 條，主要涉及不能編入其他篇的犯罪行為的法律規定，主要內容涉及買賣、借貸、市場管理以及男女姦情等方面。

第十一篇是《捕亡律》，共有 18 條，主要涉及追捕逃犯、捕捉罪人和逃避兵役及徭役的兵員、役丁等法律規定。

第十二篇是《斷獄律》，共有 34 條，主要涉及司法審判和監獄管理等方面的法律規定。

唐高宗永徽年間，宰相長孫無忌又奉旨對《貞觀律》進行了逐條的詳細解釋疏證，於永徽四年頒行天下，這就是現存的中國最早最完整的封建法典《唐律疏議》。

這部法典承上啟下，內容完備，不僅成為後世歷代封建王朝的法律範本，而且對朝鮮、日本等國的律法產生了重大影響。因此，《唐律》被稱為世界五大法律體系之一的中華法系的代表，在中外法制史上佔有重要的地位。

除了《唐律》之外，還有令、格、式三種內容：「令」是有關國家制度方面的具體規定；「格」是內外官署衙門處理行政事務的規範；「式」是國家機關的辦事細則和公文程式。「律」則是對違反令、格、式和各種犯罪者的判處規定。因此，四者以律為主，相輔相成。

由於唐太宗堅持寬仁慎刑，《唐律》比以往的刑律簡約，僅死刑就減去了一半，與隋朝《開皇律》相比，減死刑為流刑 92 條，減流刑為徒刑 71 條，

同時還廢除了鞭背、斷趾等酷刑，變重為輕，不勝枚舉。

貞觀元年，唐太宗在修改《唐律》之初，就告誡侍臣們說：「死者不能夠再生，所以用法必須要寬簡。古人說，賣棺材的人，希望別人遇到災疫，不是希望別人都得病，而是希望自己的棺材賣得出去。今天，行使司法權力的官員必須要事實確鑿才能定罪，不能為了上報考課的需要，隨便治罪於民。」

房強的弟弟因為對朝廷不滿，陰謀反叛，但還未採取行動就被朝廷發覺。按照法律規定，儘管還沒有行動，犯人也要被處死。房強雖然毫不知情，但是按照兄弟連坐的法律規定，他也要被處死。

唐太宗在審查這個案子的時候，非常同情房強。他認真考慮後對房玄齡說：「謀反有兩種，一種是興師動眾地已經有行動，一種是講幾句反叛的話而沒有行動，這兩種情況應該區別開來。」

隨後，唐太宗就讓房玄齡把言論罪和行動罪區別開來分別對待，規定只有言論沒有行動的罪犯，他的弟兄不必實行連坐的處罰。

在寬仁慎刑的立法原則之下，為了保證法律條文在量刑上的準確性，唐太宗又強調法律條文的統一，防止執法官員利用法律條文之間的矛盾漏洞進行舞弊。

唐太宗還非常重視法令的相對穩定性，《貞觀律》自其制定之後，雖然經過了後來幾代皇帝的修改，但其指導思想以及大體的框架內涵都沒有發生根本的變化，可以說，《貞觀律》在其制定的時候，已經具備了相當成熟的法理思想。

貞觀十一年，唐太宗對侍臣們說：「詔、令、格、式，這些法律條文如果不能統一穩定下來，那麼人心多有疑惑，就容易生出奸詐。漢高祖日理萬機幾乎沒有時間顧及法律的制定，政治家蕭何只不過是刀筆小吏，但是他們一旦制定了法律之後，還要統一執行，不是經常進行變動。今天我朝百官這

樣嚴謹地制定出法律，頒布了各項詔令，既然這樣，就應該把它們作為永遠遵循的律文，不得輕易更改。」

唐太宗希望大臣們能像當年蕭何那樣，使修訂後的唐律也能像漢律九章那樣統一，從而防止執法官員利用漏洞進行舞弊，消除輕罪重判、重罪輕判等弊病。

唐太宗所提出的立法統一性的原則，是保證量刑準確性的前提之一。在《唐律》中明文規定：所有的罪行都需要詳細引據律、令、格、式的正文，如果不這樣做的話，要受到笞打 30 的懲罰。由此可見，唐太宗強調的立法統一性原則的目的在於按律定罪，即為犯罪行為的懲罰提供法律條文上的準確根據。

貞觀十年，唐太宗對大臣們說：「法令不可以總是改變，總是改變的話就會繁亂，執行法律的官員不能全部記住，而前後會有差違，這樣奸猾的官吏就能夠為非作歹，自今以後，如果確實需要對原來的律文進行改動的，都應該慎重地進行。」

雖然唐太宗提出了法律不可以常常改動的原則，但是當客觀實際確實發生變化，並要求更改法律以維護新的社會關係時，唐太宗也主張對已有法律作出適當的修改，他認為這樣做是制定法律所必需的。

《唐律‧戶婚》中有這樣一條法律條文：各種不便於時的律、令、式，都需要由尚書省審議，然後上奏；如果有不合時宜的律文，而尚書省不審議並上報，而自行更改的，犯有此項罪行的官吏要被處以兩年的徒刑。

這裡所說的尚書省議定是指由尚書省召集七品以上的京官，集體討論評定，然後再上奏皇帝裁定。可見，修改法律，需要詳細審議後上奏，經過皇帝批准後，所作的修改才能生效；不經過討論而上奏的，將給予兩年徒刑的嚴重處罰。

立法是制定法律，司法是法律的貫徹執行。貞觀年間，依法辦事良好局

面的出現，在於有完備的司法機構和完善的審批程式。

唐代中央的司法機關是大理寺、刑部和御史台，三者各有所司，遇有重大案件，則由 3 個部門的長官聯合會審，稱為「三司推事」。

大理寺，置大理卿一人，從三品。其職責是處理疑難案件，平反昭雪冤案和公平審理大案。大理卿之下有少卿 2 人，協助大理卿治事。大理寺的屬官有大理正 2 人、丞 6 人、主簿 2 人、錄事 2 人、獄丞 4 人、司直 6 人，各自都有不同的分工和任務。各州縣判決的死刑，要到大理寺覆審核準。大理寺有權駁回審判不當的案件。

刑部，為尚書六部之一，長官稱刑部尚書。刑部下轄刑部、都官、比部、司門四司。其職責是依據法律條文對刑犯量罪定刑。

御史台，為監察機關，對重大案件也參與審理，同時還會同刑部複查囚犯。

貞觀時期對囚犯的判決，有嚴格的程式。不許刑訊拷打、屈打成招。如果法官違法拷訊，處以「杖六十」的刑事處分。還規定拷囚不得超過 3 次，總數不得過 200。拷滿仍不承認犯罪，取保釋放。

對於死囚的審判更為嚴格，一般要 3 次奏請，後來規定兩日 5 次奏請。貞觀五年，太宗下詔說：「司法機關奏決死囚，雖說是 3 次奏請，卻是一日完結，沒有仔細思考的餘地，三奏有什麼用處？即使有所追悔，也來不及糾正。自今以後，京師各司法機關奏決死囚，應兩天內 5 次奏請。」

貞觀初期，朝廷開科取士，有人假造資歷，給錄取帶來混亂。唐太宗下令詐偽者自首，否則處死。不久，果然有詐偽者被查出，唐太宗就把詐偽者交給大理少卿戴冑審理。

戴冑根據當時的法律規定，判處這些人流刑。唐太宗聽到這個判決結果後大發脾氣，質問戴冑說：「我下過命令，不主動自首的人就要處死，而你卻只判他們流刑，這不是讓我言而無信嗎？」

積極推行依法治國

戴冑鎮靜地回答說：「陛下如果當時查出詐偽的人不交給我審訊就殺了他們，我當然沒有辦法。但是，既然交給我審訊，我只能按照法律的規定來辦事啊。」

唐太宗固執己見地說：「你自己倒是得到了執法的美名，卻讓天下人議論我不講信用！」戴冑辯解說：「陛下之前所下的命令只不過是憑一時的喜怒而說出的。而法律是國家向天下公布的最高的行為準則，所以守法才是最大的信用；按照法律辦事，就要能夠忍耐個人一時的憤怒而保存國家的信譽啊！」

唐太宗聽戴冑說得有理，自知理虧，不得不自找下台的台階說：「你能這樣秉公執法，我還有什麼可擔憂的呢？」

貞觀九年，岷州都督高甑生因不服李靖的調度受到李靖的指責，便誣告李靖謀反，結果被流放到荒涼的邊境地區。有人向太宗求情說：「高甑生是秦王府的舊臣，應從寬處理。」

太宗對求情者說：「秦王府舊臣的功勞，我自然不會忘記，但治國守法，應當人人平等。如果因舊臣而赦放，一些僥倖之人便會目無法紀。況且，太原起兵時，隨從征戰立有戰功的人很多，如果高甑生獲免，其他人就會攀比，有功之人，都恃功犯法，法律就會形同虛設。我所以不赦免高甑生，正是為了維護法律的尊嚴。」結果，高甑生受到法律的懲治。

唐太宗十分注重法治，他曾說：「國家法律不是帝王一家之法，是天下都要共同遵守的法律，因此一切都要以法為準。」作為一位萬人之上的君主能夠說出這樣一番話來，唐太宗不愧是一位開明的皇帝。在大多數情況下，他能執法守法，自己違法也能主動引咎自責。

貞觀五年，張蘊古為大理寺丞，他的老鄉李好德患有精神病，犯病的時候胡說八道，還大罵皇帝，被人告到了官府，唐太宗就讓大理寺丞張蘊古審理這個案子。

張蘊古經過調查稟報唐太宗說：「李好德患有精神病是實情，根據法律

不應該判刑。」唐太宗答應可從輕處理。張蘊古卻私下將太宗皇帝的旨意告訴了李好德，並與李好德在獄中遊戲取樂，被侍御史權萬紀告發。唐太宗大怒，下令將張蘊古斬首於長安東市。

不久，唐太宗意識到自己未按法律程式辦事，以沉重的心情對房玄齡說：「你們都是吃國家俸祿的人，理應為國分憂，事無巨細，都應留心。不詢問你們就不發表意見，遇事也不諫諍，怎麼能造成輔弼的作用呢？比如張蘊古一事，蘊古身為法官，與囚犯遊戲取樂，又私下洩露朕的旨意，罪責較重。但即便依照法律，也不至被處死。朕當時盛怒之下，下令將蘊古處斬，你們竟無一人諫諍，有關司法部門也沒提出不同意見，就奉旨執行，真是豈有此理？」說罷，太宗臉上流露出愧悔的表情，並下令說，「凡有死刑，雖然已下令處決，還需要 5 次奏請，以免冤殺。」

廣州都督黨仁弘，勾結豪強，擅斂賦稅，私自將當地的少數民族充作奴婢，罪當處死。唐太宗可憐其年老多病，又是晉陽起兵時的元老，便從寬處理，貶為庶人。

事後唐太宗又自覺有違司法尊嚴，便召集五品以上的官員，當眾宣布說：「朕以私情從寬處理黨仁弘，是擾亂法律，有負於天。我將住在南郊的草蓆廬中，連續 3 天粗茶淡飯，向蒼天謝罪。」

眾大臣再三勸阻，唐太宗仍固執己見。房玄齡勸唐太宗說：「從寬處理黨仁弘，是因為他從前立有戰功，並不是念及私情。況且天子操有生殺之權，沒有必要如此自責。」

經過再三苦勸，唐太宗才答應不去南郊向蒼天請罪，但仍下詔自責說：「朕有三罪，一是知人不明，二是以私亂法，三是未能懲惡揚善。」這件事雖然具有作秀的嫌疑，但從一個側面可以看出唐太宗對法律的重視。

張亮為相州刺史時，他的養子有讖語「弓長之主當別都」，張亮認為「弓長」合起來是自己的姓「張」。不久，有人告張亮收養義子 500 人，陰謀造

反。唐太宗召集百官議論，多數人認為張亮罪當處斬，只有李道裕認為證據不足，不可處斬。

太宗盛怒之際，下令將張亮處死。不久，刑部侍郎空缺，太宗說：「我已有人選了。從前議論張亮的事情，只有李道裕反對處斬，他的看法是公正的。我當時未能採納他的建議，至今追悔不已。」於是授李道裕為刑部侍郎。

在貞觀時期，唐太宗以身作則，帶頭守法，執法嚴格，量刑慎重。在他的苦心經營下，社會和諧，經濟發展，治安良好，犯法的人少了，被判死刑的更少。貞觀時期的社會秩序好得讓人難以置信，是真正的夜不閉戶，道不拾遺。貞觀三年，全國判處死刑的犯人只有 29 人。

貞觀六年年底，辭舊迎新之際，唐太宗來到長安的監獄，當他看到即將被處死刑的囚徒，頓生憐憫之心，下令讓全國的死囚犯都回家過年，與親人團聚，等來年秋天再回來，不來就處死。

規定的日期到了，結果死囚犯全部回來報到，無一逃亡。唐太宗為這種誠信所感動，就將他們全部赦免釋放了。可以想見，當時的場景是怎樣的感人。人們稱唐太宗是講人道的明君，不是沒有道理的。

尊崇和實行儒學

唐太宗出身將門，長於亂世，戎馬倥傯中，平復叛亂，幾乎是無往不勝。在那段時間裡，他基本上無暇讀書。在以武力撥亂反正，完成和鞏固了統一之後，治理天下由武功轉為文治。

面對這一現實，魏徵建議唐太宗說：「偃武修文，既能安定中國，又能讓周邊少數民族臣服歸順。」

唐太宗非常認同，欣然採納了這一建議，他說：「我雖然是以武力平定天下，但是最終還是要以文德教化海內。文武之道，各自按照適當的時機來應用。」為此，唐太宗採取了一系列文治措施，其中首要的就是尊崇儒學，以文治天下。

貞觀二年，唐太宗對大臣們說：「我現在所愛好的，只有堯舜、周公、孔子的治國之道。有了它，就像鳥有了翅膀，魚有了水；失去了它，則難以生存。」這說明唐太宗自繼位以後，留心於典籍，體會到儒家學說可以維護等級秩序，有助於風俗教化，比起那些純用「嚴刑」「峻法」「霸道」治國的方略，實在是高明得多，對於封建統治，具有妙不可言的作用。所以，馬上得天下的唐太宗，為了下馬治天下，也埋頭經典，熱衷文治。

貞觀二年，尚書左僕射房玄齡和國子博士朱子奢向太宗建議，提高孔子及其門徒在太學中的地位。

貞觀四年，唐太宗下令全國各州縣建造孔子廟。貞觀十一年，太宗又下令尊孔子為宣父，在兗州設廟殿，專門撥出 20 戶人家維護供養。唐太宗還下詔對歷代名儒與經學大師表示敬仰和尊崇。

貞觀十四年，下詔對梁、陳、周、隋 4 代的 9 位名儒進行優賞，對其子孫予以蔭襲封官。貞觀二十一年，又下詔將自先秦和魏晉以來的名儒左丘

明、卜子夏、公羊高、谷梁赤、伏勝、高堂生、戴聖、毛萇、孔安國、劉向、鄭眾、賈逵、杜子春、馬融、盧植、鄭玄、服虔、何休、王肅、王弼、杜預、範寧等 22 位先儒列入孔子廟。這樣，儒家先聖孔子和歷代名儒的社會地位，就得到了極大地提高。

即位之後，唐太宗考慮到文學館只是自己任秦王時的府屬機構，十八學士多調任要職，文學館已沒有存在的必要，於是就設置弘文館，精選天下名儒虞世南、褚亮、姚思廉、歐陽詢、蕭德言等人，都以本官兼署學士。

南北朝的長期戰亂之後，儒家經典多有散佚。對此，唐太宗十分重視，命令時任祕書監的魏徵負責經籍圖書的蒐集與整理工作。魏徵等人廣泛徵集募購，將所得圖書分為四部，詳細校訂，手抄謄寫。至此，「經」「史」「子」「集」四部的圖書分類法正式確定。

在國家經史子集已經完備的情況下，為了便於學生學習和科舉考試，統一思想，鞏固統治，唐太宗透過兩個步驟，完成了對儒經的統一工作。

儒家經學從西漢初年就出現了今、古文學之爭。東漢末年以來，經學大師鄭玄以古文經為主，兼采今文經學說，遍注經籍，形成了一個經學流派，世稱「鄭學」。

三國的經學家王肅又獨樹一幟，不再分今文、古文，對各家經義加以綜合，形成了與「鄭學」對抗的「王學」。西晉永嘉之後，這兩個學派的鬥爭就代替了今、古文學之爭。南北朝時，政治上的分裂導致南北學派的對峙。

南北朝後期，因為南北學派的交流，使得南北經學的差異縮小。隋朝的建立，則結束了長達幾百年的政治分裂局面。而政治上的統一，必然要求思想和經學上的統一。當時，經學已經出現了南北融合的趨勢。著名的經學大師劉焯、劉炫等都是學通南北、博古通今的碩儒。但由於隋朝短命而亡，南北經學仍然未能統一。

唐太宗第一步，頒行《五經定本》。鑒於古代經籍因年代久遠，文字訛謬，加之南北經學各有師承，解說各異，唐太宗便讓精通訓詁學的顏師古在祕書省考定「五經」。

　　唐太宗把考訂「五經」的工作交給顏師古，是頗具眼力的。顏師古的祖父顏之推是一代名儒，顏師古少傳家業，遵循古訓，博覽群書，尤精訓詁之學，具有研究經學的扎實基本功。因此，顏師古是考定「五經」最恰當人選。

　　顏師古利用祕書省的經籍圖書，悉心校刊，歷時兩年多，完成《周易》、《尚書》、《毛詩》、《禮記》、《左傳》「五經」的刊定，呈獻給唐太宗。唐太宗十分重視，召集諸儒進行評議。

　　由於時代久遠和師門不一，諸儒議論紛紛。顏師古援引晉以來的古今版本，援據詳明，一一作答，諸儒都很佩服。於是，被唐太宗批准為《五經定本》，頒布全國。

　　顏師古的這項工作，是對魏晉以來「五經」版本混亂局面的一次大清理。這就為當時學校教育提供了統一的課本，也有利於科舉考試的需要。另外，顏師古還是唐代著名的史學家，他所作的《漢書注》，博采眾長，匡謬補闕，是《漢書》現存最重要的注本。

　　第二步，編纂《五經正義》。「五經」的版本統一之後，接下來就是對經書的註疏工作。唐太宗針對儒學門派多，歷代相沿的經文解釋中的歧義迭出的狀況，詔令國子祭酒孔穎達與諸位儒學大師共同撰定《五經義疏》。

　　孔穎達自幼聰明睿智，博聞強記，8歲就開始學習古經，尤其喜歡《左傳》、《尚書》、《周易》、《毛詩》、《禮記》等儒學經典，同時還通曉天文歷算，又善寫文章。唐太宗平定王世充的時候，孔穎達正避居在虎牢一帶，李世民慧眼識人，將他引到秦王府做文學館學士，從此受到重視。

　　與孔穎達一起從事編撰工作的也都是碩學大儒，如於志寧、司馬才章、

王恭、馬嘉運、王德韶、朱子奢、賈公彥等。他們堅持疏不破注的原則，對於六朝以來儒學的紛紜，一律以漢魏古注為權衡，考定是非。

由於孔穎達等人貫通諸家學說，並且治學態度嚴謹，因而《五經正義》的編撰，使漢魏以來儒家的門戶之見一掃而空，如古今文之爭、鄭王學之辯、南北學之分等都銷聲匿跡了。

《五經正義》的編定，是初唐諸儒集體智慧的結晶。唐太宗對這項工作也十分滿意，下詔褒獎道：「你們博綜古今，義理準確恰當，考察前儒的不同說法，符合聖人的旨意，實在做了一件不朽的大事啊！」

但是，由於《五經正義》的編撰出自很多人之手，存在許多弊病，唐太宗又下詔重新修訂，由於孔穎達已年老退休，無法主持修訂工作，終貞觀之世未能完成修訂。直到唐高宗永徽四年，才修訂完畢，作為欽定的全國性的教科書，正式頒行於天下。此後一直到宋代，科舉考試皆以此為標準。

《五經定本》和《五經正義》的頒定，不僅適應了唐太宗「偃武修文」治國方略的需要，為貞觀之治的出現奠定了思想基礎，而且實現了儒家學說的空前統一，在中國儒學發展史上，具有重大的意義。

唐太宗以儒家思想為統治思想，但他不禁絕其他思想流派和宗教。他尊崇道教，也允許其他教派的活動。

唐太宗所以尊崇道教，是因為道教是中國土生土長的宗教。作為中國人，首先遵奉的應是本土宗教，而不能是從外地傳入的宗教。再則，與唐太宗的「尊祖」意圖有關。

在魏晉南北朝時期，人們的門閥觀念很強，李姓並非貴姓，所以唐太宗要重修《氏族志》將李姓列為一等姓。而道教以老子李耳為教祖，李耳與唐朝的皇帝同姓，為了追崇李姓的高貴，使李姓政權披上君權神授的外衣，便將道教始祖老子拉出來，神化老子，以攀附祖先。

唐代諸帝、后妃公主、達官貴人，甚至文人騷客，許多人信奉道教。道教在統治階級的組織和扶持下，在唐代得到迅速發展。

　　唐太宗在位期間，在尊崇道教的同時，也十分注意利用佛教，基本上對兩者都予以宣揚利用。只是隨著形勢的變化，時有側重。

　　貞觀十七年，著名佛學家玄奘印度取經歸國。次年春夏之交到達于田，並上書唐太宗，唐太宗令敦煌官員前往迎接。回到長安時，高僧俗士傾城出迎，焚香撒花，頂禮膜拜。

　　貞觀十九年，唐太宗在長安召見了玄奘，並稱讚他意志堅強、詞論典雅、風節高尚，在佛教造詣方面超過了前人。玄奘提出要翻譯佛經，唐太宗也同意了他的請求，並召集部分通曉佛經的人，與玄奘共同完成這一事業。

　　另外，唐太宗對剛剛傳入中國的景教也給予了合法的地位。景教是基督教的一個支派，貞觀九年，波斯景教教主阿羅本來到長安，唐太宗命宰相房玄齡到西郊迎接，待若上賓。貞觀十二年，又准許他在長安建造大秦寺，並下詔稱：道無常名，聖無常體，各種教派，都是為了濟度眾生。

　　唐太宗尊崇道教，又不以本土宗教排斥外來宗教，而是在確立道教首要地位的前提下，允許其他教派自由發展，對各種宗教採取寬容的策略。能做到這一點，是出於對自身文化的高度自信；而這種自信，既來自強大的國力，又源於豁達的胸襟。

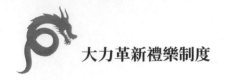

大力革新禮樂制度

　　唐太宗貞觀初年，房玄齡和杜如晦召集一部分禮官和學士，對《隋禮》進行了修訂。封建禮樂制度集中體現著統治者的意志和利益，是規範人們言行的準則，也是維護封建等級制度的重要工具，它可以培養和造就千千萬萬的順民，心甘情願地接受封建統治者的統治。從西周初年周公旦制禮作樂以來，歷代統治者在建國後都會重修禮樂，唐王朝也不例外。唐太宗即位以後，把制禮作樂作為頭等大事，力圖充分發揮禮樂的社會功能，彰顯貞觀盛世的深邃文化內涵。

　　貞觀七年，《貞觀新禮》頒行天下，篇目與《隋禮》大致相同：吉禮62篇，賓禮4篇，軍禮12篇，嘉禮42篇，凶禮6篇，國恤5篇，共130篇。初次修訂的《貞觀新禮》難免有不盡如人意之處，加上圍繞是否舉行封禪大典，大臣爭論激烈，意見紛紜。於是，唐太宗又命房玄齡、魏徵、王珪等人進一步修訂，同時召集一批著名儒家學者如顏師古、孔穎達、令狐德棻、李百藥等人參加。

　　貞觀十一年三月，《貞觀新禮》最後修成。《貞觀新禮》共138篇，比貞觀七年修訂的新禮多了8篇。成書之後，顏師古、孔穎達、令狐德棻、李百藥等都晉爵為子，可見唐太宗對這項工作的重視與讚賞。

　　《貞觀新禮》內容完備，既合乎人情，為百姓所接受，又具有一定的約束力，規範百姓的言行。為了適應當時的政治形勢，孔穎達等人根據風俗人情對三禮進行了變通，主要表現在吉、凶、軍、賓、嘉五禮的一些具體規定和禮節上。比如在姨舅服制的問題上，按照古制，姨服很重，小功5月；舅服較輕，緦麻3月。

修訂《貞觀新禮》時，唐太宗提出，舅之與姨，親疏相似，而服紀有不同之處，這在道理上是講不通的。於是，魏徵、令狐德棻等就將其改為舅姨同服小功的規定，既堅持了古禮的原則，又有所變化。作為一世英主，唐太宗對於「禮」的見解不同於一般世俗的觀點，他本人的行為也在遵循古禮的前提下，以比較開明的心態，做到了與時俱進。

貞觀十七年，唐太宗生日那天，他心情沉重地對近臣訴說：「今天是我的生日，按照風俗應以生日為喜樂，宴請親朋好友。朕此時卻特別思念自己的雙親。如今，自己君臨天下，富有四海，而想侍養父母，卻再也不可能。從前，仲由侍奉父母時，自己吃糠咽菜，卻為父母借米做飯。父母亡故後，便到楚國經商，擁有百萬資產，成為富翁。子路很痛苦，因為想自己吃野菜而為父母借米做飯已經不可能了。父母生育我，多麼辛苦啊，為什麼在父母辛勞的日子裡卻要進行宴樂活動呢？這並不合於禮。」所以，唐太宗認為為自己的生日再去勞累父母，實在不符合禮法。他的觀點與傳統習俗相同，想法新穎別緻。

避諱是禮的重要內容之一，一般說來對帝王的名字要避諱。太宗即位後卻對侍臣說：「前代帝王，活著時並不避諱自己的名字，周文王名昌，《詩經》中有『克昌厥後』的詩句。魯莊公名同，《春秋》中有『齊侯、宋公同盟於幽』的記述。近代以來的帝王，妄自尊大，讓人們避諱他的名字，於禮不合，應當改革。今後，官號、人名和公私之籍中有「世」和「民」字，只要兩個字不連讀，就不必避諱。」

唐太宗的這一態度，與那些為強調皇權獨尊而強求臣民避諱，甚至因此而殺人的帝王相比，要開明得多。禮部尚書王珪的兒子敬直娶唐太宗的女兒南平公主為妻，王珪認為：按禮的要求，兒媳應該拜見公爹、公婆，即便是公主也應如此，我接受公主的參拜，不是為了自身榮耀，而是不使國家禮儀遭到破壞。

大力革新禮樂制度

於是，王珪與妻子就位而坐，讓南平公主參拜，並讓公主手捧水盤，自己在水盤中洗手。而按照傳統做法，歷代帝王都強調皇權的獨尊，與「皇」字沾邊的都尊貴無比，皇子、皇妃也要受朝臣參拜。唐太宗知道這件事後，沒有認為自己的女兒受到委屈，反而稱讚王珪做得對。並規定以後公主出嫁，都按此行禮。

禮儀制度對於維護封建統治十分重要，魏徵對此深有認識。他在《論時政疏》中就曾指出：「為國的根本，要看德禮，君主要保其地位，在於講誠信，講誠信就可以立於天下，百姓就不會有二心，德禮誠信，是立國之本。」

魏徵提出，君主要以禮對待臣下，從而調整好君臣關係。他說：「君主能夠遵守禮儀，臣下才能竭忠盡智，上下之間要相互信任，上不信下就沒有辦法指揮他，下不信上就不能更好地侍奉他，這是值得相信的道理啊！」

唐太宗十分贊同魏徵的話，貞觀年間，君臣相互信任，約之以禮，出現了上下和諧的君臣關係。唐朝建國之初，首要的任務是平定天下，來不及制定新的音樂，典禮儀式沿用隋朝的《九部樂》。南北朝時期，由於種族與地域的隔閡，形成以「齊、梁之音」為代表的南樂與以「周、齊之音」為代表的北曲。

大唐的統一，打破了南北地域的界限，唐太宗順應時代潮流，確立了修訂《大唐雅樂》的原則：打破南音、北曲的界限，融合南北樂曲，把南北音樂、胡漢之聲熔為一爐，賦予貞觀新樂以嶄新的內容，體現天下一統的氣勢，讓人們在享受音樂的同時，受到道德的薰陶。

在太常少卿、著名的音樂家祖孝孫等人的努力下，《大唐雅樂》製成，其中包括燕樂、清商樂、西涼樂、扶南樂、高麗樂、龜茲樂、安國樂、疏勒樂、康國樂和高昌樂。這十部樂曲既可按曲演奏，又可隨聲起舞。《大唐雅樂》是我國各民族文化融合和中外文化交流的豐碩成果，它的出現，奏響了健康向上、天下一家的和諧樂章。

唐太宗不僅銳意改革原有的音樂舞蹈，而且還親自創作改編了新的歌舞。武德三年，李世民平定劉武周，收復並、汾故地之後，慶賀勝利，軍民載歌載舞，當時唱的歌叫《秦王破陣樂》，是表現李世民顯赫戰功的讚歌。

貞觀六年，李世民進行了改編，使其變為雅樂，在殿堂演奏。唐太宗還向群臣解釋說：「我過去受委派征討各地，民間就有這支曲子，雖然沒有文德雍容，但是我的功業是由此建立的，我不敢忘記這個根本啊！」

貞觀七年，李世民又親自設計了一張《破陣舞圖》，請著名的音樂家呂才擔任藝術指導，按圖教練樂工 120 人舞蹈，舞者身著戎裝，象徵車騎與步兵相間，往來擊刺，還以樂隊伴奏，歌者伴唱。另外，還請魏徵、虞世南等人改制歌詞，更名為《七德舞》。七德典出《左傳》「舞有七德」，意為發揚武功聖德。

貞觀六年九月，唐太宗親幸誕生地武功別館（已改名慶善宮），賞賜鄉里父老。故地重遊，觸景生情，感慨萬端，不禁賦詩十韻，表現對故土的懷念和勝利的豪情。不久，呂才為這些詩譜曲，命名為《功成慶善樂》。還挑選 64 名身著盛裝的兒童，伴著優雅的樂曲，翩翩起舞。《功成慶善樂》的舞步輕緩雅緻，與《七德舞》一文一武，對比鮮明，象徵了唐太宗的文治武功。

唐太宗對音樂藝術的社會作用的認識也頗有見地。他和群臣就音樂的作用進行了討論，御史大夫杜淹說：「北齊將要滅亡，齊王卻作《伴侶曲》，過路的人聽到後，莫不悲哀，稱其為亡國之音。由此看來，國家興亡，與樂有關。」

唐太宗反駁說：「不然！聲音並不能改變人的行為。同一首樂曲，歡樂的人聽到後感覺喜悅，哀愁的人聽到後感到悲哀，悲哀和喜悅在於人心，並不在於樂曲。將要滅亡的政權，人心煩惱，苦怒相感，聽到後自然悲哀，樂曲悲哀能使快樂的人也悲哀嗎？如今，《玉樹後庭花》和《伴侶曲》還存在，朕能演奏，諸位聽到後，肯定不會悲傷。」

大力革新禮樂制度

魏徵說：「樂在人和，不在音調。」

唐太宗非常贊同魏徵的見解。「樂在人和」的思想，正是對音樂藝術社會作用的理解，強調「人和」是「樂和」的前提，體現了貞觀君臣的民本思想。

貞觀七年，唐太宗在玄武門宴請三品以上的官員，樂工表演《秦王破陣樂》，該樂表現的是唐太宗做秦王時擊破劉武周的故事。

太常卿蕭瑀對唐太宗說：「《秦王破陣樂》在全國表演十分普遍，然而對於當年擊破劉武周的英雄氣概表現得還不夠充分，應當讓樂工生動形象地表演出劉武周、薛舉、竇建德、王世充被擒獲時的狼狽形態，展現艱苦卓絕的戰爭場景。」

唐太宗不同意，並解釋說：「當年天下未定，群雄並起，朕為了拯救萬民於水火之中，不得已才領兵征戰，民間據此內容編成舞曲，國家又在此基礎上進行改編。然而，舞曲雅樂的內容，只是當年戰爭的一個大概，如果表現得十分具體，容易聯想到具體的人。朕現在的許多文臣武將中，不少人以前都是劉武周、薛舉、竇建德的部下，如果讓他們重新觀看當年被擒獲的形象，勢必會引起他們的痛傷，所以不能更改。」

蕭瑀聽後，連忙承認考慮欠周全。其實，如果真像蕭瑀所說的那樣去表現唐太宗的英明決策和敵人的負隅頑抗，倒是能很真實地表現唐太宗的盛德、神威和武功，但卻會使君臣關係蒙上陰影，不利於君臣之間的「人和」。

注重修史與教育

從秦王到天子，從創業到守成，唐太宗體會到了文治的重要性。由於唐太宗注重以古為鏡，以史為鑒，所以貞觀年間出現了前所未有的修史盛況。

大約從秦漢到魏晉時期，我國沒有固定或專門的修史機構，史官或附屬蘭台，或歸東觀管理。北齊始設史館，由祕書省管理。為了加強皇帝對修史工作的控制，唐太宗把史館移至宮禁之中，並由宰相直接監修史書。這樣，史官的地位和待遇都相應有所提高。

唐太宗設置史館的主要目的是修撰國史和前朝史書。唐朝的國史有起居注、實錄和國史三種類型。

起居注是一種編年體史書，記錄皇帝的言行，由門下省兼任起居郎負責。實錄是皇帝政事的總結，由史官編寫。貞觀年間撰寫的實錄有《高祖實錄》和《今上實錄》。

唐太宗還令史官姚思廉等根據中央和各地報送史館的有關資料，修成國史 80 卷，開有唐一代 8 次撰修國史的先河，為後晉、北宋修新舊《唐書》等，積累了大量珍貴的一手材料。

唐太宗有句名言，即「以古為鏡，可以知興替」。「以古為鏡」，就是吸取歷史上治亂興衰的經驗教訓，對照現實，勵精圖治。為此，唐太宗不惜耗費巨資，組建了強大精幹的史官團隊，大修前代史書。

貞觀年間由國家主持修撰的前代正史有六部。《梁書》、《陳書》、《北齊書》、《周書》和《隋書》，史稱「五代史」，另外還有《晉書》，占整個封建社會所修二十四史的四分之一，可謂盛世修史的壯舉。

唐太宗是一位比較重視總結歷史經驗教訓的皇帝。他平時喜歡讀史書，他在自己撰寫的《金鏡》中記述說：

注重修史與教育

朕日理萬機，仍抽空瀏覽前代歷史，仰望歷代帝王的高風亮節，觀察歷代的遺蹟。興盛和衰亡，都有它的規律性。每當我讀到堯舜治國時，便浮想聯翩，讚歎不已；讀到夏桀商紂、秦漢暴君時，便有如臨深淵、如履薄冰的感覺。

唐太宗還提倡臣下讀史。貞觀三年，為了獎勵涼州刺史李大亮的上書直諫，特賞賜荀悅《漢紀》一部，並稱讚該書敘事明了，議論深刻，要李大亮好好閱讀。以史書作為獎品獎勵臣下，史上罕見，顯示了唐太宗的過人之處。

不僅愛讀史書，而且對於載於史籍的事情，唐太宗不盲從偏信，能夠以冷靜客觀的態度，提出自己的看法。貞觀初年，有白鵲在寢殿內的槐樹上築巢，叫聲十分動聽，苑內又有靈芝仙草出現。

大臣們紛紛以出現吉祥的徵兆向唐太宗慶賀，唐太宗酌古鑒今，對大臣們說：「朕見你們都以見到祥瑞為好事，上表慶賀。我卻想假如天下太平，百姓家給人足，安居樂業，即使沒有祥瑞出現，也可以德比堯舜；如果政局不穩，國困民窮，百姓怨憤，即使靈芝滿街、鳳凰滿樹，與夏桀、商紂又有什麼不同呢？我曾聽說後趙石勒時期，有人用連理枝作柴煮白鵲肉吃。可見當時作為吉祥之兆的連理枝和白鵲很多，難道能說石勒是明君嗎？隋文帝愛好祥瑞，祕書監王劭又用歌謠、圖讖、佛經加以美飾，撰成《皇隋靈感志》30卷，宣示天下，讓百姓洗手焚香，閉目誦讀，曲折有聲，猶如歌謠。我看到史書上的這些記載，認為荒唐可笑。作為君主，如果能得到百姓擁護，就是最大的祥瑞。自此以後，各州縣再有祥瑞出現，不必申奏。」

讀史的目的在於以古為鏡，引以為戒。唐太宗在處理國政時，經常引古證今。玄武門政變不久，太宗重用了曾經反對過他的原東宮和齊王府的人才，卻沒有對秦王府中的平庸之輩授以高官。

秦王府的人感到不公正，中書令房玄齡將這一情況向唐太宗作了匯報。唐太宗說：「古代被稱為公正無私的人，都是公平地對待任何事情。丹朱、商均分別是堯、舜的兒子，因為無能而被廢；管叔、蔡叔是周公的叔叔，因為不賢而被殺。所以君主應以天下為公，不偏私任何人。諸葛亮是小國蜀漢的宰相，還聲稱自己心如秤桿，不能不公正，又何況我如今治理大國呢？朕與你們的衣食都出自百姓，就應當事事為百姓著想，我任人唯賢，而不是任人唯親，就是為了百姓的安定。」

唐太宗設置史館，大修國史和前代史書，而且在執政的過程中，能夠自覺地以史為鑒，這也是促成貞觀之治的重要因素。

如果說修史是為了借鑑前人，那教育就是要教化後人。唐太宗即位以後，對自己小時候好弓馬騎射，長大後又長期征戰，無暇讀書的經歷，非常感慨，深感讀書博學的重要性。

另外，唐代學校與科舉的關係極為密切，由中央學校選拔出來的「生徒」和由州縣薦舉的「鄉貢」，是參加科舉考試的主要生源，因此，學校可謂科舉的後備隊、官員的養成所。

為了培養和選拔德才兼備的合格人才，太宗對學校教育極為重視，他採取以下措施，大力復興教育事業。

唐太宗時期，唐代的教育制度逐漸完備，確立了中央、州、縣3級官學制度。在中央，以國子監為最高學府。國子監所屬有國子學、太學和四門學3種學校。

貞觀元年，唐太宗下令擴充國子監所屬3種學校的學生人數。其中，國子學學生300人，招收文武三品以上官員的子孫；太學學生500人，招收五品以上官員的子孫；四門學學生1,300人，招收七品以上官員的子孫，以及平民中有才華者。國子三學的學生總數為2,100人，比唐初擴大了6倍多。

　　唐太宗詔令在國子監之下設立書學、算學和律學，分別培養書法、數學和法律等方面的專門人才。學生來自兩個群體：一是八品以下官員的子弟；二是庶人中精通其中一門學問的人。這樣，唐初的國子三學就變成了國子六學。

　　唐太宗還設立了弘文館和崇文館，在皇親國戚和三品以上京官子弟中選拔，兩館分別招生 30 人。

　　為了鼓勵士子們的學習，唐太宗多次親臨國子監，參加「釋奠」儀式。所謂「釋奠」，就是每年仲春和仲秋，學校師生敬祭先師孔子的隆重儀式。而且前往國子監聽祭酒、博士講論儒家經典，還規定成績優異者除可以舉送到尚書省參加貢舉考試外，還可直接授予官職。甚至連玄武門飛騎經博士授業有能通經者，也可參加貢舉。

　　地方上的學校，主要是州學和縣學，其中優異者，經過州試合格的，可以參加中央的貢舉考試，稱為「鄉貢」。「鄉貢」合格者，就可以獲得做官的候補資格。由於組織上比較健全，物質上有保證，再加上貢舉和入仕的吸引力，貞觀時學校迅速發展。

　　國子監的高官有祭酒一名，司業二名。六學中各有博士、助教多人，負責具體的教學活動。唐太宗十分重視教師的選拔和任用，面向全國徵聘儒學大師，名儒孔穎達、馬嘉運、司馬才章等都曾被徵召到國子監講學。王恭原來在鄉間教授弟子，聲名遠颺，貞觀初年被任命為太學博士。

　　鑒於儒家《五經》師說多門、眾說紛紜、文字有異、章句繁雜的情況，命顏師古考訂《五經定本》，令孔穎達等編撰《五經正義》，作為國子監的教材。這樣，就使學生們學有依據，不至於因文義不同而無所適從，為學校師生和科舉考生提供了統一教材和參考書籍。

　　唐太宗還下詔允許中外各國的酋長及貴族子弟在國子六學就讀。國內的少數民族酋長如吐蕃等派其子弟，千里迢迢到長安學習；新羅、百濟、高

麗、日本等國的統治者，也仰慕貞觀之治，紛紛派遣子弟到唐留學，國子監成為當時世界上規模最大的學府。

為了更好地招納人才，唐太宗還大力推行科舉取士的制度。所謂科舉制度，就是由朝廷設立科目，透過分科考試的方式，把統治階級認為合格的人才推舉、選拔出來，讓他們擔任政府的官吏。

科舉制始創於隋文帝時期，它打破了九品中正制下士族門閥對官場的壟斷，是中國官員選拔制度的重大變革。但隋朝只有「進士科」，也沒有形成定制。唐太宗即位後，社會安定，教育飛速發展，科舉制逐步走向成熟和完善。

可以參加科舉考試的，有生徒、鄉貢和制舉 3 種資格或途徑。生徒來源於學館，即國子學、太學、四門學、律學、書學、算學和弘文館、崇文館等京師六學和兩京各館的考生；鄉貢來自地方，為各州、縣選拔進貢來中央參加考試者；而「制舉」則是根據特定的需要，以天子的名義徵召各地知名人士，由州府薦舉到京都應試。

唐代科舉的科目有秀才、進士、明經、明法、明書、明算六科，其中又以明經、進士兩科影響最大。由於進士的仕途明顯優於明經，所以，舉子們對進士科的考試趨之若鶩。

由於進士難考，為了達到取中的目的，應考的舉子常常在考前和考試期間想出種種辦法進行活動，讓達官貴族、社會名流瞭解自己的才華。他們「跑關係」常用的辦法叫「行卷」，並非卷子會跑，而是把自己的詩文獻給達官貴人或者學界名流，請他們把自己推薦給主考官。一次不行，就再送一次進行「溫卷」。

當時有句諺語，「三十老明經，五十少進士」，意為舉子們 30 歲考中明經，已屬老於科場；50 歲中進士，還算年輕，屬少年得志。唐人趙嘏一語

破的 ：「太宗皇帝真長策，賺得英雄盡白頭。」可見進士登第之難。

士人考中了進士，就取得了做官的資格，但是真正得到官職還得經過吏部的考試。這個考試就叫「銓選」。銓選合格的，就呈請皇帝授給官職。

銓選考試的內容一共有 4 項 ：一是「身」，就是指相貌外表要端正 ；二是「言」，就是指言辭表達要清楚 ；三是「書」，是說字要寫得端正美觀 ；四是「判」，就是要有審定文字的能力。

考中了進士，叫做「及第」，其中第一名叫狀元，第二名叫榜眼，第三名叫探花。後來，到了武則天的時候，皇帝還在宮殿上親自出題考試。所以那時有人把進士叫做「天子門生」，因為他們是由皇帝親自考取的。

科舉取士，打破了貴族壟斷仕途的局面，許多貧寒子弟透過科舉做了高官。李義府出身貧寒，透過科舉考試入仕朝廷，他擔心出身卑微，不受重用，賦詩感嘆說 ：「上林許多樹，不借一枝棲？」

唐太宗說 ：「我將整棵樹都借給你，難道只是一根樹枝嗎？」唐太宗的一句話，打消了李義府的顧慮，後來官至宰相。透過科舉，朝廷選拔了大批人才，當唐太宗在金殿上看到新進士魚貫而出的盛況時，情不自禁地說 ：「天下的英雄，都來到我這裡了。」

在推行科舉制的同時，貞觀時期也保留了「恩蔭」制度，一些貴族官僚子弟可憑藉父祖的官爵而任官，但恩蔭並不是選任官員的主流，它只是科舉制的補充形式而已。

唐太宗採取的尊崇儒術、大辦學校、制定禮樂、編纂史書、盛獎科舉等一系列文治措施，對唐代社會的穩定和發展起了重要作用。

依靠積聚平定突厥

歷經 3 年多時間的整飭，勵精圖治，唐朝國力增強，基本上做好了與突厥一決雌雄的準備。這時候，雙方的力量發生了逆轉，突厥由優勢趨向劣勢，唐朝則由劣勢轉向優勢。

貞觀三年八月，代州都督張公瑾上疏奏稱，可以出兵進攻突厥。李世民喜出望外，立刻調兵遣將，整頓軍馬，籌備軍需糧草，決計把握住有利時機，轉入策略反攻，對突厥實施毀滅性的打擊。

唐太宗即位以後，邊患未除，東突厥汗國和薛延陀汗國相繼雄踞漠北地區，騷擾北部邊境；西突厥汗國佔有西域，威脅西北；吐谷渾擁有青海，野心勃勃；吐蕃政權崛起於青藏高原，虎視眈眈。

大唐雖然立國不久，國力不強，但中原漢民族掌握著當時最先進的生產技術，創造了大量的物質財富。周邊少數民族經濟、文化比較落後，以遊牧為生，生活不能自給自足，時刻覬覦中原。所以，擺在唐太宗面前的，是嚴峻的周邊形勢。

突厥是中國北方境內的一個古老民族，最初生活在葉尼塞河上游，後遷入今新疆博格達山，5 世紀中葉又遷至金山南麓，6 世紀時逐漸強盛起來，並逐漸與中原王朝建立了友好關係。

西魏大統十八年，突厥酋長土門建立了突厥汗國，自稱伊利可汗。突厥汗國是在遊牧部落基礎上建立起來的奴隸制政權，最高統治者稱大可汗，大可汗封他的兄弟子侄為小可汗，分別帶領各部落。

隋朝初年，突厥貴族集團分為東西兩部。東突厥控制漠南、漠北等地，西突厥佔有西域各地。東突厥被隋文帝擊敗，納貢稱臣，西突厥也一度衰落。

依靠積聚平定突厥

隋末唐初，東突厥乘中原戰亂重新振興起來，一躍成為雄踞漠北的強國，薛舉、竇建德、王世充、劉武周、李軌、梁師都及高開道等，俱面北稱臣，接受他的封號。

李淵晉陽起兵時，也不例外，連續向啟民可汗的 3 個兒子始畢、處羅和頡利分別稱臣納貢。貪得無厭的東突厥鐵騎，動輒捲土而來，有時竟直逼長安，對唐王朝構成了嚴重的威脅。

面對北方的邊患，李世民坐不安席，食不甘味，一方面感到父皇稱臣於突厥，是一種奇恥大辱；另一方面國家草創，人力物力財力單薄，不敢大肆用兵。

雖然身處兩難之間，李世民並沒有絲毫氣餒，他當時就誇下海口：「十年之內，降服突厥！」因此，他不斷激勵自己奮發圖強，自強雪恥，徹底打敗東突厥汗國。

唐朝建立以後，東突厥頡利可汗和突利可汗聲稱自己對唐朝的建立有功，多次派人到長安索取財物，騷擾北部地區。李世民即位，梁師都尚未平定，唐朝仍無國力抵禦強敵，繼續往朝頡利可汗。然而突厥欲壑難填，準備再次入侵。

唐太宗李世民即位僅半個多月，東突厥頡利可汗聽到唐朝帝位更替的消息，認為是大掠中原的天賜良機。於是，在盤踞朔方的梁師都的策應下，率領 10 餘萬大軍進犯關中，唐行軍總管尉遲敬德在涇陽挫敗突厥，但突厥主力並未受損。不到 5 天時間，主力部隊到達離長安只有 40 多里的渭水便橋北岸。

為了對唐朝進行軍事訛詐，頡利可汗派心腹執失思力一人單騎進入長安，耀武揚威，索要財物，觀察形勢。一時間，京師震動，長安戒備森嚴。執失思力對唐太宗說：「我可汗率兵百萬，列陣渭水北岸，千里而來，總不會空手而歸吧？」

唐太宗回答說：「我與可汗曾訂立和約，如今他卻背約興兵，是何道理？如今興兵進入我京師地區，我應當先斬下你的頭顱，以儆傚尤。」

　　雖然皇帝的寶座還未坐熱，但唐太宗並不慌張。因為根據多年與突厥來往的經驗，他知道，突厥人居住於茫茫草原，以遊牧為生，生活用品匱乏，騷擾的目的是掠奪財物，並無搶奪帝位的想法。當時唐朝的兵力不如突厥強大，他就對大臣們說：「我剛即位，在這個時候要好好治理國家，務必要使天下安定。如果戰事不斷，時常攪擾百姓，使他們流離失所，窮困潦倒，是很難實現大治的。」

　　於是，唐太宗一邊囚禁執失思力，一邊親自率領高士廉、房玄齡等來到渭水便橋之南，與頡利可汗對話。蕭瑀見唐太宗親臨渭水，以為太宗輕敵，扣馬進諫。

　　唐太宗對蕭瑀說：「我已考慮成熟了，突厥此次全軍入侵，認為我剛即位、內部局勢混亂，沒有力量抵禦。我如果閉門守城，突厥一定大喜過望，縱兵掠殺。所以我親臨渭水，告訴他我不怕他們。我還讓軍隊結陣南岸，讓他們知道我們準備決一死戰。突厥遠師而來，害怕交戰後不能快速取勝，不會輕易作戰，就會請和。制敵之策，在此一舉。」

　　頡利可汗突然見唐太宗親臨渭水，十分吃驚。唐太宗高聲喊道：「頡利可汗，我與你訂立盟約，互不侵犯，你為什麼背棄盟約，侵擾我的領土？」頡利理虧無言。

　　唐太宗又指著天說：「我是天子，對不起我，就等於對不起天。你知道這樣做的後果嗎？」

　　頡利可汗不敢回答，突厥的士兵本來就迷信鬼神，目睹唐太宗的英姿，更加敬畏。突然，鼓聲震天，旌旗招展，唐軍主力相繼到達，氣勢壓倒頡利可汗。

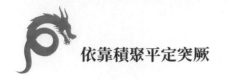

依靠積聚平定突厥

頡利可汗見唐太宗義正詞嚴，毫無懼色，便心生疑忌，以為唐軍已經做好了充分準備，擔心自己不是唐軍的對手，主動請求罷兵議和。唐太宗答應了頡利的要求，雙方收兵一日。

第二天，唐太宗和頡利可汗在便橋之上，斬了白馬，舉行了隆重的儀式，簽訂了「便橋之盟」。

結盟之後，由於得到了大量的金帛財物，頡利帶兵北撤回到塞北。這樣，唐太宗沒有廢一兵一馬，沒有增加百姓的兵役之苦，避免了拚搏廝殺，最終化干戈為玉帛。雖然損失了一些財物，但避免了一場流血戰爭，保證了唐王朝政權的穩定，總體上看，得大於失。

事後，宰相蕭瑀問唐太宗的退兵之策說：「頡利來犯，諸將請戰，陛下不許，不久，頡利自退，用的是什麼策略？」

唐太宗分析說：「突厥的軍隊數量雖多，但軍紀不整，唯利是圖，也不能上下一心。我令長孫無忌、李靖在幽州一帶布置好伏兵，打敗頡利易如反掌。只是我剛剛即位，首先解決的問題是安定，一旦與突厥開戰，死傷必然很多，雖然能打敗突厥，但不能使其滅亡，與其結怨，對我們並不利。如今與他講和，突厥必然產生驕傲情緒，驕傲就是滅亡的開端。」

這段話雖然帶有很明顯的自矜之意，但唐太宗正確分析了突厥南侵的目的。實際上，使突厥退兵的「勝利」，是犧牲大量的財物換來的。所以，唐太宗感到很不光彩，不久，他就把「便橋之盟」稱為「便橋之恥」。

由此，唐太宗感到了邊疆局勢的緊迫性，認識到單靠賄賂求和，不能使周邊地區真正安寧。只有富國強兵，才能立於不敗之地。於是，就加緊訓練府兵，整頓兵制，在發展社會經濟的同時，提高軍隊的戰鬥力，積極為自衛反擊做準備。

每天，他都在大殿前帶將士練習槍法箭技，且賞罰嚴明。他對將士們

說：「突厥入侵，本來是一件很常見的事，但如果平時不加警惕，在安逸的生活中習慣了，忘記戰爭的危險艱苦，那麼當敵人到來的時候就會束手無策。現在我不讓你們修築花園，專教你們學習弓箭，平時我是你們的老師，突厥入侵之時，我是你們的將帥。這樣，全國的百姓就可以得到安寧了。」

一位大臣向唐太宗進諫說：「法律規定，凡是帶兵器到皇宮者，一律處以死刑。如今這些普通將士竟然在大殿上張弓拉箭，萬一出點差錯，對陛下不是很危險嗎？」

唐太宗不以為然，告訴他說：「一個好的皇帝，應該把四海之內的百姓都看作一家人，開誠相見，推心置腹。為什麼要平白無故地猜忌自己身邊的將士呢？」將士們聽到這話，都十分感動，更加刻苦練習。幾年間，唐太宗就訓練出一支驍勇善戰的精銳部隊。

貞觀元年，東突厥形勢明顯惡化，所屬薛延陀、回紇和拔野古諸部族相繼起來反抗其統治。頡利可汗和義成公主信任漢人趙德言，言聽計從。

趙德言恃勢專權，大量變更突厥人舊有的風俗習慣，政令煩瑣苛刻，臣民都不滿意。頡利親近外族人，而疏遠本族人，外族人又多數貪財舞弊，反覆無常，不得人心。加之連年對外用兵，干戈不息，天怒人怨，內外交困。

唐朝眾多官員奏請乘機出兵。李世民問蕭瑀和魏徵：「突厥君臣昏庸暴虐，面臨危亡，若是現在出兵討伐，我們已經跟他訂立了盟約，師出無名。不出兵，又怕失去機會。如何為好？」

「依臣之見，」蕭瑀對答說，「不如出兵。突厥從來不守信約，窮凶極惡，他不仁，我不義，不滅夷狄，我朝休想安枕。」

「不可背信棄約。」魏徵的看法相反，「突厥並未侵犯邊境，何必勞民傷財，挑起事端？」

「失今不取，更待何時？」

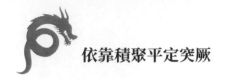

依靠積聚平定突厥

「暫時還不到用兵的時候，目前百亂待治，百廢待興，百端待舉，必須休養生息，撫民以靜。」

魏徵的一席話，啟發了李世民的思路：「百足之蟲，死而不僵。敵我雙方的力量還沒有發生根本性的變化，突厥還沒有走到山窮水盡那一步，還得按兵不動等一等。」於是打消了興師征服的念頭。

最初，突厥國力鼎盛時期，敕勒諸部分散，有薛延陀、回紇、都播、骨利干、多濫葛、同羅、僕固、拔野古、思結、渾、斛薛、奚結、阿跌、契苾和白霫等 15 部，都在瀚海沙漠群以北，風俗習慣大抵跟突厥相同，依附於東突厥。

東突厥內政混亂，薛延陀、回紇和拔野古等先後背離。頡利派姪兒欲谷設統領 10 萬騎軍討伐，回紇酋長菩薩率 5,000 驍騎在馬鬣山迎戰，大破突厥軍。欲谷設倉皇奔逃，菩薩追到天山，俘獲突厥上萬兵馬。頡利威風掃地，回紇聲震一方。薛延陀與回紇相互配合，協同作戰，也打敗了東突厥來襲的軍馬。

這一年冬天，連降大雪，積雪深厚，牛羊馬多數被凍死，突厥糧食奇缺，草料匱乏，處在危困之中。

東突厥日益衰敗，百姓紛紛離散，又遇上天降大雪，平地積雪達數尺厚，馬羊牛等牲畜大量凍死，百姓飢寒交困。頡利恐怕唐朝趁他處境困難發動攻擊，於是帶領兵馬進抵朔州邊界，揚言狩獵，實際上帶有防備的意思，展示一下軍威。

鴻臚卿鄭元璹出使東突厥還朝，奏報唐太宗說：「戎狄的興衰更替，在牛羊馬匹上可以看出來。突厥百姓饑荒，牲畜瘦弱，是亡國的徵兆，看來不會超過 3 年。」

唐太宗對蕭瑀和長孫無忌說：「頡利君臣昏庸，危亡只在旦夕。如果征伐，有違渭橋盟約；如果不征伐，又恐坐失良機，如何是好？」

長孫無忌回答說：「如果突厥不進犯而征伐，是棄信勞民，不可不考慮。」這番話打消了唐太宗的出兵念頭。

「陛下，現在該出兵啦。」大臣們都勸說李世民乘機襲擊東突厥。

唐太宗對大臣們說：「每個人都應該講信用，何況是一國之君呢？我們既然與突厥訂立盟約，就不能乘突厥災荒之機出兵攻襲。乘人之危出兵，獲得勝利，並不光彩。即使突厥諸部叛亂，六畜都死，我也要堅守信用，絕不出兵。」

「那要等到什麼時候？」

「一定要等到他先行冒犯，然後才進行討伐。」

貞觀二年，西突厥葉護可汗派真珠統俟斤陪同前年出使西突厥的唐高平王李道立來到長安，呈獻鑲嵌寶石的馬鞍和用金絲裝飾的馬韁，以及駿馬5,000匹，迎娶唐朝公主。

東突厥害怕唐朝與西突厥和親，不斷派兵騷擾唐朝的邊境。又派人警告葉護說：「你想迎娶唐朝公主，要知道，必須通過我的領地！」葉護被嚇住了，不敢去長安娶親。

西突厥跟東突厥的關係更加惡化了，這樣，唐朝也就達到了離間兩突厥的目的。唐太宗又採取措施進一步孤立東突厥，在其內外煽動背叛分裂。東突厥突利小可汗的御帳建在幽州北面，主持東部事務。他和唐太宗結拜成了兄弟，又是郎舅弟兄，一直保持著親切的情誼。奚、霫等部落逐漸背離東突厥，歸附唐朝。

突利置若罔聞，放任自流。頡利非常惱怒，訓斥了突利一通，然後命他帶兵攻打薛延陀和回紇。突利吃了敗仗，一個人單騎逃回來。頡利煞如閃電撕碎烏雲般地暴怒起來，鞭笞突利，還把他囚禁了十幾天。突利更加怨恨頡利，準備叛變。

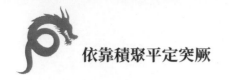

頡利幾次向他調軍，他都不理睬，反而上表唐太宗，請求到長安朝見。唐太宗像一個農夫播下了種子，不久就將看見嫩苗長出來那樣的喜悅，樂陶陶地對大臣們說：「從前，突厥強大，擁有雄兵百萬，侵凌中原，驕橫放縱，喪失民心，如今陷入了困境。」

「突利請求依附，」魏徵說，「假如不是走上了窮途末路，怎肯如此？」

「朕也有同感。閱讀表文時，既歡喜，又不安。道理很簡單，突厥衰弱則我北方邊塞安寧，所以歡喜。然而朕若有過失，日後也會跟突厥一樣，能不擔憂嗎？」

頡利可汗發兵攻打突利小可汗，突利派人向唐朝求援。唐太宗召集文武大臣商議，說：「朕與突利結為兄弟，他有急難不能不救。可是頡利跟朕也訂立了盟約，如何對待為好？」

「戎狄不守信用，」杜如晦直接地說，「終究會背約，不如趁其內亂消滅他們。《書經》指出：『取亂侮亡。』謀取離亂者，征服自尋滅亡的國家，是古代聖人的訓示。」

「我以為還得看一看，看準了再說。好事不必從匆忙中開始。」魏徵主張坐山觀虎鬥。

唐太宗也覺得大舉興師打擊頡利可汗的條件還不成熟，於是，採納了魏徵的意見。

於是，唐太宗命將軍周範屯兵太原。頡利可汗迅速做出反應，擁兵與唐軍對峙。這時，有人向唐太宗建議徵發民役，修築長城，以阻擋突厥。

唐太宗不同意，他說：「突厥境內，在炎炎盛夏卻出現霜凍。據說天上同時出現5個太陽，連續3個月沒有黑夜，災害不斷，凶兆萬端，而頡利卻不修德養善，這是不畏敬上天。遷徙無常，游無定居，這是不畏敬地神。突厥的風俗是死後焚屍，如今卻起墳造墓，有悖祖先傳下的規矩，這是慢待鬼

神。頡利與突利不和，內部相互殘殺，這是不和睦親人。憑這四點，就足以使他滅亡，根本用不著修築長城來阻止他。」

這時，契丹部落酋長率部眾向唐朝投降。頡利派使節來到長安，提出用梁師都來換回契丹。

唐太宗沉下臉來，斷然拒絕道：「契丹人跟突厥人是兩個種族，他歸附大唐，你們有什麼資格來討還？梁師都本是中原漢人，侵占土地，欺壓百姓，突厥卻一再庇護他。大唐出軍討伐，你們總是救援。如今他好比魚游釜中，早晚將亡。即令一時不能消滅他，也不會用歸附的民族搞什麼交換。」

「陛下用不著生氣，」突厥使節感到渾身像長出了許多芒刺，很不自在，「我們並無惡意。」

「好意惡意，你我心中都有數。」

「那就告辭啦。」

「恕不遠送。」

唐太宗把唇髭翹起的尖端咬在嘴裡，揚起眉毛，龍目閃閃放光，給對方擺出一副泱泱大國之君的風度和神聖不可侵犯的姿態。突厥使節碰了個硬釘子，窘得手足無措，茫然行了唐人的跪拜人禮，垂下頭，灰溜溜地走了。

在此之前，唐朝得悉東突厥政局腐敗混亂，已無力庇護梁師都，唐太宗曾致函曉諭利害，勸梁師都歸降。梁師都執意不從。房玄齡、杜如晦和魏徵建言採取騷擾方略，挑起梁國內亂。

唐太宗便命夏州都督府長史劉曼、司馬劉蘭成設法對付他。劉曼等不斷遣輕騎踐踏梁國農田的莊稼，又使用反間計，離間其君臣關係，降唐的人接踵而至。

梁國名將李正寶等密謀將梁師都抓起來，事情敗露，逃奔唐朝，梁國朝廷上下越發猜忌。劉曼判斷時機等到了，上疏朝廷，請求出兵。

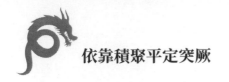

依靠積聚平定突厥

唐太宗派右衛大將軍柴紹、殿中少監薛萬均率師出征，又讓劉曼據守朔方東城，形成夾擊之勢。梁師都引導東突厥軍抵達東城城下。劉蘭成偃旗息鼓，按兵不動。

梁師都被鎮住了，半夜過後緊急撤退。劉蘭成尾隨追擊，大敗梁軍。東突厥出動大軍救援，柴紹等迎戰，在距朔方不遠處兩軍相遇，唐軍奮力拚殺，大破突厥軍，進圍朔方城。城中糧草斷絕，被擊敗的突厥軍不敢援救，梁師都的堂弟梁洛仁殺死梁師都，獻城投降。唐朝在朔方設立夏州。

西突厥葉護可汗被其伯父弒殺，其伯父繼承汗位，自稱候屈利俟毗可汗。國人不服，弩矢畢部落推舉泥孰當可汗，泥孰不應允。葉護的兒子咥力特勒躲避政變，逃到了康居，泥孰迎回他，推舉他當乙毗鉢羅肆葉護可汗。

兩位可汗互相攻擊，戰爭不斷，都派使節到唐朝請求通婚。唐太宗熱情接待，然而態度曖昧，閃爍其詞地搪塞：「你們正在內亂，君臣尚未確定，還談不上求婚。」他勸告各部落保持安定，不要再互相攻戰。

原先依附西突厥的敕勒各部落及西域諸國，都脫離了西突厥汗國。唐太宗派遣長孫無忌和魏徵與敕勒及西域通好，開展通商貿易，增進友好往來。

東突厥北方各部落大都背叛了頡利可汗，歸附薛延陀部落，共同推舉薛延陀俟斤夷男當可汗。夷男不敢接受。唐太宗正要征服東突厥，便派遣魏徵和馬周攜帶冊書，從小道前往薛延陀，封夷男當真珠毗伽可汗，並賜予大旗巨鼓。

薛夷男大喜過望，遣使進貢，在郁督軍山下建立牙帳。薛延陀版圖擴大，東至靺鞨，西到西突厥，南接沙漠，北臨俱倫水。回紇、拔野古、阿跌、同羅、僕固都成為了新崛起的薛延陀汗國的附屬部落。

薛夷男派遣他的弟弟統特勒到唐朝進貢。唐太宗賜給他寶刀和金鞭，表示授予權力：「卿所統管的部屬有犯大罪的用刀斬首，小罪用鞭子抽打。」

頡利可汗得悉薛延陀和唐朝的關係發展到了非常親密的消息後，十分恐慌，不得不採取低姿態，派使節向唐朝稱臣，請求迎娶公主，以女婿的身分進貢財物。

　　正在此時，代州都督張公瑾上疏，陳述對東突厥實施打擊的因由：「頡利可汗奢侈殘暴，誅殺忠良，親近奸佞，是其一；薛延陀等部落均已叛離，是其二；突利、拓設和欲谷設都被他定罪，沒有立身之地，是其三；塞北霜凍乾旱，糧食匱乏，是其四；頡利疏遠本族，親信外族，而外族人反覆無常，我朝遠征軍一旦壓境，他們內部肯定會發生變亂，是其五；中原百姓流亡北方，人數眾多，聚集在山谷險要處，攻打頡利，他們自然會響應，是其六。」

　　張公瑾的分析有理有據，唐太宗接受了張公瑾的建議，找到了大規模討伐東突厥的藉口：頡利既跟唐朝和解，卻又援助梁師都。

　　貞觀三年十一月，唐太宗命兵部尚書李靖為行軍總管，屯兵定襄；以並州都督李勣為通漢道行軍總管，屯兵雲中；以左衛大將軍柴紹為金河道行軍總管，屯兵金河；以營州都督薛萬徹為暢武道行軍總管，屯兵營州；以任城王李道宗為大同道行軍總管，屯兵靈州。幾路兵馬總兵力達 10 餘萬人，整裝待命。由李靖和張公瑾統一指揮，準備全力征討突厥。

　　李靖是隋代名將韓擒虎的外甥，跟從唐太宗李世民南征北戰，多有戰功，具有實戰經驗，善於捕捉有利戰機，出奇制勝。唐太宗令李靖總管征討突厥，正是看中了他的才華和實戰經驗。

　　鼙鼓咚咚，旌旗獵獵，槍影搖空，劍光耀日。金銀盔甲濯冰雪，10 萬貔貅鬼神泣。在唐朝大軍壓境的情勢下，東突厥九位俟斤率 3,000 騎軍向唐朝投降了。

　　拔野古、僕固、同羅和奚部落的酋長也帶領部眾歸順了唐朝。頡利可汗怒不可遏，調遣人馬攻擊西河。肅州刺史公孫達武和甘州刺史成仁重迎戰，

大敗突厥軍，俘虜 1,000 餘人。李道宗也旗開得勝，冒著風雪進軍，在靈州擊破了東突厥軍。突利小可汗到長安朝見。

李世民走下丹階，迎進殿堂，執手噓寒問暖。突利熱淚縱橫，叩頭謝恩。李世民用手掠一掠濃黑的鬍鬚，開心地對左右大臣說：「以前太上皇為了百姓的利益，忍辱向突厥稱臣，朕非常痛苦難過。現在顛倒過來了，突厥可汗向朕磕頭，多少可以洗掉一點從前的恥辱了。」

「小可汗和白雪公主兄妹為朝廷立過汗馬功勞，」長孫無忌奏道，「不要輕視他。」

「突利和朕可算患難之交，是好兄弟。有朝一日，朕要幫助他復興汗國，重建家園。」

貞觀四年正月，天寒地凍，雪虐風饕。定襄道行軍總管李靖率領 3,000 驍騎，冒著嚴寒自馬邑進駐突厥腹地惡陽嶺，將人馬隱蔽下來。夜晚，寒流捲著鵝毛大雪呼嘯而至，群山轟鳴，酷似隆雷滾動。

李靖乘其不備，襲擊定襄城，取得大勝。頡利可汗沒料到李靖出軍異常神速，驚慌得渾如冰水澆身，不安地翕動著鼻翼，顯露出隨時準備逃竄保命的模樣。

隋文帝時期嫁到突厥的義成公主倒是沉著穩重，臉不變色心不跳，平靜得像一潭清水。「風雪狂暴，大軍行動不便，來的不過是小股精銳的騎軍而已。不必大驚小怪，自己嚇唬自己。」她鎮定地說。

「唐朝如果不是舉國出動，」頡利全身痙攣，「李靖一支人馬，絕不敢孤軍深入。」

「大汗一定要穩定情緒，保持冷靜的心態，不要被唐軍氣勢洶洶所嚇倒。與其後撤，還不如以進為退，主動出擊，打下他的威風，把他趕走。」

「人心離亂，士氣消沉，只能三十六計 —— 走為上。」

唐軍神出鬼沒，突厥兵馬一天之內數次受驚，嚇得魂飛魄散。頡利可汗再也坐不安穩了，義成公主也阻止不住了，他下令將御帳遷到了磧口。

　　這時，李靖又派出間諜，或造謠生事，或離間其心腹，或收買內線，或進行恫嚇，製造種種莫名的恐怖，鬧得突厥人膽顫心驚，惶惶不可終日。

　　到了長安，先前投降的突厥人揭發檢舉：「唐朝官民中有人私下給蕭皇后寫過書信，正好可以查實。」

　　李世民瞇起一隻眼睛，沒有吭聲，好像在用心思。張玄素手捧笏板步出班部，奏請道：「陛下，事情非同小可，不可放過，應該當面詢問蕭後，查明事實真相，查個水落石出。」

　　「大唐天下未定時，突厥正當強盛，愚民無知，或許做過不應該的事。現在全國統一，既往的過錯，不必再追究了。」李世民寬容地揮了揮手。

　　「太便宜那些人囉。」

　　「讓他們自己去作反省，進行自我教育，效果可能還好些。朕不想分散注意力，精力要集中在戰爭上面，如何剪滅東突厥，根除國家的禍患。」

　　通漠道行軍總管李勣配合李靖的軍事行動，從雲中出發，向西北進軍。侵肌裂骨的北風捲著雪花，漫天飛舞，雪塵蔽空，遮斷視線。

　　走著走著，狂風鋪天蓋地而來，飛沙走石，天地彷彿連成了一片，核桃大小的冰雹劈頭蓋臉地打下來，打得滿臉腫疼。將士們只好佝僂著腰，用手搗住面孔向前行走。

　　人馬進抵白道，李勣決計採取強攻。他讓左右兩軍從兩側迂迴包抄突厥，堵住他們竄逃的道路。自己帶領中軍主力從正面展開進攻，在最前沿擺開兩列橫 108 人縱 32 人的弓箭手方陣，中間是騎軍方陣，步軍方陣緊隨其後。

　　李勣懷抱令旗令箭，在侍衛的簇擁下，站在高阜望著蔽日的旌旗，林立的刀槍。戰馬踏動四蹄，發出一陣陣嘶鳴，他心頭騰起了熊熊烈火：「我們終

於擁有了強大的騎士軍團，可以遠距離地追逐敵人，實施毀滅性的打擊嘍。」

「好啊，讓瀚海沙漠群在我們的腳下發抖吧！」丘行恭興奮得手舞足蹈。

軍馬排列嚴整，萬箭齊發。弓箭手輪番射擊，壓得敵軍抬不起頭來。騎軍發起了衝鋒，馬刀飛舞，大地在馬蹄的踐踏下發出沉重的喘息聲。突厥軍亂了陣腳，邊抵抗邊後退，人馬像朽木一般栽倒，鮮血染紅了枯黃的草原。

風雪滿天飛揚，塵沙濛濛，混沌一片，酷若扯起的灰黃色帳幔，簡直分辨不出何處是天，何處是地了。戰場上殺得昏天黑地，一會兒渾如野獸吼叫，一會兒又低沉下來，化作哀訴般的尖號。激戰不到一個時辰，突厥兵馬便開始敗潰，逃的逃，降的降。唐軍大獲全勝。

頡利帶著數萬殘兵敗將退到陰山北面的鐵山，尋著一個三面環山易守難攻的地方駐紮下來，一個人坐在大帳中喝悶酒。「李蠻子，你欺人太甚，逼得老子沒有退路了！」他恨恨地罵道。

馬奶酒已把他那紫色臉膛燒灼得變成了馬肝色。他舉起銀碗「咕嘟」灌了一口酒，鬍鬚沾上了星星點點的酒花，他下意識地拿衣袖擦了擦。

「蒼天啊，你為什麼老向著唐朝，而容不得突厥？我們也同樣祭祀你，求你賜福，你卻連年降災。難道你要毀了咱們突厥民族？天不認人，老子也不認天！」

狂怒中，他把馬刀朝陰霾的天空擲了上去。寒風搖撼著樹枝，暴嘯怒號，刮斷了旗杆，刮走了旗幡。雪糝子隨風而至，夾在團團片片的風雪裡，頃刻間迷漫了整個原野。

義成公主也在自己的帳裡進餐，聽到頡利可汗的號叫聲，蹙起了前額。她一心要替隋朝報仇，不斷慫恿頡利南侵。可是老天爺偏要和她作對，天災人禍接連不斷。如今又被唐軍一追再追，風聲鶴唳，草木皆兵。她本想晚上與頡利好好商談一下，如何擺脫困境，謀求一條出路。不料頡利酗酒發瘋，還有什麼好商量的呢？

漠北一旦出現鴉噪，災難就會降臨。頡利的狂號，比烏鴉的叫聲還要陰森可怖，令人毛骨悚然。突厥似乎就要毀在他刺耳的叫聲之中了，或者四分五裂。不，不能讓他任性而為 ── 我復仇的希望會泡湯！ ── 看來還得去勸阻他，開導他向前看，重新振作起來。

　　義成公主穿上銀狐裘，走出氈包，向金頂御帳走去。頡利還在風雪中咆哮，怒吼。沒有人敢靠近他。許多貓狗，平常一紮下營寨就在帳篷周圍竄來竄去，而今也不知躲到哪兒去了。

　　「大汗，」義成公主喊道，「你不要再折磨自己了。我們還有數萬人馬，還有回天的力量。」

　　頡利可汗發洩了一通，累出了一身汗，酒也醒了幾分。胸脯劇烈地起伏著，氣喘咻咻：「別瞎扯，咱不會自輕自賤的。咱只要有一口氣，就要跟李世民幹到底。有他無咱，有咱無他。」

　　「對著幹，方顯出英雄本色。不過，眼下士氣好比退潮一樣跌落，你得趕緊設法挽回他們的鬥志。」

　　「事情真的那麼嚴重了嗎？噢，不要緊的，請相信咱突厥民族的堅韌和頑強。」

　　「我說的是眼下。」義成公主斜睨著他的臉龐，「要是不採取緊急措施，到明天早晨，你只會看到一輪血紅的太陽，周圍連貓狗都消失了。」

　　頡利意識到情勢的危急性，彎腰從地上拾起馬刀插進鞘裡，上前摟著義成公主的肩膀：「咱的好可敦，你提醒得好。走，咱們進帳去，好好談談。」

　　義成公主在御榻上坐下來，頡利可汗割下一片羊胸脯肉，送進她的嘴裡：「吃，它是咱的心頭肉。你說，咱們汗國會毀在咱手上嗎？咱對不起剛毅祖先哇，對不起咱英勇頑強的民族！」他一頭紮進義成公主的懷裡，嗚嗚地痛哭起來，哭得連氈帳都在顫動。義成公主輕輕地撫摸著頡利的腦袋，任憑他孩兒般地哭泣。

等他哭夠了，義成公主才開口說：「別氣餒。你是萬民之主，只要堅強起來，渡過難關，我們很快就會出現轉機的。」

「你可胸有成算？」頡利睜了睜紅腫的眼睛。

「四個字：緩兵之計！」

頡利採納了義成公主的計策，派執失思力到長安覲見唐太宗，當面謝罪，請求傾國降服。

唐太宗遣鴻臚卿唐儉和馬周當正、副使節，前往陰山慰問安撫突厥軍民，又詔命李靖率軍迎接頡利可汗。頡利外表卑屈，言辭尤其謙恭，而內心另有所圖，打算依照義成公主的策劃拖到草青馬肥時，繼續向漠北逃遁，重振旗鼓。

李靖的人馬跟李勣在白道會師，商議說：「頡利雖然挫敗，可是部眾還有很多，勢力還相當強大。假使讓他穿過瀚海沙漠，向北逃走，前面的道路非常遙遠，交通阻隔，我們就很難追到他了。」

「絕不能讓他跟舊部會合，那樣事情就麻煩嘍。」

「現在朝廷的使節已經到了突厥的營地，頡利的警戒定然鬆懈了，要是挑選一萬精騎，攜帶 20 天糧草，潛行到那裡進行偷襲，可以不戰而生擒頡利。」

「對，攻其不備，就地殲滅，才是上策。」

二人不謀而合，便將計謀告訴了張公瑾等主要將帥。張公瑾一手捻著鬍子，帶著深思的口氣說：「皇上接受了頡利投降，我們的使節都在他那裡，怎麼好發動攻擊呢？」

「當年韓信就是靠偷襲打敗齊國的。」李靖解釋說，「我們以軍國大事為重，至於唐儉和馬周等人的性命，那只能靠他們自己相機行事了。」

丘行恭提議道：「事關重大，應該先請詔令。」

「將在外，君命有所不受。千載難逢的良機，不可錯過。倘若奏請朝廷，

往返延宕，而軍機瞬息萬變，耽誤不得。因此，我主張立刻出兵。」

眾人都表示服從將令。李靖親自帶領一支輕騎，不避風雪，連夜出發。李勣隨後跟進。唐軍行進到陰山腳下，發現了馬蹄印在雪地上的痕跡。翻過一座山包後，又見到了大片被踐踏過的草地，並留下了一堆又一堆馬糞。

李靖傳令將士不得喧譁，悄悄前進。黃昏時，連環探馬陸續前來稟報，前方不遠處，有 1,000 多座突厥帳篷。李靖讓人下馬歇息。將士們卸了馬鞍，鬆了馬肚帶，從馬背囊裡拿出草料餵馬，自己就著馬鞍坐下來，以雪代水，吞食乾糧。

午夜時分，唐軍偷襲了突厥的營帳。熟睡中的突厥人沒有防備，還沒有來得及抵抗，便全部成了俘虜，由丘行恭押著他們隨軍行走。

頡利見到唐朝使節，暗自喜悅，大大鬆了一口氣，即命鋪排筵席，以烤全羊招待唐儉和馬周等人。義成公主勸他小心謹慎，多派斥候，提防唐軍的突然襲擊。

頡利得意揚揚地從鼻孔裡發出「嘿嘿」的奸笑，自以為唐太宗中了他的緩兵之計，捋一捋絡腮鬍子，挺著那凸起來的肚子向後帳走去，又尋樂去了。

李靖派出副將蘇定方帶著 200 驍騎做前鋒，每人都備兩匹戰馬，一匹主騎，一匹從騎，利用雪霧掩護急速行軍。進至距突厥御帳 7 里路遠時，才被發覺。

突厥的巡哨匆匆跑到後帳，叩門稟報導：「來了唐軍！大汗，唐軍殺過來了！」

頡利聽到帳外的聲音，拉開門，朝外面瞧了瞧：

「有話快說，有屁快放！」

「大汗，唐軍潛行過來了！」

「看清沒有？」

「咱們都看見了，沒有錯。」

巡哨的話還沒說完，頡利跨出了門檻。他蹣蹣跚跚走進前帳，直視著唐儉和馬周，質問道：「唐天子既然應允咱降服，為何又出兵偷襲？」

「我們一路而來，」唐儉離座立起身子，「並未見到唐軍的蹤影。想必是李總管沒有接到聖旨，所以發兵前來的。」

「可汗不必驚疑，讓我等前去阻攔，定可叫他停止進攻。」馬周補充說。

「快去，快去！」頡利捧著昏昏沉沉的腦袋，疲軟地坐下了。

唐儉和馬周等出了大帳，翻身上馬，揮鞭疾馳而去。

頡利可汗沒做任何準備，靜等著唐儉返回。唐朝大軍逼近的警報不斷傳來，頡利可汗方才感到勢頭不對。當他驚慌走出帳篷時，只見漫山遍野布滿唐軍，他慌忙騎馬逃跑。

唐軍闖入突厥營地，如入無人之地，很快就把頡利可汗的部隊徹底擊潰。頡利可汗沒有逃出多遠，就被唐軍活捉。

不到半年的時間，不可一世的東突厥被征服了。東突厥滅亡的消息傳來，唐朝舉國上下一片歡騰。唐太宗興奮不已，對侍臣說：「從前，對突厥稱臣，朕坐不安席，食不甘味。今出師北疆，連連得勝，洗雪國恥，大快人心。」

於是，唐太宗大赦天下，祝酒 5 日，而且重獎李靖、李勣等將領。御史大夫溫彥博妒忌李靖的軍功，說李靖軍無綱紀，致使突厥的奇珍異寶落入散兵之手。又說突厥本可招降，李靖不顧唐儉等人的性命，貿然出兵，是貪天功為己有。

唐太宗不但不責怪李靖，反而對溫彥博大加責備，並對周圍的大臣們說：「從前，隋朝大將攻破達頭可汗，有功不賞，反而以罪被殺；朕則不然，有功必賞。」

聽到突厥歸降的消息，唐高祖李淵十分感慨地說：「我們的軍隊能滅掉突厥，活捉頡利可汗，真是揚眉吐氣啊！」他還讓唐太宗和公卿大臣們以及貴妃等人舉行盛大宴會，慶賀勝利。宴會上唐高祖親自彈起琵琶，唐太宗即興起舞，熱鬧非凡。

東突厥汗國滅亡以後，其歸降的部眾有 10 萬多人，如何安置他們，是擺在唐太宗面前的亟待解決的重要問題。為此，唐太宗與大臣們展開了一場討論。

有人說：「突厥長久以來危害中原，今天滅亡而歸降，並非自願，而是不得已。請將突厥各部落遣散到黃河以南的兗州和豫州一帶的空閒地帶，使他們遠離本土，散居到各州縣，教給他們耕田織布，將他們轉化為國家的編戶農民。如此一來，大唐可增加戶口，塞北自然空虛，邊患可永久解除。」

中書令溫彥博提出了不同意見，他說：「漢朝時，將歸降的匈奴安置在五原塞下，保全他們的部落，不改變他們的生活習慣，並對他們進行安撫，一則可利用他們守衛空虛的邊塞地區，二則表示對其無猜疑之心。這是以德懷遠的道理。如果將突厥安置在兗、豫內地，其不服水土、不習風俗，偏離他們的故土，這並不是最好的辦法。」

祕書監魏徵認為：「自古以來，突厥與中原為仇，如今被迫降服，即使不將其誅滅，也應遣返到黃河以北，勢弱則歸附，勢強則反叛，無義無信，這是他們的天性。自秦漢以來，所以用精兵良將抵禦他們，就是不讓他們接近中原。陛下怎麼能讓突厥居住在黃河以南呢？況且歸降者多達 10 萬，數年之後，滋生數倍，而近在京畿，這就是心腹之患。」

針對魏徵的意見，溫彥博說：「實際不然。天子對於四夷，就像天地滋養萬物，如今突厥破滅，餘眾歸附，如果不加哀憐而棄之不問，不合天地養養之義，而有阻滅四夷之嫌。臣以為置突厥於河南，是使他們死而復生，亡

而復存，他們將感恩戴德，怎會有反叛之理？」

中書侍郎顏師古、給事中杜楚客、禮部侍郎李百藥等都勸太宗將突厥安置在河北地帶，使其分為許多部落，互不相屬，最終也形不成抗衡唐朝的力量。

經過激烈爭辯，唐太宗最終採納了溫彥博的意見，以懷柔為主，教化突厥。將突厥降眾安置在東自幽州西至靈州的廣大地域。設立順、祐、化、長四州都督府，以四州都督府統轄突厥人。任命突利為順州都督，讓他帶領部眾返還原地。

臨行前，唐太宗對他說：「你的祖先在破亡之際，投靠隋朝，依靠隋的支持逐漸強大起來。對隋的恩情，卻未曾報答，到你父始畢時反而成為隋朝的隱患。自你以後，又每年都侵擾中原。蒼天有眼，大降災難，你等到窮途末路才來歸順，我之所以不立你為可汗，正是吸取隋朝的教訓。我想讓中國長治久安，也希望你們突厥家族長遠，所以授你為順州都督。你應當不負朕望，依我國法，管理好部眾，不得妄想侵掠，如有違犯，定當重罰。」

在原來由突利統轄的地區，分置了順、祐、化、長4州。又在突厥原來居住的漠北地區分置北開、北寧、北撫、北安等州，並分為左右兩部，左置定襄都督府，右置雲中都督府，以統轄突厥人。

同時，還把突厥各部投降的大小酋長，遷到京都長安，拜為將軍、中郎將，其中五品以上的高官就有100多人。隨從這些酋長遷入長安的，將近萬家。

因為突厥長期騷擾邊地，劫掠民財，破壞生產，民眾不能安居樂業。平定突厥後，北境平安無事，使生產迅速發展起來。突厥勢力強大時，窺視中原，企圖分割唐朝的土地，還與唐朝的一些地方割據勢力狼狽為奸，破壞唐朝的統一。唐太宗對突厥的戰爭，順應了國家統一的歷史潮流，從性質來講，是正義的戰爭。

唐太宗為了對付突厥，長期隱忍。忍的目的是為了積蓄力量，後發制人，並不代表著屈服。唐太宗的過人之處，就在於忍一時而奪一世，最終以強硬手段制服突厥，洗雪了長期臣服突厥的恥辱。

唐太宗對突厥降眾的安置，摒棄了狹隘的民族偏見，體現了大國天子的寬闊胸襟。因此，唐太宗得到了東突厥和漠北各少數民族酋長及百姓的衷心愛戴，被他們尊為「天可汗」。唐太宗愉快地接受了這一尊號，宣布此後所有發往西域、北荒等地的文書中，皇帝都稱為「天可汗」。

促使北方逐漸安定

　　薛延陀分薛和延陀兩部，原是鐵勒部的一部分，由秦漢時期的匈奴族發展而來。隋朝時期，薛延陀散居於東起蒙古、西至裡海之間的廣袤地區。在突厥強大時，東、西突厥對薛延陀進行野蠻統治，其中，東突厥的統治尤其殘暴，民族仇視情緒十分強烈。

　　貞觀二年，西突厥境內的7萬多薛延陀人在酋長夷男的帶領下，樹起反叛大旗，並往東越過金山，遷徙到漠北，進入東突厥境內。東突厥衰敗後，夷男乘機發展勢力，逐漸控制了漠北地區，迫使東突厥南遷進入漠南地區。

　　貞觀二年，唐太宗為了對付東突厥，便採取遠交近攻的策略，拉攏北方的薛延陀，企圖與之南北夾擊東突厥，便派游擊將軍喬師望為使者，潛入漠北地區，冊封夷男為真珠毗伽可汗，並贈送了一些禮物。夷男十分高興，派遣使臣致謝，表示歸附唐朝。

　　貞觀三年，夷男派遣其弟統特勒向唐朝進貢，唐太宗熱情招待，賞賜精刀和寶鞭，並對薛延陀的使者說：「如果誰有過失，可用我的寶鞭抽打他。」夷男對此引以為榮。東突厥頡利可汗聽說後十分恐慌，也連忙遣使唐朝，表示臣服。

　　貞觀四年，東突厥滅亡，北方形勢發生了變化，夷男率薛延陀各部乘機向東發展，基本上占據了古代匈奴控制的地域，薛延陀汗國在漠北崛起。當時，夷男擁有兵力20餘萬，以兩個兒子大度設、突利失分別統領，號稱南、北二部。

　　此時，唐朝與薛延陀夾擊東突厥的聯盟失去存在的基礎，隨著薛延陀勢力的擴張，唐朝與薛延陀之間逐漸產生了矛盾。夷男是個狂妄自大、野心勃勃的人，之前對唐朝的恭順，目的在於借助唐朝的威望，穩定內部的統治。

貞觀六年，夷男擊敗西突厥的肆葉護可汗，勢力達到準噶爾盆地，欲與唐朝在西域爭鋒。

　　唐太宗擔心薛延陀強盛後威脅北方邊境，便在貞觀十二年遣使封薛延陀的兩個兒子為小可汗，表面上看是器重薛延陀，實際上是企圖製造薛延陀內部的紛爭。

　　貞觀十三年，唐太宗將散居黃河以南的突厥降眾遷至黃河以北的漠南地區，用以阻擋夷男南下騷擾。

　　貞觀十五年，突厥俟利苾可汗率部在定襄建立牙帳，並向唐太宗上奏說：「臣無德受恩，被冊封為部落長，願世世代代做大唐的臣子，守衛大唐北大門。如果薛延陀膽敢南下進犯，我將率部眾進入長城一帶，奮起抗敵。」此話正合唐太宗心意，於是便准許了突厥的請求。

　　當時，突厥部落有3萬餘戶，兵力4萬餘人。雖然勢力不如薛延陀強大，但背靠唐朝這座大山，薛延陀也不敢輕舉妄動。不久，唐太宗東行到泰山封禪，各國都出兵相隨，北方邊地兵力空虛，夷男便蠢蠢欲動，與他的部下商議說：「唐天子東封泰山，各歸附國都出兵隨行，邊境空虛，如果乘機攻擊俟利苾，如同摧枯拉朽，必能取勝。」於是，夷男派他的兒子大度設率精兵20萬南下，突然向黃河北岸的突厥俟利苾部發動進攻，俟利苾抵抗不住，急忙向唐朝求援。

　　貞觀十五年十一月，唐太宗命令營州都督張儉統所部從東進擊，朔州道行軍總管李勣率步兵6萬、精騎3,000屯兵朔州，靈州道行軍總管李大亮率步兵4萬、精騎5,000屯靈武，慶州道行軍總管張士貴率兵17,000出雲中，涼州道行軍總管李襲譽出武威，共計10餘萬兵迎擊薛延陀。

　　臨行前，太宗告誡各位將領說：「薛延陀自恃兵多，越過沙漠南下而來，經過數千里的跋涉，人疲馬憊。用兵之道，有利就迅速出擊，不利就迅速撤退。薛延陀此次出兵，不能速戰，既然已越過長城，又不可能速退。我

已令突厥燒剃秋草，使薛延陀找不到糧草。不久前，有偵探來報告說，薛延陀的戰馬啃食林木，樹皮都被吃光了。各位不要急著與他們交戰，只待其糧草斷絕，將要退兵時，一齊出擊，必可制勝。」

當大度設的軍隊趕到長城時，突厥人已向南逃避。大度設無敵可打，便派人在長城上叫罵，恰好李勣趕到。李勣派敢死隊和精騎直衝大度設的軍隊，大度設估計硬戰不可能取勝，便渡過諾真水，布陣以待。

從前，薛延陀曾與沙鉢羅及阿史那杜爾作戰，都是以步兵取勝，這次與突厥及李勣對壘，大度設仍沿用以前的辦法，捨棄戰馬不用，每 5 人為一伍，一人牽馬，4 人在前面作戰。

交戰時，突厥兵詐敗，薛延陀兵奮力追趕。李勣及時救援，李勣以步兵百人為一隊，避實就虛，薛延陀兵陣潰亂。李勣部將薛萬徹率輕騎沖入敵陣，將牽馬者一一俘虜。

薛延陀兵失去戰馬，不能逃跑。唐軍獲勝，斬殺數千人，獲馬 15,000 匹，大度設只帶少數隨從逃奔漠北。當時正值漠北大雪，大度設部下飢餓凍死者達十分之七八。

經過這次戰役，薛延陀受到重創。在反擊薛延陀的鬥爭中，李勣立了大功。不久，李勣患重病，有偏方說用鬍鬚灰可治癒，唐太宗便自剪鬍鬚為李勣和藥。

李勣深受感動，頓首感謝，泣不成聲，唐太宗誠懇地說：「我之所以這樣做，是為了國家利益，不必深謝。」

戰爭結束，薛延陀在長安的使者請求返回，唐太宗對他說：「大度設自恃人多馬壯，越過大漠攻擊突厥。李勣僅帶領數千兵馬，就將大度設擊敗。返回後告訴你的可汗，凡事應考慮利害，擇善而行，不要輕舉妄動，以免自招禍端。」

夷男被唐軍擊敗後，薛延陀汗國內部的各種矛盾迅速激化，夷男的可汗地位岌岌可危。為了依靠唐朝威勢，樹立在國內的威信，夷男向唐朝派遣使臣謝罪，並獻馬 3,000 匹，向唐朝求婚。

　　薛延陀的使者來到長安，請求與突厥講和，唐太宗對他說：「我約定你們與突厥以大漠為界，大漠以北，由薛延陀統轄；大漠以南，由突厥控制，有敢越界相掠者，誅殺不赦。薛延陀既然歸附我卻又違背我的詔令，這不是叛亂嗎？又提出與突厥講和，這本是以前約定的，還請示什麼？」唐太宗並不理會薛延陀使者提出的要求。

　　貞觀十六年，薛延陀又獻馬、牛、羊、駝等，再次求婚。唐太宗對大臣們說：「北狄世代騷擾中原，破壞生產，如今薛延陀強悍崛起，應該及早考慮對策。朕深思熟慮，只有兩個方案：一是選精兵 10 萬，將其擊敗，將其滅絕，蕩除凶源，可保百年無憂；二是答應他們的請求，結以婚姻，也可保持 30 年的安靜。不知哪種方案更為合適？」

　　房玄齡回答說：「今大亂之後，瘡痍滿日，宜休養生息，況且兵凶戰危，應當慎重。戰爭雖然勝利了，也有危險，不如和親。」

　　唐太宗點頭稱是，並接著說：「朕為天下蒼生的父母，如果此舉對天下蒼生有利，我豈能不捨得一個女兒。」於是許以新興公主下嫁薛延陀，並派兵部侍郎崔敦禮前往薛延陀向夷男通報，詔夷男迎親，唐太宗將親赴靈州，送公主成婚。

　　夷男大喜過望，對本族人說：「我本是鐵勒部的一個小帥，大唐天子立我為可汗，如今又嫁我公主，天子親自到靈州，誰能趕上我這般榮耀，我還有什麼不知足的？」

　　於是，夷男向各部徵調羊馬為聘禮，準備往靈州朝拜太宗。部族內有人勸夷男說：「我薛延陀可汗與大唐天子都是一國之主，為何前去朝拜？如果被拘留，悔之不及？」

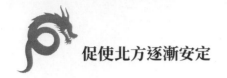

促使北方逐漸安定

夷男說：「我聽說大唐天子以德懷遠，日月所照，皆來賓服。我真心歸附，希望能目睹天子龍顏，死無所恨。漠北地廣千里，必當有人統領，大唐不會舍我別求。我決心已定，請勿多言。」

正當新興公主即將親赴漠北和親之際，鐵勒契苾部唐將何力勇敢進諫，認為公主不宜遠嫁漠北和親。因為何力曾經到過薛延陀，目睹了夷男等人對唐王朝的深重敵意，揭破了夷男求婚的真實目的，就是想利用大國女婿的身分，鞏固汗位，一旦羽翼豐滿，必定捲土重來。

唐太宗接受了何力的進諫，決定拒婚。但為了避免失信之嫌，採納了何力的建議，命夷男備齊聘禮後，親自送到靈州。唐太宗對大臣們說：「漢朝時，匈奴強而中原弱，所以厚飾女子嫁與匈奴單於；如今，中原強而北狄弱，漢兵千人可以擊敗其數萬。薛延陀所以表示歸附我大唐，不敢驕慢，是懼怕我另立其他部族為君長，同時也倚靠我大唐來鎮服其他部族。如拒絕其婚姻，諸部落知道薛延陀已失去了大唐的支持，就會反抗薛延陀，薛延陀滅亡的日子也就不遠了。」

由於薛延陀向來沒有政府儲備，夷男為準備聘禮只好向部下徵調。又因天旱，缺水乏草，馬羊多死，聘禮未能按時備足，唐太宗隨即名正言順地拒絕了夷男的求婚要求。

貞觀十八年，薛延陀利用唐兵東征高麗的機會，向突厥發起攻擊。雙方多次交戰，互有勝負。突厥俟利苾可汗不善於撫御部眾，突厥人紛紛南渡黃河，請求內遷，得到唐太宗的准許。

朝中大臣則有些顧慮，認為將突厥南遷，離長安太近，恐怕發生不測，並勸太宗不要親征高麗。從力量對比上看，突厥構不成對唐的威脅，因此，唐太宗看到群臣顧慮，便心平氣和地對他們說：「夷狄也是人，同華夏人沒有什麼本質的區別。做君主的，唯恐恩德不能澤被每一個人，不必猜忌他

們。隋煬帝昏庸無道，大失民心，遠征高麗時，百姓都斷手足以避役；如今突厥貧弱，我收而養之，其感恩不及，豈可反叛？況且突厥與薛延陀都屬北狄，他不向北依靠薛延陀而南下歸順唐朝，就說明問題了。」其實，此舉還有借此挑撥突厥和薛延陀的關係，使之相互仇恨，以坐收漁利之效。

貞觀十九年，夷男病死。他的兩個兒子相互爭殺。嫡子拔灼襲殺庶子曳莽，自立為頡利俱利失薛沙多彌可汗。當時，唐太宗正親征高麗，多彌可汗為了轉移國內部眾的不滿情緒，乘機進攻唐朝北部邊境。

由於唐朝早已布置了一道堅固的防線，很快將其擊退。多彌可汗率殘部逃亡，途中為回紇所殺。其餘部眾逃奔西域，立夷男侄子吐摩支，號伊特勿失可汗。新汗即位，遣使請和。

唐太宗一面讓兵部尚書崔敦禮前往安撫，一面讓李勣準備征討，並對李勣說：「降則招撫，叛則擊滅。」李勣率軍出擊，斬首 5,000 餘級，吐摩支兵敗被俘，無奈向唐請降。薛延陀汗國二十年曆三主，至此滅亡。

薛延陀滅亡後，唐太宗前往靈州，會見歸降的各部酋長。走到涇陽時，恰遇鐵勒 11 部請求歸附的使者，唐太宗大喜，賜宴招待諸部使者，並下詔說：「戎狄自古以來擾亂邊疆，朕派遣兵將，擒獲頡利，平定突厥；略施謀略，消滅薛延陀。鐵勒百餘萬戶散居北疆，派遣使者前來歸附，這是前所未有的局面，這一盛舉應當備禮祭祀，以告宗廟，頒示天下。」欣喜之情，溢於言表。

九月，太宗至靈州，鐵勒各部落數千人又前來拜謁，表示世世代代歸附唐朝，死而無憾。唐太宗返回長安不久，回紇、僕固、同羅、思結、契苾等鐵勒諸部的酋長，都入朝獻貢。

唐太宗在長安大明宮芳蘭殿擺下盛宴，予以隆重接待。唐太宗把北方地區分為許多州縣，令各部首領分別擔任都督和刺史，北方地區逐漸安定下來了。

順利打通絲綢之路

在連接中西絲綢之路的交通要道上，有一個吐谷渾汗國。吐谷渾是鮮卑族慕容氏的一支，最早居住在西拉木倫河上游。約在西元 380 年，其祖先慕容吐谷渾西遷到今青海地區，建立吐谷渾汗國。

吐谷渾畜牧業發達，尤其是青海湖一帶盛產名馬，如「龍種」「青海驄」等。吐谷渾所在的青海地區是連接中西絲綢之路的交通要道。

在唐高祖時期，李淵曾經派人出使吐谷渾，雙方還有頻繁的邊境貿易往來，吐谷渾從中獲得了大量的生活必需品。但隨著力量的逐漸強大，吐谷渾伏允可汗逐漸不滿足於在雙方互市中獲得的財富，趁唐朝忙於統一戰爭之機，勾結党項羌人，多次入侵河西走廊，對唐朝與西域間的交通和經濟交流造成嚴重威脅。

貞觀八年，伏允可汗發兵侵犯涼州，並拘留唐朝鴻臚丞趙德楷，拒絕放還。唐太宗多次派使者交涉，但都無濟於事。於是，唐太宗下詔大舉征討吐谷渾。

貞觀八年十二月，唐太宗任命李靖擔任西海道行軍大總管，統率侯君集、李道宗等 6 支軍隊進擊吐谷渾。第二年正月，李道宗在庫山擊敗了吐谷渾的精騎部隊，伏允可汗為了阻擊追兵，大量焚燒沿途的野草，又帶領手下輕騎逃往沙磧。由於途中沒有草料，唐軍的攻勢受挫。對此，唐軍多數將領認為，途中沒有了野草，騎兵就不可能深入，不如撤回鄯州，再尋找機會。但侯君集等人認為吐谷渾敗於庫山，已經是窮途末路，應當乘勝追擊，否則後悔莫及。

行軍總管李靖最終採納了侯君集的策略，分兵兩路，一路由李靖率領李大亮、薛萬徹等從北路進擊，另一路由侯君集和李宗道率領從南路追趕。李

靖指揮北路軍所向披靡，先後在曼頭山、牛心堆、赤水源大敗吐谷渾。在赤水源之戰中，李靖部將薛萬均被吐谷渾大軍圍困，薛萬徹前來解圍，兩人帶兵浴血奮戰，無奈被圍。幸好契苾何力及時趕到，才使得薛氏兄弟絕處逢生，反敗為勝。同時，得到了大量的物資和牲畜，保證了軍需供應。

李靖的另一部將李大亮則在蜀渾山大創吐谷渾。與此同時，由侯君集指揮的南路軍，西進柏海，追擊吐谷渾餘部。北路唐軍穿過人跡罕至的不毛之地，克服了惡劣天氣和飲水匱乏的困難，在大漠中與伏允展開激戰，大敗伏允。唐軍衝進敵人的牙帳，斬殺數千人，獲得了牲畜20餘萬頭。伏允被手下所殺，他的兒子慕容順被立為可汗，歸降唐朝。至此，李靖勝利地完成了半定吐谷渾的任務。

對於歸降的吐谷渾，唐太宗採取寬大的政策，仍然讓他們居住在故地，承認慕容順為他們的可汗，還派李大亮帶領幾千騎兵，幫助慕容順重建家園。這樣，不僅解除了吐谷渾對河西走廊的威脅，也為防範日益強大的吐蕃，建立了一道屏障。唐太宗擊敗了吐谷渾，為打通絲綢之路奠定了基礎。但是，位於新疆吐魯番地區的高昌，仍是絲綢之路上的最大障礙。高昌地處河西走廊與西域交界處，是西域通往中原的必經之路，又是貫通天山南路、北路的要地，從政治、經濟、軍事等方面看，位置都極其重要。

唐初，在位的高昌王麴伯雅是漢人，他的政權也是一個以漢人為主體的封建割據政權。境內土地肥沃，穀麥可一年兩熟，其文字、語言、刑法甚至風俗都與中原大致相同，政治、經濟、文化都比周圍其他民族發達。隋朝時，麴伯雅曾與中原宇文氏有婚姻關係。唐朝初年，伯雅死，他的兒子麴義泰即位，唐高祖李淵派人前去弔唁。唐太宗即位後，文泰又貢奉玄狐裘，以示祝賀。唐朝戰勝東突厥，高昌歸附唐朝。

貞觀四年，麴文泰親自前往長安朝見，唐太宗以國家最高的禮儀接見他。麴文泰的妻子請加入唐朝宗籍，李世民非常爽快地答應了她的要求，

封她為長樂公主,賜姓李。不久,西突厥和吐谷渾迅速崛起,絲綢之路被阻斷。高昌向西突厥稱臣,壅斷了通往西域的商路,嚴重損害了唐王朝的利益。麴文泰阻隔西域各國與唐王朝通商,還隨意對途經高昌出使唐王朝的西域大使加以拘留,搶奪送往大唐的貢品,並且侵擾唐的伊州和屬國焉耆。

焉耆本臣屬於西突厥,後來歸附唐朝,高昌卻與西突厥共同攻擊焉耆。早在隋朝末年,有大批漢人為逃避戰亂逃奔突厥,突厥被唐朝擊敗後,有一部分漢人逃入高昌,唐太宗讓高昌護送他們回國,高昌卻將他們扣留,罰作苦役。

唐太宗派出使者勸說,文泰卻說:「蒼鷹在藍天上翱翔,雀鳥在蓬蒿間飛躍,貓在殿堂上游走,老鼠在洞穴內安居,各得其所,不是很好嗎?」言外之意就是,雖然唐朝強大,高昌弱小,但都是獨立的國家,應當各安其事,互不干涉。

當時,薛延陀曾多次到長安謁拜唐太宗,文泰挑撥說:「你既然自立為可汗,就與唐天子地位平等,怎麼可以拜倒在他人腳下呢?」

不久,高昌又與西突厥攻取唐朝屬國焉耆的 3 座城市。焉耆王向唐朝控訴,唐太宗派李道裕調查,高昌王才勉強派遣使者到唐謝罪。唐太宗嚴厲訓斥了高昌使者,並下詔讓麴文泰入朝,麴文泰假托有病不來。唐太宗大怒,拜侯君集為交河道大總管,出兵平定高昌。

當時,朝中大臣都認為攻打高昌要出兵萬里,還要行經茫茫大漠,恐怕難以取勝。況且高昌又地處偏遠,即使攻取後也難以防守,競相勸阻。雖然感到十分困難,但唐太宗主意已定,不為所動,堅持對高昌用兵。文泰聽說唐朝前來征伐,不但不害怕,反而一笑置之。認為高昌距離唐朝有 7,000 里之遙,其中兩千里都為流沙所覆蓋,寸草不生,寒風凜冽,運送糧食都成為很大的問題。

文泰悠閒地對左右臣僚說：「從前，我去長安時，見秦嶺、隴北地區，城鄉一片蕭條，經濟凋敝。唐軍萬里征伐，兵多則糧草難以供應，若兵在 3 萬以下，我們能將他制服。唐軍長途跋涉，穿越沙漠而來，沿途地無水草，冬季寒風如刀割，夏天熱浪似火燒，100 個行人中也到不了一個，即使唐軍兵臨城下，20 天必定用盡所帶糧草。待其糧盡逃跑之時，我出兵追趕，必獲全勝。以逸待勞，何足為憂？」

　　出乎文泰的意料，貞觀十四年，侯君集如神兵天降，奇蹟般地率大軍到達高昌，麴文泰感到十分恐慌，連驚帶嚇，舊病復發，不等唐軍攻城，就撒手西去。麴文泰的兒子麴智盛即位，準備為父親舉行葬禮。唐軍到達柳谷，探馬報告說麴文泰的葬禮即將舉行，到時候高昌軍隊和要員都會集中在一處。眾將紛紛要求抓住時機，全部殲滅他們。

　　侯君集卻說：「萬萬不可。因為高昌驕慢無禮，天子才派遣我們替天行罰。如果乘別人喪葬發動襲擊，不是問罪之師的所作所為。」於是，待其葬禮完畢，再行攻伐，將高昌城團團包圍。

　　面對唐軍的威武氣勢，高昌城內人心惶惶，孤立無援的麴智盛致信侯君集說：「先王得罪天子，上天懲罰了他，他已經去世。我即位不久，沒做對不起天子的事，還請尚書憐憫並詳查。」

　　侯君集回覆說：「如果你真能悔過，我也不難為你。只要你率百官投降，我便從輕處置。」

　　但約定的時間已過，也不見麴智盛出門，侯君集下令攻城。士卒填平壕溝後，多輛拋石車同時拋射，飛石如雨，城內一片惶恐。侯君集又在城外築建了一座 10 丈高的木樓，站在上面，可俯視城內的全部情況。城牆被撞破後，副將薛萬徹躍馬進城，諸將緊隨而入。

　　無奈之下，麴智盛被迫開門投降。唐軍乘勝連下 20 多座城池，出兵近半年，即平定了高昌。捷報傳至長安，唐太宗非常高興，對每一位參戰的將士

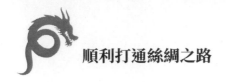

順利打通絲綢之路

都一一獎勵。高昌平定之後，圍繞著如何處置這個地區的問題，唐政府內部展開了一場爭論。唐太宗主張在高昌地區設置州縣，號稱西昌州。

魏徵不同意，他說：「陛下即位，高昌最先朝謁，不久，高昌見利忘義，劫掠商旅，阻礙其他部落朝貢，所以陛下派兵征伐。麴文泰已經死亡，其罪行也隨之而去。應當以寬大為懷，安撫其民，扶立其子。如果設置州縣，守備軍隊不下數千人，況且高昌與中原遠隔萬里，守卒數年不能更換，他們離鄉背井，撇家舍業，不可能不生怨憤。陛下不能從高昌獲取粒米尺帛，卻要浪費人力物力守備，豈不是得不償失？」

魏徵認為，既然難以戍守又耗費錢財，還不如立麴智盛為王，主管那個地方，還可以籠絡人心。唐太宗不聽，執意設西昌州。不久，又改西昌州為西州，設置安西都護府，每年調兵千人戍守。

黃門侍郎褚遂良也同意魏徵的意見，上書說：「自古以來，泱泱大國，務必廣求德化，不爭荒野之地。今高昌誅滅，威動四夷。然而，自大軍征伐之日開始，河西走廊一帶供役不斷，或修路築橋，或運送糧食，青壯年供役，十室九空，造成的損失，5 年也不能恢復。如今又每年派遣戍卒屯守，征程萬里，山高路遠，還要自備行裝，僅途中死亡的就難計其數。河西是大唐的心腹之地，高昌則為偏遠別壤，何必耗費中華資財去守備不毛之地呢？從前，陛下平定突厥、吐谷渾後，都立其君長，百蠻無不畏威慕德，如今平定高昌，也應該選擇高昌可立為君長的人立之，召集各部首領歸還本土，長期為我朝藩屬，才能夷狄樂業，朝廷不擾。」但這個建議也被唐太宗否定了。

貞觀十六年，唐太宗任命郭孝恪為安西都護、西州刺史，州治為高昌舊都。他還發配犯罪之人到高昌去戍守，一方面是對他們的懲罰；另一方面，可以減輕正規士兵的壓力。唐太宗對這一地區的治理不僅十分重視，而且講究策略。從當時的情況看，唐太宗在高昌設立西州是正確的。由於高昌地處

唐朝通往西域的必經之地，占據了高昌，實際上就保證了絲綢之路的暢通。平定高昌之後，唐太宗決定進一步打擊西突厥。唐軍一舉攻下高昌，就為在西域的統治建立了據點，也為打擊西突厥在焉耆、龜茲的勢力奠定了基礎。

貞觀十八年，焉耆國王突騎支背叛唐朝歸附西突厥，安西都護府都督郭孝恪上疏，奏請出擊平叛，唐太宗應允。郭孝恪帶領了 3,000 步兵和騎兵，以西州道行軍總管的身分，繞出銀山道，趁夜間襲擊王庭，活捉了突騎支。唐太宗聽到捷報，對郭孝恪大加讚賞。不久，唐朝設置了焉耆都護府。

龜茲在焉耆的西面，經濟、文化比較發達。貞觀初年，與唐朝時常有使者往來。隨著西突厥的強大，龜茲逐漸改變了對唐的友好態度。貞觀十八年，郭孝恪進兵焉耆的時候，龜茲還曾派兵援救突騎支。為了統一西域，貞觀二十二年，唐太宗命令阿史那杜爾、契苾何力、郭孝恪等將領，率領鐵勒、突厥等 13 部 10 萬人共同討伐龜茲。

第二年，阿史那杜爾攻破了龜茲都城，龜茲國王輕騎逃走，跑到撥換城，依靠險要之地固守。阿史那杜爾連攻 40 天，生擒龜茲國王。又乘勝追擊，一連收復了 5 座城市。在唐軍連連獲勝的情況下，70 多座城池的首領主動投降，龜茲國很快就被全部征服。為了有效地控制西域，保護商路，唐太宗將安西都護府遷至龜茲，並設立了龜茲、疏勒、於田、碎葉 4 個軍事重鎮，合稱「安西四鎮」，統歸安西都護府管轄。至此，唐太宗基本上完成了統一西域的大業。唐太宗統一西域，使唐帝國的疆域空前遼闊，東至大海，西部直達中亞的石國，南至林邑，北抵大漠，東西長 9,510 里，南北長 1.0918 萬里，成為當時世界上最強大的國家。

「安西四鎮」的設置，創造了安定的社會秩序，為東西方來往的商旅提供了有效的安全保障。絲綢之路上，商旅不絕於途，品種繁多的大宗貨物在東、西方之間傳遞，絲綢之路成了整個世界的黃金走廊。

與吐蕃進行和親

吐蕃屬古西羌族的一支，是西藏最早的居民，也是今天藏族的祖先。西元 3 世紀左右，西藏進入文明時代。吐蕃人勇敢善戰，他們認為戰死是光榮的，如果誰臨陣逃跑，別人就拿一個狐狸尾巴掛在他的帽子上，嘲笑他像狐狸一樣膽小。

在吐蕃語中，剛強雄健為「贊」，丈夫為「普」，所以其首領叫做「贊普」，意為雄壯而強悍的男子。其官有大相、小相，分別稱為大倫、小倫。他們生活的地區，多積雪，天寒地凍，盛夏季節如同中原地區的春季。

贊普居住在用毛氈圍成的帳篷內，叫做大拂廬，可容納數百人。部民居住在小拂廬內，人多長壽，不乏活到百餘歲的人。他們逐水草而居，過著遊牧生活。

從魏晉至隋唐，在西藏高原上相繼出現了 3 個割據政權，相互攻打，戰亂不已。結束分裂局面，完成統一大業的，是吐蕃傑出的英雄松贊乾布。

西元 629 年，松贊乾布繼位為第三十二世贊普。他繼位後，先後征服了其他部落，統一了西藏高原，建立了統一的奴隸制國家。松贊乾布精通騎射，力量過人。他在首都邏些的布達拉山修建宮殿，建立了強大的奴隸制帝國。

松贊乾布熱心接受周邊各族的文化。他召集了天竺的學者、尼婆羅的手工業技師、大食的醫生等，但他最傾心的是中原的唐朝。隨著唐朝統一西域，聲威遠播，松贊乾布更加仰慕唐朝的強盛國力和燦爛文化。

貞觀八年，吐蕃第一次派遣使者，沿唐蕃古道來到長安，朝拜納貢。此時，唐朝正要對吐谷渾用兵，聽說強大的吐蕃位於吐谷渾之南，唐太宗就想與吐蕃結為聯盟。於是，派馮德遐到吐蕃回訪，雙方正式開始了政治交往。

松贊乾布見到馮德遐，驚喜萬狀，他聽說突厥和吐谷渾等國可汗都迎娶唐朝公主為妻，也派遣使臣隨馮德遐入朝，帶著大批禮物，上表求婚。此時，唐朝已經征服吐谷渾，加之吐蕃距離遙遠，唐太宗沒有答應和親之請。

吐蕃使者沒能完成使命，回吐蕃後怕松贊乾布斥責，便謊報說：「我剛到唐朝時，唐朝待我很好，並許嫁公主。正在這時，吐谷渾的使者入朝，挑撥離間，大唐才轉而冷淡，不答應許嫁公主。」

松贊乾布聽後大怒，率軍出擊吐谷渾。吐谷渾擋不住吐蕃的攻擊，於是敗退到青海湖以北地區。

隨後，松贊乾布又向唐朝施加壓力，帶兵 20 萬進犯松州，並派遣使者帶著金甲再次來唐朝迎接公主，聲稱：「如果不許嫁公主，當親率精兵，攻取唐朝，強奪公主。」

面對吐蕃咄咄逼人的態勢，唐松州都督韓威出兵迎戰，結果被松贊乾布擊敗，屬地的其他少數民族紛紛叛唐歸附吐蕃。唐太宗聞訊，立即派吏部尚書侯君集為統帥，率領右領軍大將執失思力、右武衛將軍牛進達、右領軍將軍劉蘭等三部約 5 萬兵力，奔赴松州，抵禦吐蕃。松贊乾布驕傲輕敵，結果兩軍交戰後被打得大敗，只得收兵退回邏些。

松贊乾布本來無意對唐朝發動戰爭，用兵的目的在於向唐朝施加壓力以求通婚。面對唐朝的大軍進逼，只得敗退，然後遣使向唐太宗謝罪，第三次請婚。其實，唐太宗也不願與吐蕃發生戰爭。

真可謂不打不相識，唐太宗既感到了松贊乾布的友好誠懇，也瞭解了吐蕃的強盛國力，為了西部邊境的安寧，加強與吐蕃的友好往來，這次，欣然同意了和親請求。聞聽此訊，松贊乾布欣喜若狂。

和親作為一種政治行為，由來已久。在封建社會，它是中原統治者對周邊少數民族實行的和平政策。但不同時期，和親的前提與目的意義也不盡相同。

與吐蕃進行和親

例如在漢初，由於北方匈奴強大，為了有一個穩定的社會環境，儘快發展凋敝的社會經濟，漢帝國被迫與匈奴聯姻，以阻止匈奴鐵蹄的南侵。而唐太宗時期的和親，是在國勢強盛的背景下進行的，不是妥協的象徵，而是開明民族政策的表現。

唐太宗在處理民族關係方面，提出了「愛之如一」的觀念，也就是說，他改變了自古以來中原統治者對少數民族的輕蔑態度，能夠平等地對待他們，把少數民族看作大唐的一員予以關愛。

大唐公主下嫁，是對少數民族首領的恩賜。對於少數民族首領而言，能夠成為大唐的女婿，是無比榮耀的事情。為此，他們要多次遣使者入朝，還要奉送大量的聘禮、聘金。

貞觀十四年，松贊乾布派宰相祿東贊率領一隊騎士，攜帶黃金 5,000 兩及大量珍寶，到長安請求通婚。唐太宗在太極殿隆重接待了祿東贊，答應把宗室女文成公主嫁給松贊乾布。

於是，歷史上留下唐太宗「八難」吐蕃智相祿東讚的傳說：一難絲線穿曲孔寶珠，二難百匹馬駒認母，三難吃肉揉皮，四難飲酒不溢不醉，五難辨認圓木的根梢，六難漆黑夜晚認住所，七難母雞與雛雞的關係，八難辨認真假公主。

後來，《西藏王統記》、《西藏王臣記》以及藏戲《文成公主》等著述中，都生動地記錄了此傳說。下面是一個流傳甚廣的「三難婚使」的故事。

據說當時到長安求婚的有 5 個國家的使臣，他們都帶著貴重的禮品，想要迎娶唐朝的公主。究竟把公主嫁給誰呢？唐太宗決定出個難題，來考一考這些使臣，看誰聰明能幹，憑此再作決定。

唐太宗把各位使臣請到宮殿裡，拿著一顆九曲明珠和一束絲線，對他們說：「你們當中有誰能把絲線穿過明珠中間的孔，就把公主嫁給誰的國王。」

原來，這顆明珠有兩個相通的珠孔，孔眼一個在旁邊，一個在正中，由於中間的孔道彎彎曲曲，所以叫九曲明珠。這樣的明珠，要想用一根軟軟的絲線穿過去，非常困難。

幾位使臣都拿著絲線直髮愁。但祿東贊很快就想出一個辦法，他找到一隻螞蟻，拿一條馬尾鬃拴在螞蟻的腰上，把螞蟻放在九曲明珠的孔裡，然後不斷地向孔裡吹氣。一會兒，這只螞蟻就拖著馬尾鬃從另一端的孔中鑽出來了。祿東贊又把絲線接在馬尾鬃上，輕輕地一拉，絲線就很快地穿過了九曲明珠。

唐太宗又出了第二個題目。他讓人把使臣帶到御馬場，御馬場左右有兩個大圈，一邊是一百匹母馬，一邊是一百匹小馬駒，唐太宗要求使臣們把它們的母子關係辨認出來。其他幾個使臣都束手無策，只有祿東贊想出了辦法。他用吐蕃人民在遊牧方面的豐富經驗，讓人不給馬駒吃草和飲水。

過了一天，他叫人把母馬和馬駒同時放了出來，只聽見母馬嘶叫，馬駒哀鳴，小馬駒一個個跑向自己的母親那裡去吃奶，母子關係就這樣被祿東贊辨認出來了。

祿東贊對唐太宗說：「馬的母子關係已經辨清，現在陛下可以將公主嫁給我們的贊普了吧？」但唐太宗說：「還要再考查一次，然後才能決定。」

當天夜裡，皇帝傳召各國使臣入宮。使臣都急忙穿戴整齊，趕到宮裡。只有祿東贊想得周到，因為初來長安，不熟悉路途，他擔心回來的時候找不到路，就讓隨從帶著紅顏料，在去皇宮途中的十字路口上都做了記號。

到了宮中才知道，唐太宗是請各國使臣到宮裡看戲。看完戲後，唐太宗對他們說：「你們各自找回去的路吧，誰最先回到住處，就把公主嫁給誰的國王。」

祿東贊因為留有記號，很快就回到了住處。其他使臣則由於不熟悉路途，摸來找去，直到天亮後才回到住處。

與吐蕃進行和親

經過這 3 次考驗，祿東贊都順利透過。唐太宗非常高興，心想：松贊乾布的臣子都如此聰明機智，松贊乾布的才華就可想而知了。於是，就這樣決定將文成公主嫁給吐蕃贊普。

這個故事的版本還不止一個，見於另一個版本的題目是：唐太宗將文成公主混在 300 位打扮得一模一樣的美女裡面，令使臣們找認，認出者公主可隨之而去。

祿東贊先找服侍過文成公主的人，打聽公主的模樣和特徵，得知公主眉心有一顆硃砂紅痣，終於認出公主。

貞觀時期著名畫家閻立本的名作《步輦圖》，描繪的就是唐太宗接見祿東贊的情景。

畫面上，唐太宗祥和地坐在步輦上，由一群宮女服侍著徐徐前行。一個身穿紅袍的禮官，引導身著藏袍的祿東贊上前朝見。祿東贊神色恭敬，十分認真，身後還跟隨著一位穿白袍的翻譯。

整個畫面氣氛親切和諧，表現了唐朝和吐蕃的友好關係。等到文成公主的陪嫁物品備齊以後，唐太宗命族弟江夏王李道宗送公主入藏。

貞觀十五年正月十五日，文成公主在長安歡慶元宵佳節的喜慶氣氛中，冒著凜冽的寒風，依依不捨告別親人，離開繁華熱鬧的故土，踏上了遠嫁吐蕃的漫漫征程。

文成公主一行，出長安後由西而南，經青海到西藏。一行人走的路被後人稱為唐蕃古道，是唐朝與吐蕃的使者走的路線。其路線從長安出發，經今甘肅天水、蘭州，轉入青海，經民和、樂都、西寧、湟源、日月山等，再由黃河北岸西上，過鄂陵湖、扎陵湖，然後渡黃河，經玉樹地區，再往西南，經今藏北黑河到拉薩。這條路迂迴曲折，綿延數千里，僅青海境內就有1,000 餘公里。

文成公主的隨從，有乳娘、宮女、樂隊、工匠、官屬，還有江夏王率領的衛隊。

　　他們帶著華貴而豐富的妝奩，其中有金銀、珍寶、綢帛等，顯示了唐朝的富有和強大；經史、詩文、佛經、佛像、曆法、醫藥等，顯示著唐朝高度發達的文化；先進的生產工具、穀物種子和農業、手工業技術人員，顯示了唐朝高度的文明。

　　當時，住在青海的吐谷渾首領已接受唐朝河源郡王的封號，並娶弘化公主為妻，所以當文成公主途經青海時，受到熱烈的歡迎。

　　貞觀十五年，松贊乾布親自到柏海迎接文成公主。在河源遇到江夏王李道宗等，松贊乾布見到唐朝士女俊爽風流，中原文物典雅華美，十分高興，他穿上漢族的服裝，以子婿之禮拜見了江夏王李道宗，然後派人送他回唐朝覆命。

　　松贊乾布將文成公主接到吐蕃後，對親近大臣說：「我祖、我父都沒有與大國通婚，我卻得以娶唐公主，實在是三生有幸啊！」

　　為了讓文成公主能安心在吐蕃生活，松贊乾布讓隨同公主入藏的漢族工匠建造唐式房屋，讓文成公主居住。

　　文成公主入城的那一天，邏些城內外，到處洋溢著歡樂的氣氛，萬人夾道，爭相目睹大唐公主的風采。文成公主進入吐蕃後，為吐蕃的發展和漢藏團結作出了很大貢獻。

　　在唐太宗答應和親，松贊乾布派祿東贊赴長安送聘禮的時候，由於祿東贊機智幹練，深得唐太宗賞識。唐太宗不僅授予他右衛大將軍之職，而且還把自己的外孫女段氏許配給了他，表明了唐太宗對吐蕃的好感。而文成公主入藏，則奠定了唐和吐蕃友好關係的基石。

　　文成公主入藏，促進了吐蕃社會經濟的發展。當時的吐蕃，生產力比較低下。而唐朝則是最發達、最繁榮的國家，擁有世界上最先進的生產技術。

與吐蕃進行和親

因此，透過漢藏聯姻，中原的生產方式傳入吐蕃，對吐蕃社會經濟的發展產生了極大的促進作用。

文成公主入藏時，帶去了一些穀物種子和各種各樣的工匠。相傳當地藏族農民在文成公主的影響下，學會了平整田地、築壘挖溝、施肥除草等技術，提高了耕作水平。

文成公主還教藏族婦女紡織、刺繡。在有些地區，漢族工匠裝置上碾磑，用水力來研磨青稞，使吐蕃人學會了使用水力的技術。製陶、制墨、冶金、農具製造技術等也都傳入吐蕃。

文成公主入藏，改變了吐蕃落後的生活習俗。文成公主入藏前，吐蕃人以氈為盤，用手飲酒，以手抓食。文成公主帶去製陶的工藝，使這一狀況有所改變。

土木建築傳入吐蕃後，吐蕃上層人物一定程度上地改變了住帳篷的習慣。當時，吐蕃有以赭色塗面的習慣，文成公主認為不文明，松贊乾布便下令禁止。唐朝還給吐蕃送了蠶種，用以養蠶，改變了吐蕃單調的毛皮衣料，還傳授給他們釀酒技術等。

文成公主入藏，促進了吐蕃思想文化的發展。文成公主平時信奉佛教，松贊乾布在她的影響下，也提倡佛教，還修建了大昭寺，把公主帶來的釋迦牟尼像供奉在那裡。

文成公主帶去的樂隊，也大大豐富了藏族的音樂。從那以後，松贊乾布還派遣吐蕃首領的子弟到唐朝的國子監讀書，學習漢文化。他們回到吐蕃後，對吐蕃文化的發展作出了很大的貢獻。

唐朝許多有學問的人也被聘請到吐蕃掌管文書。吐蕃原本無文字，以刻木結繩記事，文成公主入藏後，勸告松贊乾布創制文字。松贊乾布派人到天竺留學，這些人回來後，參考梵文和古和田文，創製了 20 個藏文字母，吐

蕃從此有了自己的文字。

吐蕃原來沒有曆法，不知節氣，以每年麥熟為一年的開始。文成公主入藏時帶去了天文曆法書籍，吐蕃人蓡考漢曆創製了藏曆。

文成公主入藏後，松贊乾布對大唐的仰慕之情有增無減。文成公主作為漢族人民的友好使者，在吐蕃生活近 40 年。其間，唐和吐蕃沒有發生大的衝突。

貞觀十九年，唐太宗征伐高麗歸來，松贊乾布讓祿東贊上書唐太宗說：「陛下平定四方，日月所照，無不稱臣。高麗自恃地處偏遠，不盡應有的禮節，天子親率大軍征討，凱旋之日，指日可待。大雁在天上飛，也沒有這麼快。鵝和雁是同類，臣特意用黃金冶制一隻鵝，獻給陛下，略表寸心。」

據《舊唐書》記載，那只金鵝高 7 尺，可盛酒 3 斛。用黃金之多，可想而知。其實，唐太宗征高麗，雖然費盡心機，但最終大敗而歸。松贊乾布稱其指日凱旋，送獻金鵝慶賀，不過是對唐太宗的奉承。

貞觀二十二年，唐太宗派王玄策出使西域，西域各國都奉送大批貢品，王玄策回國途中被天竺劫掠，逃到吐蕃求援。松贊乾布當即發精兵 1,200人，歸王玄策指揮，一舉將天竺軍隊擊敗。

貞觀二十三年，唐太宗病逝。松贊乾布遣使弔祭，貢獻金銀珠寶 15 種。並寫信給長孫無忌，表示效忠初即位的唐高宗。唐高宗為了嘉獎其忠心，授松贊乾布駙馬都尉，封他為西海郡王。

永徽元年，松贊乾布病逝，唐高宗為其舉哀，派右武侯將軍鮮於臣前往邏些城弔祭。

松贊乾布是西藏歷史上最重要、最廣為人知的藏王。他在西藏高原實現了統一，正式建立吐蕃王朝。為鞏固政權，松贊乾布曾採取了一系列有效措施：

與吐蕃進行和親

遷都拉薩並建造布達拉宮，把西藏劃為 6 大行政區域；推廣佛教，創製文字；與唐王朝和尼泊爾聯姻，迎娶文成公主和尺尊公主；並建成大、小昭寺；統一席量衡制度；鼓勵眾民開墾荒地，保護水利資源；開山修路以促進貿易；等等。

這對發展吐蕃的經濟、文化、佛教、醫藥等起了很大的促進作用。藏族歷來十分敬重松贊乾布，他不僅被視為觀音的化身，而且是除了赤松德贊和赤祖德贊之外的三大法王之一。

松贊乾布逝世後，文成公主繼續在吐蕃生活達 30 年，致力於加強唐朝和吐蕃的友好關係。她熱愛藏族同胞，深受百姓愛戴。永隆元年，文成公主在吐蕃逝世。由於她始終不渝地貫徹了唐太宗開明的民族政策，為漢藏友好和吐蕃的文明進步作出了重要貢獻，她受到了漢藏人民的衷心愛戴和尊敬。

吐蕃百姓為她舉行了隆重的祭奠儀式，將她的塑像與松贊乾布的塑像供奉在一起。為了紀念她，把她入邏些的日子，也就是藏歷四月十五日，作為她的誕辰。唐代詩人陳陶在《隴西行》一詩中說：「自從貴主和親後，一半胡風似漢家。」

皇子爭權紛爭再起

和蕃取得了良好的效果，國內一派歌舞昇平，李世民非常興奮，臉上的皺紋溢著笑意，眼睛閃耀著光芒，不時得意地用手掠一掠翹起的鬍髭。他命太子李承乾監管國事，留守首都長安，並留下右僕射高士廉輔佐太子，自己帶著文武官員巡幸洛陽。

父皇不在身邊，李承乾彷彿解開了捆在身上的繩索，公開放肆地玩耍起來。東宮充滿了鄭、衛等淫靡之音，鬧得烏煙瘴氣。他喜歡強烈刺激，又喜歡講排場，不顧妨礙農耕，徵召農民服徭役，修繕東宮，擴建殿堂。

東宮光天殿左側的宜春院，如今儼然成了突厥的草原。承乾命上百名奴婢穿著突厥的服飾和模仿髮型打扮，裁剪綵帛縫製舞衣，沒日沒夜地表演胡人的歌舞和雜耍。

這時，太子衛士紇干承基興沖沖地走進殿堂，稟報說：「漢王回到京城來了，我在路上碰見了他。他說到大安宮跟母妃打個照面，馬上就到東宮來。」

「漢王有勇有謀，可算得一個智多星。有他在，把握就更大嘍。」趙節眼睛微眯著，嘴上露出了笑容。他是當年攻取河東時，被隋將堯君素斬殺的趙慈景的兒子，母親是李世民的姐姐長廣公主，他襲承了父親的開化公爵位，擔任洋州刺史。

杜荷見趙節如此推崇漢王李元昌，似乎貶低了他的主導作用，心中很不是滋味。他是賢相杜如晦的兒子，娶李世民的女兒城陽公主為妻，是堂堂的駙馬都尉。

杜荷終於忍不住了，揚起眉毛，頂撞趙節道：「漢王足智多謀，卻從來沒有辦成一件大事。」

皇子爭權紛爭再起

「今上像大石磨一樣壓著他，他敢出頭露面嗎？漢王有沒有智謀，太子殿下比誰都清楚。」

「閒話少說，咱們還是到宜春院去，邊等漢王邊做遊戲。」承乾一直把叔叔漢王李元昌當作貼心知己，對他印象極佳，聽說他回來了，比誰都高興。

長久失修的大安宮早已殘破不堪，風和日麗的春天，它卻顯得比冬天還冷寂。院內空蕩蕩的，陰森得令人恐懼。大安宮內，尹德妃正與李元昌交談。

尹德妃是高祖李淵的妃子，李元昌是李淵的第七子。尹德妃對於李元昌把籌碼壓在太子承乾身上，並不放心，甚至於提心吊膽，因為她非常清楚，唐太宗非常喜歡那個小名叫「青雀」的四子李泰。

李元昌剛從浴室走出來，坐到母妃身旁，竭力寬解道：「承乾雖然是稻草人一個，但他畢竟是太子，任何人奈何他不得。當然囉，人都不可能十全十美，都有優勢和劣勢。正由於他沒有心計，也就不得不依賴我，聽從我的擺布，設法保住他的太子地位。」

「青雀心懷鬼胎，今上又明顯傾向於他，承乾的太子之位保得住嗎？」尹德妃的臉上露出狐疑的神色。

「依我看，對承乾威脅最大的，不是青雀，而是雉奴。」李元昌認為唐太宗的第九子李治更有可能成為未來的天子。

「為什麼？」

「常言道，爹親叔大，娘親舅大。長孫無忌只喜愛雉奴，到時候只怕皇上也會犟他不贏。」

「你怎麼不耐心地等待一下，看準了再下注不是更好嗎？」

「母妃有所不知，兒臣就是看不慣今上那樣子，他從來沒有把我們母子放在眼裡。有他在，我們休想過上好日子。」

「你是要透過承乾把他搞垮，或者說氣死他，是不是？」

「那還有更深層次的含義，嘿嘿，攪渾水捉魚，亂中奪權。首先促使承乾把他父皇的位子奪過來，然後我再取代承乾。我也是高祖的兒子，二哥能即位，我也照樣可以做皇帝。」

承乾在東宮正殿顯德殿召見了右僕射高士廉和左僕射房玄齡等大臣以後，退回內殿，跟一直在等候他的元昌摟在一起，互訴了一番離別之苦。宮女奉上香茗，元昌端起茶杯吹了吹，呷了兩小口，故意慢條斯理地問道：「聽說青雀延攬了一幫士人，在編撰《括地誌》。殿下可知曉？」

「他是要以此譁眾取寵，進而取得父皇的好感，把我比下去，順理成章地取代我的太子之位。哼，蛇蠍心腸，用心何其毒也！」

一陣狂野的衝動攫住了承乾，他雙手揮舞著，眼裡噴出火光，灼灼地環顧四周，恍若要找出魏王李泰來，狠狠地咬住他的咽喉。元昌見三言兩語便挑起了太子的怒火，心裡像有只小鳥兒在唱歌一般快樂。

李元昌裝作打抱不平的樣子，感慨道：「人們都以為體胖的人心就會寬，而他卻剛好相反，又陰險，又毒辣。」

「狼心狗肺的傢伙，兄弟中就數他最壞，腳板生瘡，頭上流膿，壞透了頂。」

「殿下，」元昌的身子向承乾靠了靠，「我元昌永遠緊跟你，當你的打狗棍，誰也休想動你一根毫毛。」

「叔王真是好人。」承乾感動得熱淚盈眶，「有你保護我，我就什麼都不怕了。」

「別叫叔王，我比你只大那麼兩歲，叫元昌順ㄩ些，親切些。」

「尊卑長幼還得要嘛。」

「你我彼此彼此，共褲連襠，不要講客氣。」

「行，行，我就叫你元昌，你就叫我承乾，互相都取消稱呼，更親近些。」

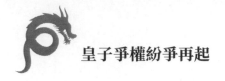

皇子爭權紛爭再起

「唔，你的兵馬訓練得怎麼樣了，到時候能不能派上用場？」

「你去梁州上任後，沒有人敢跟我對壘，玩得不開心，停止了。」

「這既是遊戲，又練了兵，要堅持下去。」

「馬上恢復，說幹就幹，走。」

承乾把左右侍從和禁衛召集到宜春院前面的廣場上，分作兩班，身披用毛氈縫製的甲冑，手拿竹槍竹刀。他和元昌各領其中一班，各自擺下戰陣，大聲嘶喊，衝鋒廝殺，像交戰一樣槍刺刀砍，流血受傷，用來取樂。

年底，李世民從洛陽返回了長安。過了年，頭一次上朝，魏王李泰便迫不及待地進呈《括地誌》一書：「承蒙父皇垂愛，特準兒臣開設文學館，招徠學士俊才，數載寒暑，眾志成城，編撰了該書，呈獻父皇，敬請斧正。」

「好書，好書。」李世民接書在手，像測定份量一樣掂了掂，「我大唐幅員遼闊，有待充分開發利用，正需要有莫大參考價值的權威性著述。」

《括地誌》又名《魏王泰坤元錄》，550卷。它實際上就是唐初各州府的地理志，也是一本歷史地理名著。由司馬蘇勖提議，李泰召集當時著名學者蕭德言、顏胤、蔣亞卿和許偃等人編纂而成，風行一時，造成了一定的影響。

受到李世民的嘉許，李泰開心得不得了，扭動著水桶般的腰身，挺凸著圓鼓鼓的肚皮，趁勢奏請道：「兒臣想擴大文學館的規模，廣延賢達，乞請父皇增撥一些薪俸費用。」

「正當的開支，朕不會吝嗇，可以再增加一些津貼，由你掌握使用。」

「謝謝父皇恩典。」

李泰做出叩謝的樣子，然而身軀肥碩，跪拜顯得相當困難。李世民慈愛地笑了笑，寬厚地說：

「免啦，免啦。看你胖成個熊樣子，腰腹渾圓，趨拜頗難，行走也不便。朕特許你乘小輿至朝所，不必拘禮。」

寵異超常，朝臣們都深感詫異。

李泰放開手腳，大開館舍，廣泛延攬天下鴻儒碩士和時俊賢才。魏王府人才濟濟，門庭若市，每月的用費甚至超過了太子宮。

朝廷上下議論紛紛，諫議大夫褚遂良上殿奏道：「聖人制訂禮儀，用以尊嫡卑庶，太子的供給，可以跟君王相同。庶子不管如何受寵愛，也不能超過嫡子，為的是遏制奪嫡的邪念，斬斷禍亂的根源。如果該親近的人反而疏遠，應當尊貴的人反而卑賤，那麼是非便會顛倒過來。魏王作為藩王，應該用禮義進行約束，勉勵他謙虛謹慎，勤儉節約，就是所謂在聖人的訓導下，嚴格要求，成為品德高尚、操守方正的人。」

李世民表示採納，讓魏王的俸祿和魏王府的撥款恢復原狀，然而又允許他遷到武德殿居住。特進魏徵得到消息，連忙趕到大內，上殿諫阻道：「陛下喜歡魏王，要常常考慮他的安寧，最好抑制其驕傲奢侈，別把他放到一個使人猜忌的位置上，那樣對他不但沒有好處，反而會因此損害他。」

「青雀搬進大內，」李世民辯解說，「離朕近些，隨時都可以管教，規範他的行為。再者，武德殿寬敞，能夠容納更多的人才切磋學問，著書立說。」

「武德殿與東宮僅一牆之隔，海陵王元吉曾經住過，雖然時間和情形不同於過去，怕只怕魏王本人也不會安心。」

李世民口頭上接受，心裡卻一直深愛著李泰，處處衵護。有人密奏許多大臣輕視魏王，李世民很難過，也很氣憤。早朝下來，他把三品以上的官員召到兩儀殿，拐彎抹角地說：「隋文帝在位時，一品以下的官員多多少少都受過親王們的毆打或者侮辱。朕不準皇子們胡作非為，你們就翹尾巴，連魏王也不放在眼裡。要是朕不管教他，他豈不是照樣可以打罵、羞辱你們？」

大臣們嚇得打起寒戰，冷汗淋漓。房玄齡跪下謝罪道：「臣等知錯必改，請陛下寬恕。」

　　眾人都跟著跪了下來，表示認錯改錯。魏徵卻坐著不起身，慷慨陳詞道：「皇上別誤會，朝臣中並沒有人看輕魏王。從禮制上說，臣下與皇子們屬於同等地位。《春秋》中記載，君王派出的使節，地位雖低，但在排班時，位列封國的國君之上。三品以上的官員，都是國家的重臣，陛下也十分尊重禮讓，魏王怎麼可以毆打凌辱？楊堅放縱兒子，讓他們做出那些蠻橫無理的事情來，最終導致國破家亡，切切不可傚法。」

　　「還有，」馬周把話接過來，「三品以上官員遇到親王時，都要下車侍立道旁，不合禮節。」

　　李世民皺起眉頭怔了半天，沒好氣地說：「你們都以為自己很高貴，看不起我的兒子，是不是？」

　　魏徵又頂了上來：「三品以上的官員均是九卿、八座，給親王們下轎行禮，實在不恰當。」

　　「人生壽命長短，本來難以預測。萬一太子不幸早亡，必然會有親王當上你們的主子。我看還是尊重一些為好。」李世民拖長了聲音，語含警示。

　　李世民已經萌發了廢棄承乾改立李泰的意圖，脫口說出了深藏在心底的話。魏徵始終把握住儒家的正統倫理觀念，振振有詞地反駁說：

　　「自周代以來，都是子孫相承，不以兄弟繼位，為的是杜絕庶子覬覦皇位。英明的國君，必須遵循古制。」

　　從中朝退下來，左僕射房玄齡和右僕射高士廉走在一起，瞧見了忙忙碌碌的少府少監竇德素，就問道：「北門近來在營建些什麼？」

　　「我是執行皇上的旨意。」竇德素藏頭露尾地回答說，「要問請直接問皇上。」

　　房玄齡和高士廉碰了個軟釘子，面面相覷。少頃，房玄齡自我解嘲地笑了笑：「看樣子今上不想讓人知道，我們不該多嘴。」

「今上用不著瞞我們呀，」高士廉抖了抖袍袖，「問一問有什麼不可以？」

「我就不想惹麻煩。」

「一味的息事寧人，日子長了，會變成個和事佬。」

「今上天縱明斷，該和稀泥的還得和，和為貴嘛。」

「確切地說，主要還是怕，怕今上生氣，怕加罪於你。」

「我真佩服魏徵，他既敢直諫，又能說服今上。」

「魏徵跟今上商討政務，詰問辯難，前後兩百餘次，多達數十萬言。他奉勸君王改正過失，諫止君王的不法命令，都能就眼前事件引用例證，淵博精深，而又非常貼切。前代所有言官，都做不到。其實，魏徵立足於道義之上，發出規勸君王的心聲，持身嚴正，心懷公平，上不辜負君王，下不阿附權貴，中不偏袒親朋，外不結黨營私，不恃寵而驕矜自許，不因位高而改變節操。即令是西漢的劉更生，曹魏的徐邈，晉朝的山濤，他們的才能口舌確是非凡，但跟魏徵的忠貞相比，都相形見絀，相差甚遠。直到當代，在所有的諫官中，稱得上公正體國、無私無畏的，只有魏徵一人而已。」

「常言道，蓋棺論定。魏徵還活著，而你對他已作出了高度的評價。高老夫子的眼光與學識，也可謂千古一人啊。」

「不，」高士廉擺了擺手，「我不敢稱千古一人。能在歷史上站住腳、流芳百世的，今上不愧千古一帝的明君，魏徵不愧千古一人的直臣。」

「你老人家培養出了長孫皇后和長孫無忌，也算得上空前絕後，前無古人，後無來者。」

「好是他們自己的造化。人的命運和是非功過，往往都掌握在自己的手裡。當然，也不可排除環境的影響，著意栽培和潛移默化。」

「時勢造英雄，英雄造時勢。我們躬逢盛世，實在三生有幸。」

「說老實話，我最擔憂的是貞觀之治能否長期維持下去。文景之治以後，

出了個漢武帝，把西漢的繁榮富強推向了頂峰。今上歸位後，太子能不能襲承大統，會不會有所作為，看來還是一個謎。」

「今上也為皇儲的事而苦惱咧。」

「當斷不斷，反受其亂。要是再來一次兄弟閻牆，禁門喋血，對國家必將帶來莫大的損失。」

高士廉和房玄齡邊走邊說，步出順天門，坐上各自的八抬大轎，穿過橫街，由順天門街走到了尚書省。

竇德素把房玄齡和高士廉的問話奏報了李世民。李世民的臉色帶腮連耳都紅了，豎起兩道連鬢眉，眼睛睜得大大的，把兩位重臣召到甘露殿御書房，帶著責備的語氣說：「你們只管執掌南衙政事，北門一點小小的營建，跟你們有什麼相干？」

房玄齡趕緊磕頭請罪：「陛下息怒，臣等以後不再過問大內的雜務了。」

魏徵和褚遂良走進門，用手臂互相觸了一下。魏徵忍不住說：「臣不知陛下何以責怪他們，玄齡又為什麼要請罪？他們身為陛下的股肱耳目，對宮內宮外的事豈有不該掌握的道理？假使北門的建築合理，應輔佐陛下完成；若是不當營建，則要請求停止。他們向主管官員打聽，本來很正常，沒有什麼出格的地方。」

北門的建築竣工，李世民詔令從即日起皇太子動用國庫的經費，有關衙門不必加以限制。由養尊處優墮落到了奢靡腐化的承乾，變本加厲，隨心所欲，大肆開銷，揮霍無度。

左庶子張玄素實在看不下去了，上書切諫說：「周武帝平定山東，隋文帝統一江南，勤儉養民，均成為一代明主，可是兒子不肖，致使社稷傾覆。聖上與殿下乃是至親父子，又治理同一國家，所以對殿下所需的東西，不加限制。然而恩旨未逾 60 天，消費已超過 7 萬錢，驕縱奢侈，都達到了極點。

東宮屬官與正直之士都不在太子身旁，一群淫蕩乖巧的侍從充斥左右。從外面遠看，已經看到了失誤，隱藏在裡面的奧祕，更無法猜測。苦藥利病，苦言利行。但願居安思危，一天比一天謹慎。」

太子厭煩張玄素上書一諫再諫，派遣心腹埋伏在途中，趁張玄素上早朝，暗中襲擊，用大號馬鞭把他打得死去活來，幾乎斃命。

張玄素躺在病床上，承乾倒覺得耳根清淨了許多，他放開膽子和元昌等人忘乎所以地鬼混去了。

忠臣魏徵魂歸九天

李世民天天忙於料理政務，似乎沒有覺察太子的荒唐。朝臣們都一味順從，不像魏徵那樣敢於發表見解，直言諫諍，於是他想起了在家養病的魏徵。他仰著面孔默了默神，御筆親書了一道手諭，說：「得知愛卿身患疾病，朕至為掛念。幾日不見，朕的過錯又多了起來。本想親自探望，又恐增添攪擾。你要是聽到或看到了什麼，可以用親啟密奏。」

魏徵心頭一熱，兩行淚水撲簌簌地流到又黃又瘦皺紋深深的臉頰上，滾進了白花花的鬍子裡。他凝神思索了片刻，用顫抖的手指握住筆管寫了一道奏本：「近來弟子冒犯老師，奴婢忽視主子，下屬多瞧不起長官，風氣不正常，必然有原因，不可坐視不管。」

思路一轉，魏徵筆鋒直接指向了李世民：「陛下臨朝呼政，常常將『公正』二字掛在嘴邊。退朝後的所作所為，卻未免有所偏頗。有時害怕別人發現不恰當的事情，藉故大發雷霆，欲蓋彌彰。臣以為有害無益，值得留心在意。」

李世民得知魏徵的住宅沒有廳堂，便停止了一座偏殿的建築，吩咐把材料運送到皇城東側丹鳳門南永興坊魏徵的家裡，日夜加班，5天時間便給他落成了一座廳堂。魏徵清廉剛正，兩袖清風，沒有積蓄。李世民順應他儉樸的習慣，賜給他素色屏風、素色被縟，以及几案和手杖等，保證其生活必需品。魏徵上表謝恩。

李世民手書敕文，說：「朕如此對待你，為的是百姓與國家，豈止單為你一人，何必過於客氣。」

這時候，李泰與承乾的明爭暗鬥也愈演愈烈，甚至達到了不擇手段的程度。李泰潛懷奪嫡的念頭，派遣杜楚客等人用金銀珠寶等去賄賂朝臣，又網羅到了柴紹之子、駙馬柴令武和房玄齡之子、駙馬房遺愛，親信達到了20多人。

李世民雖然採取置若罔聞的態度，放縱魏王的行徑，但是並沒有明確表態更換太子，仍舊猶猶豫豫，舉棋不定。他試探著詢問身邊的侍臣：「當前國家哪一件事最緊急，你們各自談談看法？」

沉默了好久，才慢慢有人搭腔。這個說要「勤政愛民」，那個說要「安定邊防」，又有人說「禮儀為先」。說來說去，李世民都不中意。

褚遂良從沉思中抬起頭來，毫無矯飾地說：「如今四方仰德，歌舞昇平，一派蓬蓬勃勃的興旺景象。然而太子的行為不夠檢點，魏王自作聰明，二人各樹朋黨，互相傾軋。長久下去，必然引發禍端。當務之急，太子和親王之間的名分，宜儘早確定下來。」

「不錯。」李世民頷首道，「朕年將 50，已覺衰惫，明顯出現了力不從心的感覺。既然以長子守器東宮，就得扼制其他親王的非分之心。」

「往昔聖人擬訂制度，尊嫡卑庶，不可踰越。承乾乃陛下的嫡長子，已經確立為儲君，就得堅持維護他的太子地位，防微杜漸，以免顛倒黑白，發生禍亂。」

「朝廷的文武百官，正直沒有人能超過魏徵，朕讓他來做太子的師傅，來排除猜忌和疑慮，眾卿以為如何？」

在場的人都拍手叫好，表示擁護。魏徵接到讓他擔任太子太師的聖旨，覺得不堪負荷，背上了包袱。病情稍稍好轉，他就躚躚跚跚上朝辭讓。李世民望著他那凸出的前額顯露的黯淡的光澤，聽他說話發音低沉，而且嘶啞，喉頭像是蒙著絲帕一樣，深為他的健康擔憂。然而又萬般無奈，只得以相求的口吻婉轉地說：「周幽王、晉獻公，廢除嫡子立庶子，造成國家危亡。漢高祖差一點兒也廢掉了太子劉盈，幸虧商山 4 位白髮隱士下山輔佐，才得以保住太子之位。朕信賴你，用意和他們完全一樣，保護承乾。愛卿有病在身，可以坐在家裡，躺在繩床上，邊休養邊關照一下東宮事務。」

「臣不勝惶恐，怕只怕辜負了陛下的一片心意。」

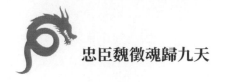

「只有把你推出來，才能使天下人相信，朕沒有奪嗣換宗的打算。」

魏徵不好再推託了，勉強接受了成命。李世民詔命魏徵輔佐東宮，承乾樂得嘴角都咧到了耳朵邊。他本來厭惡進諫的人，可是魏徵另當別論，倔老頭是開創貞觀之治的大功臣，享有崇高的威望：「有他在，青雀絕對莫奈我何。」

承乾吃了定心丸，對前途充滿了信心，又揚起了希望之帆。魏徵不遮不掩的陳述和直截了當的開導，他聽起來不但不厭煩，而且很順耳，甚至像聽世間最美妙的音樂一樣。雖然惡習難改，但也收斂了許多，不再過分放縱自己了，甚至狠下決心改過自新，重新做人。

幾次接觸之後，魏徵也覺得太子並非朽木不可雕也，只要循循善誘，讓他走上正道，自強自立，可以承續皇統，成為一代有作為的新君。他回想起承乾8歲被冊立為太子時的情景，那麼活潑可愛，瀰漫著稚氣的大眼睛滴溜兒轉著，直如兩顆熠熠閃光的黑珍珠。淺淺一笑，面容好像花一樣開放，那麼甜蜜、純樸、神采飛揚，宛然昭示著未來的輝煌燦爛。高祖駕崩，今上服喪期間，太子代替父皇處理國政，再一次展示了他的聰明和才幹。

「看來太子放蕩不羈不是秉性所為，而是受魏王干擾，自信心不足而產生的後遺症。只要今上不偏向於魏王，太子擺正自己的位置，很有可能恢復被扭曲的心態，走上正道。」魏徵這樣想著，心境豁然開朗，臉上也綻出了些許欣慰的笑容。

李承乾的轉變也給李世民帶來了一片光明，他滿心舒展，公開對文武官員說：「外面傳言太子的腳有毛病，走動不便，而魏王聰穎悟性高，又時常伴駕游幸，某些別有用心的人開始揣度朕意，捕風捉影，追潮趕浪。要知道，太子的腳雖有病，但並不妨礙行走。《禮記》中說，嫡子死，立嫡孫。太子的兒子像已經5歲了。朕終究不會以庶子取代嫡子，開啟奪嫡的禍源。」

群臣聽罷，高興得手舞足蹈，山呼萬歲，聲震殿宇，引起強烈的共鳴。

魏徵輔佐太子承乾，果然產生了神奇的效應，一下便挽回了奪嗣換宗的局面。可是，天不假年，太子太師魏徵的病情急轉直下。李世民接連不斷派人前去慰問，賞賜藥餌，奔走在路上的車馬往來不絕。又派中郎將李安儼住在魏徵家裡，隨時奏報魏徵病情的變化。魏徵彌留之際，李世民率太子承乾等駕幸魏府，至病榻前攬住魏徵的手，說：「愛卿，你不能離開朕，一定要把病治好。」

「臣捨不得離開陛下，然而大限已經到了，神仙也救不了我的命啦。」魏徵唏噓啜泣，眼淚與鼻涕流濕了衣襟。

「卿家有什麼話，儘管對朕說。」

「臣一生坎坷，晚年幸遇英主，得以壽終正寢，心已滿足，別無他求。唯願陛下龍體安康，堅持嫡長繼承製，不再動搖。」

李世民受了感動，眼圈也紅了，用手指著衡山公主說：「朕欲將小女許配給貴公子叔玉，無忌和太子可為媒妁。」

魏徵激動得張開了嘴：「叔玉，趕快謝恩。」

「臣謝皇上隆恩。」魏叔玉跪到李世民的膝下，行了叩拜大禮。

「賢婿平身！」李世民溫言軟語地說，「你和太子既為兄弟，朕就讓你留在太子左右，減輕你父親的勞累。」

魏徵胸脯一起一伏，完全沉浸在激動裡，心滿意足地合上眼皮，與世長辭了。時維貞觀十七年正月十七日，行年 64 歲。

李世民詔命九品以上文武百官全都參加葬禮，並賜予手持羽毛的儀仗和宮廷鼓吹班送葬，陪葬昭陵。魏徵的夫人裴氏推辭說：「亡夫平生節儉樸素，現在用正一品高官安葬時才可以使用的羽葆儀仗，不是他的意願。」堅辭不受。而只用有篷蓋圍幛的靈車，裝載靈柩出殯。

李世民登上禁苑西門門樓，遙望上山的靈車，痛哭流涕。他親自撰寫了

碑文，表彰魏徵的功德。「人生感意氣，功名誰復論。」魏徵《述懷》詩中的兩句話，正好成了他一生的寫照。李世民難忘魏徵，常常登高遠眺西北的九嵕山，寄託自己的哀思。又常常用深切懷念的心情和誠摯的語氣對身邊的大臣說：「人以銅為鏡，可以正衣冠；以古為鏡，可以知興替；以人為鏡，可以明得失。魏徵逝世，朕失去了一面鏡子。」「魏徵忠勤可嘉，」長孫無忌寬解道，「皇上給予他的榮耀，也已經高到了極限。倘若他地下有知，應該可以含笑九泉了。」

房玄齡、高士廉、馬周和褚遂良等也一齊上前相勸，才止住李世民的悲傷。思前想後，李世民決計將24位開國功臣的圖像畫在凌煙閣，以資紀念，並供後人瞻仰，激勵後人繼承他們的意願與遺志，為國建功立業，爭取圖畫於凌煙閣的最高榮譽。

凌煙閣繪製功臣像，同時也說明了唐朝的政權業已鞏固，新的貴族政治體制逐漸形成。此後要想躋身朝堂，尤其是想成為出人頭地的顯貴，不但必須慘淡經營，更需要出身門閥的背景。光有真才實學不夠，做官還得五官端正、儀表堂堂。高宗朝的鍾馗，考取了進士，其貌不揚，皇榜上便沒有他的名字，只能飲恨終身。

凌煙閣矗立在太極宮的東北部，甘露殿以東，神龍殿的背後。閣內的功臣像，是畫在各室的白壁上的，亦即壁畫，皆出自當時大畫家閻立本之手，為時人所稱頌。每一幅圖像旁邊還題有讚詞。後來李世民特意登凌煙閣，觀魏徵畫像，賦詩祭悼，以誌哀思。

一舉廢除謀反太子

魏徵的死，恰好處於一個歷史的轉折時期。他的死，也引起了朝廷上下的震動。當然，受震動最厲害的首推太子承乾。他剛剛鼓起來的一點勁頭，一下子又撒了氣，那對灰黃的眼珠子失神地望著終南山披雪的山峰，臉上如同掛了霜一般，心頭籠著一層烏雲，空虛和壓抑的感覺在他周圍擴展，包圍了他，吞噬了他。

李承乾喝得醉醺醺的，對身邊的人說：「我假裝是可汗，不幸翹了辮子，你們仿效突厥的風俗，來操辦喪事。」說罷，身子一倒，像死人一樣僵臥在地上。

眾人一起放聲哭喊，騎上馬環繞著「屍體」奔走，然後貼近他，用刀劃他的臉。隔了一陣，承乾霍然坐起來，煞有介事地說：「我一旦擁有了天下，當率數萬騎軍，到金城以西狩獵，玩個痛快，滿載而歸。然後解開髮髻做突厥人，投靠史思摩可汗。假如給我一個將軍的職務，舉著馬刀衝鋒，絕不會落到別人的後面。」

「承乾，」李元昌從馬和人的縫隙中鑽了出來，「你真會玩，玩得多開心。」

「呃，元昌，我正要找你。道士帶來了沒有？」

「早來啦。不好打擾你的雅興，安排他們在集賢館歇著。」

「叫什麼名兒來著？」承乾彎曲著手指敲打自己的額頭。

「貴人多忘事，只怕就是指你這號人。」

「快告訴我，少囉唆。」

「一個叫做秦英，一個叫做韋靈符。他們道術高深，還有魔法。嘻，樂童稱心也來了。」

一舉廢除謀反太子

「走，走，一起見他們去。」

李承乾和他們一見如故，沒日沒夜地在一起廝混，變著法子取樂。李世民愈來愈不喜歡承乾。承乾也明白父皇在生自己的氣，於是橫了心，乾脆聲稱有病，不進宮朝見。

一天深夜，李承乾與自己的幾個謀士悄悄謀劃政變。

侯君集雙手拍了拍：「天快亮了，閒話少說，言歸正傳。魏王得到今上的寵愛，眼下要謹防太子遭受隋朝太子楊勇那樣被廢為平民的災禍。太子殿下，今上召見你時，要加強戒備啊。」

元昌看出火候到了，適時地建議道：「凡是同謀者都要割破手臂，用帛擦血，燒成灰燼，和在酒裡飲下，發誓同生死共患難，準備率軍進入皇宮。」

眾人飲乾血酒，賭咒發願後，杜荷更加壯了膽，他湊到承乾跟前說：「天象發生了變化，得趕快行動以應天象。殿下只需稱得了急病，生命垂危，今上必然會親自來探視，乘此機會可以得手。」

天亮後，密探向李承乾稟報了齊王李祐在齊州叛亂的消息。承乾又慶幸又揚揚自得，對紇干承基等人說：「東宮的西牆與大內的東牆就是一堆牆，東宮跟大內相距不過幾十步，和卿等謀劃大事，可謂舉手之勞。我們的優勢齊王怎麼能相比？」

齊王李祐當真起事了，舉兵反叛朝廷。告急文書雪片一般飛向京都長安。李祐系李世民的第五子，授封齊王，擔任齊州都督。他的舅舅、宮廷尚乘局直長陰弘智出謀劃策說：「王爺兄弟太多，陛下千秋萬歲之後，你應當有壯士來保護自己的安全。」

李祐輕狂浮躁，卻很相信他的舅舅。陰弘智推薦了妻兄燕弘信。李祐非常滿意，賞賜燕弘信大量的金銀財寶，讓他偷偷地招募壯士。李祐親近小人，又喜好打獵，長史權萬紀屢次勸諫，他都不聽。最終矛盾激發，李祐派人射殺了權萬紀，公開造反。

李世民得到奏報，即命兵部尚書李勣等人征發懷、洛、汴、宋、潞、滑、濟、鄆、海等9州的兵馬，共同討伐。最終李祐被押解到長安，賜死在內侍省。

在處理李祐叛亂事件時，牽連到了紇干承基，原來他還給齊王李祐做密探，被逮捕後，囚禁在大理寺獄中，依法當判處死刑。紇干承基死中求生，上書告發太子承乾謀反。

李世民驚得天旋地轉，立馬召集大臣們前來商議，打算先聽聽他們的意見，再斟酌處理。

尉遲敬德兩隻眼睛暴突出來，炸開喉嚨吼道：「誰敢動皇上一根毫毛，我跟他沒完！」

「用不著多考慮，讓俺程某去把他抓起來，不就得啦。」程咬金一邊說一邊站了起來，準備往外走。

長孫無忌把他拖住了，佯嗔道：「就你性情急躁，皇上還沒有開口，你就要行動。」

「事久多變，真正鬧起來了，可就麻煩了。」

「現在無憑無據，憑什麼抓人？」

「紇干承基不是告發了嗎？」

「真是個冒失鬼！」長孫無忌搖了搖頭，「10個紇干承基說太子謀反，沒有證據，也等於零。」

「對。」李靖頷首道，「必須先行查實，才能進行處理。」

「派誰去呢？」

大臣們都把目光集中到了李世民的身上。李世民揚起下巴想了想，吩咐道：「長孫無忌、房玄齡、楊師道、蕭瑀、李勣，由你們5人先行按察，查清楚以後，再就事論事處理。」

「臣遵旨。」

一舉廢除謀反太子

　　長孫無忌等 5 人叩頭後，剛剛站立起來，東宮傳來太子承乾得了急症，命在旦夕，請皇上快去看看。

　　李世民心裡「咯噔」了一下：「太子身體有些小毛病，可是從來沒有得過急症。他是不是聽到了風聲，狗急跳牆，想騙我落進他的陷阱？到底去不去呢？」他自問自答，「看來不去不行。不去，難免落下口實，說我不關心太子；去呢，相當危險。」

　　唐太宗內心充滿矛盾，搓著手，在御案旁來回走了一通，然後眉頭聳立起來，拿定主意：「不管真病假病，不管危險不危險，不去不行，而且必須去。真病，得不惜一切代價給他醫治；想謀害我，正好將計就計，一網打盡。」

　　李世民停止了走動，轉過臉來，決斷地說：「不管是真是假，我都得走一遭。」

　　「不！」房玄齡抬起前額，「皇上，你不能去。那是一處是非之地，凶多吉少。」

　　「房愛卿，你不必阻攔，朕自有安排，你就等候佳音吧。」

　　李世民連續下達了一道道密令。調度完畢，挨到半夜過後，才起駕出宮。

　　稱病在東宮承恩殿等候父皇到來的承乾，從下午等到晚上，等了又等，仍不見父皇的影子，不禁感到失望。他焦急得心裡像油煎，通身流汗，時而瘸著一條腿走到殿門口聽聽動靜，或者望著深幽無比的天宇出一會兒神，時而走回來，跟廝守在殿堂的同謀咕噥幾句。

　　侯君集沒有來，他帶著家兵家將監視魏王府去了，只等李世民一落網，就立刻破門而入逮住魏王李泰，當即處死，不留後患。

　　聽到接駕的傳呼，承乾和在場者不禁又疑惑又欣喜。他們疑的是子夜都過去了，李世民為什麼才來？喜的是他畢竟來了，而且護駕的人不多，只有雷雲吉和雷雲兆兩員保駕將軍和幾十名貼身侍衛。

　　「太子，你的病好啦？得的什麼病？」李世民隨口問著。他聳了聳眉毛，

兩道如劍鋒般冷峭的目光從跪在甬道上接駕的人身上一一掠過。

承乾見了父皇，油然而生一種悚懼心理，兩腿像彈棉花一樣顫慄得幾乎站不起來，上牙磕打著下牙，戰戰兢兢連話也對答不上來了。

「窩囊廢！」李元昌心裡罵了一句，霍然挺立起來，牽動嘴角擠出一絲笑紋，皮笑肉不笑地說，「外面風大，皇上，進裡面來說吧。」

殿內充滿了殺氣。李世民帶兵打仗出身，一眼就判斷出來了。「祕密調動的兵馬是不是趕到了？」他想拖延一下時間，又想直接觀察清楚，「到底有哪些人參與了叛逆？誰是幕後操縱者？主謀是誰？」

心慌意亂的李承乾張大嘴直喘粗氣。他懼怕父皇的威嚴，進而聯想到了父子之情，又怕背上弒君的罪名，胸口亂跳，發不出聲來。

李元昌急了，把右手的兩根指頭伸進嘴裡，打了個呼哨，埋伏在承恩殿夾壁中的武士亂哄哄地闖了出來，在李安儼、杜荷和趙節的帶領下，成馬蹄形向著李世民逼過去。

雷雲吉和雷雲兆遮護著李世民，猛喝道：「誰敢動手？！快退回去！」

「上！」李元昌伸出一隻胳臂，好像長矛一樣地開路，「跟我上，一齊上！」

雷雲吉和雷雲兆見來勢兇殘，便一齊抽出佩刀，直取李元昌。李元昌舉劍相迎。鬥了兩個回合，李元昌感到體力不支，亂了劍法。李安儼挺槍接應上來，敵住雷雲吉。槍豎刀橫，絞著一團殺氣。刀槍相碰，撒開點點寒星。

武士和侍衛都好像中了魔似的，看傻了眼，他們吊刀在手，屏住呼吸，猶若釘在了地面上。李安儼、李元昌與雷氏兄弟殺到哪兒，他們的眼睛就跟到哪兒。

星月交輝，加上從大殿透出來的亮光，照射著兩撥界線不甚分明的人群。颳起一陣大風，天空彷彿黑了一下，打鬥忽然停頓下來。然而就在令人膽寒的沉寂時刻，不知誰喊了一聲：「衝啊！活捉李世民者，重賞千金，封

萬戶侯！」

混戰開始了，雙方展開了激烈的廝殺。武士們都是花重金收買來的，是不惜以生命作為代價的亡命之徒。貼身侍衛即百騎團團護住李世民，在頑強的猛擊下顯得似乎力不從心，邊戰邊退。

地面揚起塵霧，在夜色黯淡的光照下，儼然雲陣一般遮蓋著拼殺的人影，如同皮影戲一樣晃來晃去。打鬥的嘶叫聲、兵器鏗鏘的撞擊聲和戰鼓號角的吹奏聲，喧囂地交織在一起。

李世民身處刀光劍影中，情態異常鎮定，眼睛緊盯著像海水一樣激盪的人潮。李安儼覷著一個空當兒，手起一鏢投向李世民。說時遲，那時快，程咬金揮舞板斧從牆頭飛身而下，擋掉了飛鏢。

秦叔寶、李道宗和尉遲敬德帶領飛騎衝到當場，隔開了雙方的搏鬥。李靖和李勣的人馬包圍了承恩殿。武士們繳械投降後，長孫無忌、房玄齡和楊師道把李世民請進承恩殿。李世民吩咐將太子承乾和李元昌等一一押了下去，聽候發落。

長孫無忌、房玄齡、楊師道、蕭瑀和李勣 5 人，會同大理寺、中書省、門下省一起審問，很快查明了太子承乾謀反的來龍去脈及其參與者。

滿朝文武百官在太極殿舉行大朝會，李世民端坐在御榻上，態度嚴肅地問道：「太子承乾謀反，眾卿暢所欲言，該如何處置？」

群臣都低著頭，渾如木雕泥塑一般僵僵地立在殿下，沒有人開口對答。通事舍人來濟在沉默中理順了一下思路，越出班部叢中，拜罷起居，奏道：「陛下已盡到了慈父應盡的責任，沒有任何缺失。太子自作自受，讓他享盡天年，就算不錯啦。」

李世民額頭上顯出深深的皺紋，擰著眉頭沒有吭氣。前不久才處死第五子李祐，接著又將以叛亂罪處死長子承乾，他有些於心不忍，不禁十分賞識來濟思路的清晰和表達的得體。來濟從此在他的心目中留下了深刻的印象。

李世民採納了來濟的奏請，下詔廢黜太子李承乾，貶作平民，幽禁在右領軍府。同時，承乾的長子象也被剝奪了皇太孫的地位。李世民又故作姿態地要免除漢王李元昌的死罪，群臣都竭力反對，於是賜他在家中自盡。

重新確立新繼承人

外面鬧騰得風風火火，沸沸揚揚，李治卻置若罔聞，全不把它當回事，彷彿與己無關似的，一個人關在書房裡看書寫字，吟詩作賦，自我消遣，自尋其樂。

李治性格孤僻、怯弱，喜歡清靜，不愛拋頭露面，更不願意干預朝廷事務，插手權力之爭。他是一個十六七歲的小青年，從外表上看，文弱、清秀，相貌很像母親長孫皇后，或者說像舅父長孫無忌，而氣質卻遠不及母后和舅舅那樣矍鑠、剛毅、綿裡藏針、堅忍不拔。

李治身材瘦高，長條形臉，窄額頭灰暗無光，兩頰沒有血色，臉面和白猿差不多，嘴唇紅殷殷的，目光逢人便低垂下來，很少正面看人。胸脯渾若發育不良，顯得單薄，微聳著兩肩，肩胛骨從衣衫底下拱了出來。走路時，手臂軟軟地耷拉著，一副淡漠和無精打采的樣子。

當年長孫皇后生怕養不活這個兒子，對他特別關切，母性的愛往往偏向於他，從不嚴加管教，十分鬆懈。在眾多的兄弟姊妹中，他最不招人顯眼，也很少引起父皇的注意。

李世民連他快長大成人了似乎還不覺得。他性格內向，沉默對於他來說就是美，就是休養生息，好比韜光養晦，在沉默和沉思中積蓄力量，不斷地充實自己，厚積薄發。

長孫無忌可謂獨具慧眼，一直以來就非常看重他，有空便來陪他消遣，給他講解經史典故，評點古今得失，間或還要議論一下朝廷大事。

承乾被廢掉太子後，魏王泰每天進宮侍奉父皇，討他的喜歡。李世民對李泰愈看愈中意，愈看愈順眼，當面許諾立他當新太子。中書侍郎岑文本和

黃門侍郎劉洎順從李世民的意願，出面奏請立李泰做儲君。

魏王泰及其黨羽十分開心，喜上眉梢，樂得心裡直癢癢，自以為如願的日子為期不遠了。

然而，怎麼也沒料想到，眼看水到渠成，卻突然出現了一道障礙，像堤壩一樣攔腰斬斷，擋住了水流的去路。他就是位列開國 24 功臣之首、李泰的舅舅、權勢最大的外戚、授封趙國公、官拜司徒的長孫無忌。

滿朝文武都得看長孫無忌的眼色行事，連李世民也對他禮讓三分。他老成持重，城府很深，沉默時自有一種凜然的威懾力，開口說話則言簡意賅，斬釘截鐵，一語破的。

德高望重的他，同時具備毅力和魄力，果決幹練，鷹視狼顧，虎步騰騰，高屋建瓴，顯示出一派冷峻而凌厲的氣勢。他不表態，李世民也無可奈何，不敢率爾從事。

長孫無忌偏偏看不上魏王泰，把他當作秦二世和隋煬帝：「一旦登上天子的寶座，他必然會殘害兄弟，誅戮功臣，鬧得烏煙瘴氣，國家慘遭不幸。」

大唐的體制業已確立，政權已經鞏固，以長孫無忌為代表的皇親國戚和文武百官都是既得利益者，他們所關心的是國家的長治久安和子孫後代的幸福。

在他們的心目中，理想的天子不再需要霸氣。相反，要的是才氣，舉止文雅，心氣平和，講究禮儀。君則敬，臣則忠，長期維持朝廷上下的正常秩序。

保持了一段時間的相對平靜，當李世民以試探性的口吻提出確立新太子時，坐在御座一側的魏王泰挺了挺胸脯，肉鼓鼓的胖臉顯得容光煥發，光彩照人，眉宇間流露出志在必得的神氣。

殿堂上卻顯得異常寂靜，鴉雀無聲，空氣沉悶得令人窒息。長孫無忌環視了一下眾人的表情，邁著莊重的步子走出班部叢中，開口打破了沉默。

「現在江山一統，四海安寧，創業的艱難已成過去，守成難提上了議事日程。偃武修文，以文德治理國家，是守成之計。皇儲乃國之根本，必須與守成相適應。依臣看來，除了晉王治，再沒有第二人可當儲君，其他親王都無法跟他相比。」

此話如一把猛火燒開了鍋裡的水，百官活躍起來，交頭接耳，傳遞眼色，很快議論開了。許多人受了啟發，覺得言在理中，產生了同感。然而對於魏王泰來說，長孫無忌一番冠冕堂皇的言辭，好比晴天霹靂，炸得他兩隻眼睛一陣發黑，手足無措，幾乎震呆了。

李世民也驚奇得全身怔住，半晌才回過神來。晉王治忠厚孝順，文質彬彬，是他的長處；然而體質荏弱，性格內向，多愁善感，正是他的致命弱點。

作為一代天子，君臨天下，日理萬機，駕馭群臣，沒有強壯的體魄、頑強的意志和過人的膽識，那是很難勝任的。

李世民陷入了困頓和惶惑之中，像醉了酒一樣，眼睛發花，心頭茫然，舉棋不定，左右為難，只得宣布退朝。魏徵的死，給李世民帶來了不可估量的損失。正如他本人發自內心的感嘆，失去了一面對照得失的鏡子，許多事把握不準了，拿不定主意了。

魏王一計不成，又心生一計。他瞭解小弟李治體弱膽小，受刺激便會嚇出老毛病來。一旦病倒，太子就不會再往他身上考慮了。即使要立他當太子，他也會哭喪著臉表示不會僭越胞兄。由李治把他推出來，想必眾人再也無話可說了。

李泰內心盤算好了，興沖沖地從延康坊魏王府乘轎出門，徑直來到立政殿，找到李治，屏退左右，故弄玄虛地附耳嚇唬道：「雉奴，你過去跟元昌非常要好，他犯大逆罪被賜死了，你難道不擔驚受怕？」

「我，我……」李治緊張得面色如土，不禁打了個寒戰，渾身起了一層雞皮疙瘩。

「還有，承乾和元昌跟你說過些什麼話，怎麼還不向父皇自首？要知道，裝瘋賣傻是瞞不住的。瞞病必死嘞！」

李泰覺得目的已經達到，不等對方回答，陰冷地瞥了他一眼，挺胸凸肚地走開了。

一場驚嚇，觸發了李治的眩暈症。他眼前一陣金星亂飛，腦袋直如在頸脖上搖晃、旋轉，一屁股坐到地上，煞像捅破了淚泉似的，嗚嗚直哭。

李世民以為他病了，來到立政殿，把他拉到懷裡，親切地問道：「雉奴，怎麼啦？快說，快說，告訴父皇。」

連問了好幾遍，李治都不肯說，自顧自地哭著，一把眼淚一把鼻涕，把李世民的衣襟都打濕了。李世民不耐煩了，氣得鬍鬚都翹了起來，李治才吞吞吐吐地說出來。

對於李泰卑劣的小伎倆，李世民特別惱火而又失望，後悔不該說出立他當太子的話來。他對李泰的品性產生了疑慮，為了檢驗自己的看法，直接到右領軍府單獨召見了李承乾。

從東窗事發到被幽禁，跌進絕望深淵的李承乾表情陰鬱，滿臉寒氣，瘦得落了形。李世民的心中湧動著幾分同情，又有幾分噁心。他收回目光，平靜地問道：「到底是為什麼，你居然不計後果，想到了反叛？」

「兒臣身為太子，還要貪圖什麼？無奈遭受青雀的暗算，不得不時常跟臣屬商量如何自救，心懷不軌之徒便乘機教唆我犯上作亂。可惜人只有後悔，沒有前悔。父皇呀，請聽罪臣一言，若是立青雀當太子，正好落進了他的圈套。」承乾的話語，透露出面臨死亡的人的率直和無所顧忌，又一次從側面揭發和證實了李泰的卑鄙齷齪、狼子野心。

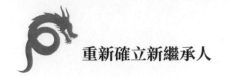

重新確立新繼承人

　　向來以「兼明善惡」而備受人們稱頌的李世民，卻長期被自己的兒子矇騙著，不辨真偽，不識虛假，幾乎弄得騎虎難下。他的自信心一下子崩潰了，悔恨交加，汗顏滿面，臉上熱辣辣的，像是挨了一記耳光。次日朝會完畢，群臣退出。

　　貞觀十七年四月七日，李世民正式頒發詔書，確立晉王李治為皇太子。御駕登上順天門樓，大赦天下罪犯。

　　賜酺 3 天。飲宴中，李世民帶著告誡的語氣對身旁的大臣說：「朕如果讓青雀當太子，那就表明太子的位置是可以施展陰謀奪得到的。往後，但凡太子失德，親王鑽營，一律罷黜。子子孫孫，永遠遵守。」

親征高麗而失敗

正在唐太宗為王儲問題心力交瘁的時候，新羅王國的使節來到長安，拜見李世民，啟奏說：「百濟王國攻打我們的國家，占領了40餘座城池。又與高麗王國聯盟，準備切斷新羅向中國朝貢的道路。請陛下發兵救援。」

新羅對唐朝稱臣，每年都進獻貢品，唐朝必須保護它的安全。它來求救，唐朝不可等閒視之。李世民和大臣們商議，決計派遣秦叔寶和程咬金兩員大將攜帶詔書，出使高麗，一則以他們的聲威和大將風度對高麗施加影響；二則探視其虛實。

臨行前，李世民吩咐秦叔寶和程咬金說：「你們對高麗提出警告，新羅是大唐的藩屬國，朝見進貢，從不間斷，我們負有保護的職責和義務。高麗與百濟都得休兵罷戰。要是再打新羅，明年大唐就將興師討伐他們。」

宣布新的太子後，已經將近新年，身心勞倦的李世民車駕前往驪山溫泉避寒。李世民在溫暖的泉水中浸泡了十來天，返回了長安。春節過後，他又來到了驪山，沐浴在暖意融融的溫湯裡。溫泉浴實在是一種最美好的享受，又好似一劑良藥，有效地醫治著李世民心靈的創傷。他流連忘返，每天都在驪山的行宮舉行早朝，處理政務。

這時候，出使高麗王國的秦叔寶和程咬金抵達了高麗的都城平壤，而莫離支蓋蘇文正在進攻新羅王國，攻下了兩座城池。國王高藏派人召他回來，蓋蘇文才班師回朝。秦叔寶傳諭他不得再攻打新羅。蓋蘇文根本不理會他們。秦叔寶和程咬金返回朝廷，據實奏報。李世民氣得七竅生煙，扭歪了臉：「蓋蘇文弒殺其國君，迫害同僚，虐待百姓，而且侵暴鄰國，又膽敢違抗朕的詔令，不可不加討伐。」

親征高麗而失敗

「陛下麾旗所指則中原清晏,眼睛一轉便四夷歸服,聲威德望無與倫比,而今卻要渡海遠征小小的高麗。倘若很快攻克傳出捷報還可以,萬一遭遇挫折,損傷威望,再引起百姓的反抗,國家的安危就難以預測了。」

褚遂良的諫阻,李世民沒有聽進耳。「你是只知其一,不知其二。朕心中有數,不需多言。」他仰起鼻子,操著嘲諷的語調反駁說。

其實,隋朝滅亡的主要原因,唐初的君臣都相當清楚,不外乎3條:一是煬帝本身窮奢極欲,暴虐不仁;二是大興土木,營造宮室,開挖運河,修築長城;三是3次親征高麗,都以失敗告終。尤其是親征高麗,直接導致了天下大亂。李世民受制於外戚長孫無忌,迫使他冊立懦弱的雉奴當太子。他愈來愈不稱意,準備改立吳王恪,又被長孫無忌阻住。李世民心懷怨恨,卻又說不出口,只想找個地方出氣,發洩鬱積心頭的無名火,並且又可以重振昔日的雄風。

李世民打算親自統率三軍遠征高麗。褚遂良和長孫無忌心靈相通,再次出面諫阻道:「天下猶如一個人的身體,兩京好比心臟,州縣如同四肢,四方蠻夷乃身外之物。高麗罪大惡極,無疑應該討伐。然而用不著啟動聖駕,只要派出兩三員驍將,調集四五萬兵馬,仰仗陛下的神威,就可以徹底打敗它。」

「朕帶兵打仗出身,知道仗該怎麼打。」李世民顯得頗為自負。

「陛下的神勇武略,微臣曾親眼所見,豈有不知之理。臣的意思是,而今太子確立不久,還沒有成年,其他藩王大都幼小,一旦離開京師,冒著橫渡滄海的風險,以天下萬王之王的尊貴,輕率地發動絕域戰爭,臣等深覺忐忑不安。」

李勣手捧牙笏,出班奏道:「當年薛延陀進犯邊塞,陛下準備出軍窮追猛打,因魏徵阻止而作罷,以致留到今天仍在北方製造災禍。那時如果履行陛下的決策,北邊早已平安無事了。」

「那確實要算魏徵的失算。」李世民頷首道，「朕隨後即感到後悔，只不過不願意說出來，怕堵塞眾人進言之口。」

行宮殿堂上議論紛紛，文武官員多數都不贊成御駕親征高麗王國。他們哪裡知道李世民肚裡慪了氣，要擺脫長孫無忌等大臣的挾制，同時又想向世人展示一下他超邁秦皇漢武的雄才大略，不願意放棄遠征機遇。李世民的額頭皺起三道抬頭紋，用不容置喙的腔調決斷地說：

「八堯九舜，也不能在冬天播種。可是鄉村的農夫，無論年長年幼，春種便有秋收，便是得其時令。上天有它的運行規律，人的行為必須與之相符合，才有效應。蓋蘇文欺凌國君，暴虐臣民，人們翹首企盼援救，正是高麗必然滅亡的徵候。眾卿議來論去，只是看不到這一點。」

朝臣們見李世民不肯像以往那樣廣采眾議，傾聽諫諍，都不再言語了。李世民對待高麗，其實一直持慎重的態度。早在貞觀十五年，他就曾派遣魏徵出使高麗。魏徵為偵察該國的山川形勢及民情風俗，所經過的城鎮，都送給城主一些綾羅綢緞，然後裝作饒有興致的樣子說：「我平生最喜愛遊山玩水，貴城的一草一木，都想觀賞觀賞。」

城主高興，引導他四處遊覽。果然隨處都可以見到中原人，他們主動告訴他老家在某郡某縣，隋末從軍東征，留在高麗娶妻生子，跟當地人雜居，人口各占半數。

他們順便詢問親人的消息，魏徵回答說：「周邊國家和部落尊奉唐天子李世民為天可汗，唐朝國富民強，政策寬鬆，萬民安居樂業，都平安無事。」眾人止不住流下了眼淚，互相轉告。數日後，中原人見到魏徵，都擁過來哭訴思鄉之情。

魏徵回國，奏報李世民說：「高麗國王聽到高昌滅亡，非常恐懼，頻頻去館舍中問候，特別殷勤。」

親征高麗而失敗

「高麗就是漢武帝所設置的四郡。」李世民心有所動,「朕只要動員數萬將士攻打遼東,高麗必然要傾國相救。然後以水師出東萊,從海道直趨平壤,水陸合圍,攻取高麗不會太難。」

「遼東早晚是要收回的,不過要看準時機。」

「對,目前山東各州縣的凋敝狀態還沒有改善,朕不忍心驅使百姓勞苦。」

第二年,營州都督張儉上奏朝廷說:「高麗東部大人蓋蘇文,弒殺了國君高建武。」蓋蘇文性情凶暴,不守法度,臣民受其欺凌壓榨,困苦不堪。

唐儉出使高麗回來,奏請在懷遠鎮增加戍邊兵力。魏徵以為費力不討好,李世民也就否決了唐儉的主張。後來他改變了主意,打算詔命契丹部落和鞨鞨部落對高麗發起騷擾性的攻擊。長孫無忌忖度了片刻,一手捻著花白的鬍子,提出了異議:「蓋蘇文自己也知道罪行嚴重,害怕中國討伐,必定嚴加防備。陛下最好是稍稍容忍一下。他自以為安全了,會更加驕橫,更加無惡不作。以後再去討伐,也不算晚。」

「嗯,那就依你說的好啦。」

李世民自從對長孫無忌產生了看法,就不再隨便聽他的話了,表面上虛應著,內心卻堅持自己的主張,進行備戰,準備向高麗發起致命的一擊。御駕返抵長安,李世民任命左衛將軍薛萬徹暫時代理右衛大將軍。他對身邊的大臣說:「現有的著名將領,只剩下李勣、李道宗和薛萬徹3人而已。李勣、道宗打仗時,不會有驚天動地的勝利,也不會慘敗;萬徹喜歡冒險,不是大勝就是大敗。」

南風輕拂,氣溫緩緩上升,宮廷映照著初夏和春末交替的陽光,一個匆匆來臨,一個姍姍離去。隨著季節的轉換,朝廷上下漸漸忙了起來。李世民駕臨內朝殿——兩儀殿,太子治在一旁侍奉。李世民閃動龍目掃視了一下殿堂,煞有介事地詢問群臣道:「太子的品行,外面的人可曾聽說過?」

「太子雖然不出宮門，」司徒長孫無忌立即上前奏陳，「可他的道德情操，天下人無不景仰。」

「呵呵，」李世民嘴角邊撇出一絲狡黠的難以捉摸的笑意，「我在太子的年齡時，相當調皮搗蛋，而太子從小寬和敦厚。古諺說：『生男如狼，猶恐其羊。』希望他長大後，能夠剛強一些。」

長孫無忌心頭微微一怔，隨即又平靜下來，措辭圓滑地辯駁說：「陛下聖明神武，是撥亂反正的創業英主。太子仁慈寬厚，具有守成的美德。志趣愛好雖然不同，但是各當其職分，顯然是皇天賜福大唐，用以安撫天下蒼生。」

「太子合乎天心民意，朕親征高麗，再沒有後顧之憂了。」李世民如釋重負般地往後靠了靠，顯露出一種輕快的表情。長孫無忌沒有料到李世民會投下一顆棋子，誘使他當眾把話說絕，一下便把他「將」死了，不好再反對他御駕親征高麗了。

太極宮地勢低窪，夏天悶熱。李世民為了養精蓄銳，強壯體魄，移駕前往九成宮避暑。九成宮距麟游縣城西5里路遠近，碧水青山，是一處風光旖旎的療養勝地。它原是隋朝營造的仁壽宮，貞觀五年擴建，更名九成宮。

秋天到了，山水、田莊和林木都染上了一層成熟的色調，顯得蒼鬱、深沉而豐滿。李世民在舒適的環境中運籌帷幄，謀劃也日益成熟了，敕令將作大監閻立德等人去洪、饒、江3州，造船400艘用來載運軍糧。接著又下令營州都督張儉等率幽州和營州兩個都督府的兵馬，並動員契丹、奚和靺鞨部落，先在遼東發起攻擊，試探高麗王國的虛實。又命太常寺卿韋挺做饋運使，民部侍郎崔仁師做副使，黃河以北各州都受韋挺節制，隨時聽從他調遣。又命太僕寺少卿蕭銳輸送河南各州糧草，由海道運往北方。

時光像洪水一樣滔滔奔流，天氣不知不覺地涼爽起來，行宮周圍的顏色

又加深了一些。夕陽西沉，天邊披上了色彩濃麗的霞帔。暮色悄悄地降落，遠山近樹的輪廓漸漸模糊起來。

李世民回到京城，進行了一番人事調整。散騎常侍劉洎升任侍中，行中書侍郎岑文本升任中書令，太子左庶子、中書侍郎馬周擢升守中書令。諫議大夫褚遂良升任黃門侍郎，參與朝政，成為實質宰相。這時，朝廷收到了安西都護郭孝恪的奏本，請求出軍討伐焉耆王國。焉耆位於高昌的西面，疆域橫 600 里，縱 400 里，是一個頗具影響的重要國家。

高昌滅亡，西突厥勢單力薄，極力拉攏焉耆，共拒唐朝。焉耆以前偏向於唐朝，雙方關係相當融洽。西突厥重臣屈利，給弟弟娶了焉耆王龍突騎支的女兒為妻，焉耆又轉向西突厥，對唐朝的貢賦開始短缺。李世民氣恨焉耆的反覆無常，詔令郭孝恪擔任西州道行軍總管，集中 3,000 步騎從銀山道進軍。

焉耆王龍突騎支的弟弟龍頡鼻兄弟三人路過西州，郭孝恪便讓頡鼻的弟弟栗婆準當嚮導。焉耆國都焉耆城四面環水，龍突騎支仗恃地勢險惡，沒有設防。郭孝恪晝夜兼程急行軍，夜晚到達城下，命將士們泅水渡河。將近拂曉時，便攀上了城樓，俘虜了龍突騎支，生擒及斬首七千人。留下栗婆準管理國政，唐軍凱旋。

3 天後，西突厥屈利率軍援救焉耆，遲了一步，僅囚禁了栗婆準。亡羊補牢，屈利親率 5,000 精兵追趕郭孝恪。追到銀山，郭孝恪進行反擊，大敗屈利，反追數十里。唐朝對焉耆的勝利，間接打擊了西突厥的氣焰，穩定了西方的局勢，也可以說是出兵高麗前的一次威力的展示。李世民難以掩飾滿心的喜悅，樂得眉開眼笑，褒獎郭孝恪說：「功立威行，不負重託。」

貞觀十八年十月十四日，李世民詔命司空房玄齡留守長安，右衛大將軍、工部尚書李大亮做副留守。御駕離開京城，統率三軍從長安城東面的春明門出發。

李世民檢閱了大、小三軍，進行戰前動員

然後敕令各種類別的軍馬，以及新羅王國軍、百濟王國軍、奚部落軍、契丹部落軍，分道出擊，向高麗王國發起進攻。先行出發的李勣軍，很快到達了離洛陽 1,600 里的幽州。

李世民的車駕進抵離幽州 400 里的定州，傳令三軍休整數日。他看見患病的士卒，便召到御榻前安撫慰問，交付給州縣進行治療，無人不受感動。有些姓名沒有列入東征軍簿籍的人，自願以私人裝備從軍，動輒 1,000 多人，上書乞請說：「我們不求得到皇上的封爵賞賜，只願為國效忠，死而無憾。」李世民怕影響後方的農事和社會秩序，竭力解勸阻止。

這時，李勣軍離開營州治所柳城，大張聲勢，佯裝要穿過懷遠鎮，主力卻祕密向正北行進，直指甬道，出乎高麗的意料之外。跨進夏季，唐軍從通定渡過遼河，挺進到玄菟。

高麗王國像碰上了橫掃一切的颶風，只覺得天旋地轉，所有城池都緊急關閉城門，嚴令死守。遼東道副大總管、江夏王李道宗率數千人馬抵達新城，折衝都尉曹三良引 10 餘騎直壓城門。城中引起了騷亂，卻沒有人敢出來應戰。張儉帶領胡族部落軍做前鋒，也渡過了遼水，襲擊建安城，攻其不備，大敗高麗軍。

李世民從幽州出發時，把軍需糧草、物資器械和文書簿錄等全都交給岑文本管理。岑文本夙興夜寐，勤勉不怠，親自料理調度，算盤筆墨從不離手，心力耗竭，以致言談舉止都跟平常大不一樣了。

李世民分外擔憂，對左右侍臣說：「岑卿操勞過度，與我同時啟程，只怕難與我一起返回。」當天，岑文本暴病身亡。

夜晚，軍中傳來擊鼓聲。李世民悲愴地說：「文本不幸累死了，鼓聲就像一下一下敲擊著我傷痛的心坎，叫他們停止吧。」當時右庶子許敬宗正在

親征高麗而失敗

定州，和高士廉等共掌機要事務。李世民急召他前來，任命他以本官檢校中書侍郎，接管岑文本的公務。許敬宗跟岑文本相反，層層劃分任務，明確職責，本人只督促檢查，遊刃有餘。李世民十分賞識其才學與精幹，卻沒有重用。直到高宗朝，他年過花甲，依附武則天，才坐上相位，執掌政權，揚眉吐氣，壽終正寢。

李勣和李道宗聯合攻打蓋牟城，親臨城下督戰，將士冒著矢石用雲梯登上城牆，以摧枯拉朽之勢攻陷了城池，俘虜二萬餘人，獲取糧食 10 多萬擔。

張亮的水師從東萊北上，駛入渤海海峽，襲擊卑沙城。該城面臨大海，週遭懸崖絕壁，只有西門可以攀登。右驍衛將軍程名振領軍於夜間摸到西門，副總管王大度先行登城，一鼓作氣攻破，俘虜男女 8,000 口。張亮分遣總管丘孝忠等進抵鴨綠江閱兵，炫耀軍威。

李世民御駕抵達遼澤，進入寬闊 200 餘里的泥沼地帶，人馬無法通行。將作大匠閻立德指揮用茅草和布匹鋪在泥濘下架橋，運乾土墊道，軍馬沒有受阻，穿過了遼澤，繼續向東進軍。

李勣軍南下到遼東。高麗遣 4 萬步騎援救遼東，李道宗準備以 4,000 騎軍截擊敵軍。

將士們有些怯戰，畏畏縮縮地說：「雙方兵力懸殊太大，不如挖深壕溝，增高營壘，等候隨皇上同行的大軍到來。」

「敵人仗恃人多，」李道宗力排眾議，「有輕視我們之心。兵法說，驕兵必敗。而且他們遠道趕來，不免疲頓，我軍以一當十，可以擊潰他們。」

「萬一失利，怎麼辦？」

「失利不失利，都得打。」李道宗斬釘截鐵地說，「我們作為前鋒，自當掃清通道，躬迎聖駕，怎麼能把敵人留給君王？」

李勣權衡利弊，贊同李道宗的意見。

果毅都尉馬文舉挺起胸脯說：「不碰上強勁的對手，硬碰硬，如何能顯示壯士的勇敢？」他討了將令，一抖征裙，跨上戰馬，直衝敵軍陣地。剎那間，喊殺聲震天動地，刀槍撞擊出千萬朵耀眼的火花，兩軍展開了激烈的廝殺。

　　高麗軍也打得很頑強，有進無退。他們利用人多的優勢，四面出擊。行軍總管張君義擋不住敵軍的衝殺，節節後退。

　　李道宗提槍上馬，高舉帥旗，把沖散的兵馬召喚攏來。他登上高處觀望，發現西北角敵軍陣營混亂，即率數十員驍騎殺進敵陣，左衝右突，奮勇砍殺。李勣親自出馬，投入後備人馬支援李道宗，形成內外合擊之勢，戰敗高麗軍。

　　逢山開路，遇水架橋。李世民御駕渡過遼河，拆毀橋樑，以破釜沉舟的態勢激勵三軍將士一往無前，不打勝仗不生還，不顧一切幹到底。唐軍在馬首山紮營，李世民慰勞三軍將士，重賞李道宗，越級擢升馬文舉做中郎將，斬張君義。

　　李勣情緒很高，奏請道：「陛下親臨一線，鼓舞人心，士氣都調動起來了。臣準備調集軍馬，強攻遼東。」

　　「好！」李世民揚起一邊眉毛，「趕快行動，部署完畢就發起猛攻，朕親自給你觀陣。」

　　遼東守軍不敢迎戰，龜縮在城內死守。唐軍圍住城池，取土填塞護城河。李世民由尉遲敬德、秦叔寶、程咬金和數名「百騎」護駕，親臨城下，他見一士卒背負泥土過重，便從他背上提出一些放到自己的馬上。

　　程咬金和隨行人員跟著搶運泥土，群情激奮，爭先恐後，來回飛奔，形成了一種熱火朝天的熱烈氛圍。

　　「尉遲兄，快看，火燒鬼圖表現，只想得到皇上的誇獎。」秦叔寶拉了拉尉遲敬德。

親征高麗而失敗

「他背了兩草袋泥土，腰都壓彎了。」尉遲敬德回覆道。

程咬金扭過頭來：「煤炭鬼，你們在嘰嘰呱呱說些什麼？依俺看，說得好不如幹得好。」

「你說得不好，幹得也不好，明明是呆子擔重擔。人家來回搬運了6趟，你3趟還沒走完。」

「俺是第四趟。」程咬金氣哼哼地說，「別埋沒俺的功勞。」

尉遲敬德和秦叔寶一人從他肩上取下一袋泥土：「皇上快累垮啦，你去幫他去。」

李勣趁熱打鐵，下令晝夜不停地強攻四門。連續攻了12天沒有攻下來。李世民親率精卒合圍，把遼東城緊緊包圍了百十層。戰鼓聲、吶喊聲，驚心動魄，震撼山岳，直衝雲霄。

南風陡起，「嗚嗚嗚」嘶叫，刮得飛沙走石。李世民即命勇士爬上沖竿的頂端，趁著大風縱火焚燒西南城樓。火仗風勢，風助火威，大火很快蔓延到了城內。高麗軍民手忙腳亂救火，唐軍乘亂攀登。尉遲敬德、秦叔寶、程咬金帶著雷雲吉和雷雲兆兄弟登上城頭，砍倒守將。

唐軍將士蜂擁而上，密如蟻群一般布滿了城牆。高麗軍在頑抗中敗退下去。雷氏兄弟從馬道跑下城樓，打開城門，迎接大軍進城。遼東城陷落，唐軍陣斬高麗軍一萬餘人，俘虜將士一萬餘人，以及平民4萬多人。

李世民進城，重賞尉遲敬德、秦叔寶、程咬金、雷氏兄弟等三軍將士，在遼東城設置遼州。

唐軍攻打白岩城，右衛大將軍李思摩中箭，李世民親自給他吸出淤血。將士們激動得高呼萬歲，熱血沸騰。烏骨城派出一萬多兵馬救援白岩，右驍衛大將軍契苾何力率800驍騎阻擊。他帶頭殺入敵陣，腰部被長矛刺中，險些墜落馬下。薛萬徹之弟、尚輦奉御薛萬備單槍匹馬殺入敵陣搶救，從千軍萬馬中救出了契苾何力。

契苾何力包紮好傷口，按捺不住怒火，憤然躍上馬背，奔上戰場，和薛萬備一起帶動隨從的騎卒奮勇進擊，擊潰高麗援軍，追殺幾十里，直到天黑才鳴金收兵。

　　李勣乘勝從西南面進攻白岩城，李世民帶著尉遲敬德、秦叔寶和程咬金趕赴城西北觀戰，激勵將士。

　　城主孫代音見唐軍來勢兇猛，動了真格的，嚇得靈魂出竅，渾身哆嗦，遣心腹到唐營請求投降，約定唐軍臨近城池，投下刀斧作信號，並且說：「城主願意投降，但也有人不肯，阻力不小。請相信孫城主，別錯過時機。」

　　「你們當真投降的話，就把它插到城樓上。」李世民把唐軍的旗幟交給來使。孫代音如約照辦，城中守軍以為唐軍已經登城，跟隨孫代音一起投降了唐軍。

　　唐軍攻陷遼東時，白岩城曾請求投降，中途又變了卦。李世民惱怒他們反覆無常，咬牙切齒地說：「攻破城池，男女老幼和財產，全都分賞給將士們。」

　　現在孫代音再次請降，李世民又接受了。李勣帶著數十員將領來到御帳，奏請說：「將士們之所以冒著亂箭飛石，不顧死活，正是貪圖搶奪男女和金銀財寶。而今城池唾手可得，為什麼還要接受他們投降，使眾人失望？」

　　「將軍所言屬實。」李世民抱歉地說，「不過，放縱士卒搶劫，擄掠他們的妻室兒女，朕於心不忍。將軍手下立功的將士，朕用國庫裡的東西賞賜。希望因為將軍的饒恕，拯救一城的生靈。」

　　「皇上處處以天下蒼生為念，委實感天動地。」李勣等將帥退回去了。唐軍收降白岩城，共得城中男女一萬多人。李世民靠水邊設立御帳，舉行受降儀式，仍然賜給他們飲食，80 歲以上的老人還多少不等賜給絹帛。其他城池派到白岩城協防的軍馬，李世民也加以撫慰，供給糧草，去留聽便。

親征高麗而失敗

先前遼東城長史被部下殺死，侍從護送其妻小投奔白岩城。李世民憐憫侍從講義氣，賜帛5匹，並造靈車載運長史的屍體，讓他們送回平壤。

唐朝在白岩城設置岩州，任命孫代音做刺史。契苾何力傷勢嚴重，李世民親自給他敷藥療傷。後來他查出了刺傷契苾何力的高突勃，交付給契苾何力處死。

契苾何力從病床上坐起來，平心靜氣地說：「他為他的國家，冒犯刀鋒作戰，刺傷了我，乃忠勇之士也。我與他素不相識，沒有私人冤仇。請求皇上放了他，饒他一命。」

「何力呀何力，襟懷恢宏，豁達大度，真是好漢氣概！」李世民豎起了大拇指。

「值得學習，不錯，好樣的。」程咬金跟著豎起了大拇指。

「廢話。」尉遲敬德操著調侃的語調說，「皇上獎諭過了，你的話還有什麼作用？」

「說明皇上讚揚何力符合實際，也代表了俺的心聲。」

「又是廢話。」

「煤炭鬼，你今天怎麼老和俺過不去，俺又沒有得罪你。」

「我看不慣你獻殷勤的樣子，迎合皇上的心意說話，逗皇上開心，討皇上喜歡。」

「皇上罵俺最多，卻從來不責備你，處處袒護你。不信，可以問皇上，看他最器重誰，誰是他的愛將？」

「你們都是朕的愛將，一個都不能少。」李世民臉上閃現出舒展的笑容，「朕離不開你們，你們也離不開朕。」

李勣攻下蓋牟城，俘虜了蓋蘇文從加屍城調來駐防的700民軍。他們自願跟隨唐軍效力。

李世民反覆想了想，搖著頭說：「你們的家都在加屍城，假如幫我軍作戰，蓋蘇文會處死你們的家人。得一人而毀其一家，違背了仁義道德。」即命送給他們口糧，一律放歸。唐朝在蓋牟城設置蓋州。

唐軍耀武揚威，一路順風，節節勝利，不斷向縱深推進。李世民從遼東南下，進抵安市城下，揮軍攻城。高麗北部耨薩高延壽、高惠真率領高麗和靺鞨 15 萬兵馬救援安市。

李世民連夜把各軍將帥召進御營，祕密謀劃。由李勣率領 15,000 步騎在西嶺布陣，正面拒敵。長孫無忌率領 11,000 精銳，出奇兵從山北穿越峽谷，衝擊高麗軍的後營。

李世民帶著尉遲敬德、秦叔寶和程咬金率領 4,000 步騎，攜帶戰鼓號角，藏起旗幟，登上北山，現場指揮。吩咐各路人馬，聽到戰鼓號角聲起，一齊發動攻擊。

李世民精神煥發，神采飛揚，他對自己的軍事才幹和神機妙算非常自信，翹起的髭鬚抖動著，龍目閃耀著光彩，顯示出揮手目送風雲的必勝姿態。他命許敬宗、雷雲吉、雷雲兆和軍政司的官員在行宮朝堂旁邊搭建牌樓，支起帳篷，準備舉行受降儀式。

高延壽發現李勣構築陣地，緊急勒令兵馬備戰，迎戰唐軍。李世民懷抱令旗令箭，立定山頭，縱目遠望，望見長孫無忌軍隊揚起了塵土，即命擂動戰鼓，吹響號角，豎起大旗。各路人馬跟著鼓噪吶喊，以迅雷不及掩耳之勢同時展開進攻。

高延壽張皇失措，打算分兵拒敵，可是陣營已亂，調度失靈。唐軍猛衝猛打，高麗兵奮勇抵抗。兩軍拚殺了一氣，殺得煙塵四起，飛沙走石。

北山戰鼓齊鳴，號角愈吹愈響。李勣從西嶺直衝而下，追殺敗兵。繞到敵軍後方的長孫無忌軍隊擋住了高延壽的退路。李勣軍隊與左右衝殺出來的

唐軍相互呼應，冒雨進擊，圍剿高麗兵馬。高麗軍大敗，陣亡二萬餘人。

高延壽和高惠真拖著殘部潰退 30 里，靠山紮營，固守不戰。李世民調集各路軍馬圍住山嶺。長孫無忌奉命拆毀所有橋樑，截斷通道，以斷絕其歸路。

高延壽、高惠真萬般無奈，率部眾 36,800 人乞請投降。二人進入唐軍營門，跪地膝行到御座前，磕頭請罪。李世民不屑地睥睨了對方一眼，揶揄地說道：「你們這些東夷小子，年幼無知，在海濱橫行霸道，倒也威風。至於摧毀堅固的堡壘，戰場上一決雌雄，當然不如老年人咯。嘿，今後還敢與大唐天子較量嗎？」

「不敢，不敢。」高延壽和高惠真匍匐地面，全身瑟瑟發抖。

李世民挑出耨薩以下酋長 3,500 人，授予軍職，將他們遷居內地。其他官兵全部釋放，讓他們返回平壤。高麗將士一齊雙膝跪下，叩頭謝恩，呼喊萬歲的聲浪遠傳好幾里。

李世民深恨靺鞨參戰，對生擒的 3,300 名靺鞨將士，通通坑殺。安市殲滅戰，總共獲得 5 萬匹戰馬，5 萬頭牛，一萬件鎧甲，以及上萬種軍用器械。

高麗全國震盪，悚然不安，感到滅頂的恐慌。後黃城和銀城的軍民棄城而逃，幾百里內人煙絕跡。李世民感覺好像登上了摩天嶺，高麗人都趴在他的腳下。

唐太宗陶醉了，沾沾自喜，不可一世，飄飄然，欣喜若狂，用驛馬傳送文書通告太子。又寫信給高士廉等人：「朕做將軍，帶兵打仗，怎麼樣？」把駐紮過御營的那座山改名叫做駐蹕山。命令在陣亡將士的屍體上標註姓名，以便班師時運帶回去。任命高延壽當鴻臚卿，高惠真當司農卿。

秋天到了，李世民將御營遷到安市城東嶺駐蹕。唐軍攻城與野戰，屢戰屢勝，打出了威風。深入敵境，安營紮寨，從不構築堡壘，也不挖掘壕溝，

只大量派出斥候，偵探敵軍動靜。即令逼近城池，高麗畏懼唐軍，都不敢出城反擊。

唐軍攻克白岩城時，李道宗跟李勣商議說：「我聽說安市地勢險要，城池堅固，守軍精銳，城主楊萬春勇略兼備，深得人心。蓋蘇文政變，他拒絕承認，蓋蘇文強攻不下，只得讓他占據安市。而建安城兵弱糧少，如果出其不意突然襲擊，必能攻克。攻下建安，等於把安市吞進了肚裡，正符合《孫子兵法》所說的『城有所不攻』的道理。」

「建安在南，安市在北，」李勣提出了異議，「我方軍需糧草在東北的遼東。越過安市去打建安，倘若敵軍切斷糧道，那可就麻煩啦。不如先攻下安市，一鼓作氣便可輕取建安。」

略顯疲憊的李世民未加深思，把臉偏向李勣，含蓄地說：「你是統兵主帥，怎麼能不尊重你的謀略，只要不耽誤我的軍機大事就行啦。」

安市守軍望見大唐天子的傘蓋，在城牆上跳起腳來擊鼓詬罵。李世民氣得五官挪位。李勣臉色一陣紅一陣白，額頭上青筋暴起，咬著牙說：「攻下城池，男女老少全部坑殺！」

安市軍民更堅定了守城的決心，頑強抗拒。唐軍久攻不下，高延壽和高惠真向李世民建議說：「我們既然把性命都託付給了大唐，不敢不獻出誠心，促成陛下早成大功，好與妻兒老小團聚。」

「有話儘管說。」李世民停止了踱步，坐了下來。

「安市人顧惜家庭，人人誓死守衛城池，不容易立馬攻克。」

「糧草供應愈來愈困難，必須速戰速決呀。」

「我等曾經率領高麗兵10多萬，碰到唐軍的旌旗即遭潰敗，高麗聞風喪膽。烏骨城城主老邁昏庸，很難堅守。如果大軍轉移目標，抽調主力指向烏骨，早晨到達，晚上即可攻克。沿途剩下來的一些小城小邑，必定望風瓦

解。然後廣收其軍資糧秣，擂動戰鼓乘勝進擊，平壤絕對守不住。」

「陛下，張亮的人馬在卑沙城，下令調動，兩天即可抵達。趁高麗慌亂之際，合力拿下烏骨城。然後渡過鴨綠江，直搗平壤，如秋風掃落葉一般，可以大獲全勝。」

李道宗補充完善了高延壽和高惠真的計謀，李世民也動了心。分兵攻打烏骨城與先取建安的謀略大同小異，都是想出奇兵取勝。

長孫無忌獨自斟酌了一番，抬起頭來，反對說：「天子御駕親征，跟普通將領征戰不同，不可以僥倖冒險。而今建安、新城的敵兵仍有 10 萬之眾，我們移師烏骨城，就怕他們抄襲後路。倒不如先攻下安市，取得建安，再長驅直入，才是萬全之策。」

聽了長孫無忌的話，李世民猶豫了。這時的唐太宗，已經失去了早年做秦王時縱橫天下的氣魄，複雜的謹慎心占了上風。他聽從了長孫無忌的「萬全之策」，放棄了分兵攻打烏骨城、奇襲平壤的方略，繼續強攻安市城。

圍城日久，城裡的煙火逐漸減少了。李世民在城下巡視，聽到城內有豬和雞的叫聲。他從座騎上偏過頭去對李勣說：「他們宰殺禽畜，定是犒勞將士，準備夜晚偷襲，要嚴密防範。」

李勣騎馬返回中軍帳，刻不容緩地作了部署，傳令三軍加強戒備。當夜，果然有數百名高麗兵從城牆上縋下來。唐軍緊急集合，圍住剿殺，斬數十人。其餘的高麗兵逃回了城中。

江夏王李道宗督促將士在安市東南角堆築土山，愈來愈逼近城牆。安市的守軍也不斷增高城牆相對抗。唐軍輪番出擊，每天會戰六七次。闖車和石炮投射出去的石頭撞開城堞，守軍隨即豎立木柵欄堵塞缺口。李道宗扭傷了腳，李世民親自幫他針灸。唐軍晝夜不停地堆土築山，花了 60 天，50 萬人次。土山頂相距城牆僅隔幾丈遠，站在土山頂上可以向下俯瞰城中的動靜，

一覽無遺。李道宗命果毅都尉傅伏愛率軍駐紮在山頂，提防敵軍突然襲擊。土山霍然坍塌，壓向城牆，城牆跟著崩倒。就在間不容髮的關鍵時刻，正趕上傅伏愛私自離開了營所。唐軍無人指揮，亂哄哄跑散了。幾百名高麗將士搶先從缺口殺出，奪下土山，挖掘溝塹，反客為主，反過來攻擊唐軍，反敗為勝。

李世民氣得頭髮直豎，將傅伏愛斬首示眾，傳令諸將帶兵發起猛攻。攻了３天３夜，沒有攻下。李道宗打著赤腳到御營纛旗下低頭請罪。李世民矛盾的心情像一條毒蛇咬嚙著他的臟腑，惋惜、同情、煩躁、無可奈何，恰似打翻了的五味瓶子，酸甜鹹苦辣一齊湧了出來。

「你的罪狀本該處死，但是朕想到漢武帝殺死大將王恢，倒不如秦穆公二次重用孟明，又念你攻破蓋牟和遼東立了功勞，所以特別赦免。」

「謝皇上不殺之恩。」李道宗跪下磕頭。

「你下去吧，讓我清靜清靜。」李世民臉上露出疲乏的樣子，一手托著下巴，歪在御座上。程咬金出了個滑稽，他也沒有理睬，心情像是下沉的石頭，感到無限失望。

遼河流域屬於濕潤和半濕潤的季風氣候，冬冷夏暖，雨季集中在六七月間，八九月至次年二三月是寒凍期。尉遲敬德和秦叔寶發覺遼東一帶早寒，草木枯黃，河水結冰，士卒馬匹都不宜久留，而且糧草快要吃光了。二位大將略一提示，立刻引起了李世民的警覺，不得不於九月十八日下令班師。

朝鮮半島三國之間的內部紛爭，唐朝大可不必介入。唐太宗一意孤行，御駕親征高麗王國，最終失敗。李世民興師動眾，主要原因不外乎步入老境以後，走上了好大喜功、揚威異域的道路，把大臣的苦諫都當作耳旁風，主觀臆斷，一意孤行，執意在有生之年償此東征的夙願。

親征失敗，李世民悲天憫人，思緒萬千，不禁想起了貞觀十六年君臣問對時，魏徵的一席肺腑之言：「陛下聖德微妙高遠，居安思危，伏願陛下能

親征高麗而失敗

夠經常控制自己，以保全堅持到最後的美名，那麼千秋萬代都能得到好處。」

李世民深感慚愧，懊惱不已，既悔恨自己放棄了求諫致治，又責怪臣工以曲相諛悅代替了直言規諫。可是又不便發洩牢騷，也不願意公開認錯，於是以委婉的音調繞著圈子嘆息說：「哎，要是魏徵還在世的話，無論如何也會進行阻攔，不讓朕御駕親征。」

長孫無忌感到臉上無光，垂下了雙肩，默不作聲。

李世民斜睨了他一眼，解釋說：「朕的感想，純粹發自內心，主要是針對自己說的，也可以說是對國家大計的一番反思。位居尊極的天子擁有絕對的權力，卻並非絕對正確。智者千慮，必有一失。人君離不開忠良輔弼，離不開臣下的匡正。」

「興師征遼，臣與褚遂良一諫再諫，皇上就是聽不進耳。」長孫無忌有些不服氣，又想洗清自己。

「你們的話，軟弱無力，說理不充分，遠不如魏徵深謀遠慮，據理力爭，切中要害。他呀，雅有經國之才，性情耿直，無所屈撓，品格高尚，身正而心勁，上不負人主，下不阿權貴，中不移親族，外不結朋黨，不以逢時改節，不以圖位賣忠。」

「我朝諫臣濟濟，其中最傑出的當推魏徵。」李道宗附和說。

「對。魏徵不愧為直臣、良臣，而且也是一位大大的忠臣。我們不應該無端地猜疑他、貶低他，或者攻其一點，不及其餘。而要憑事實說話，肯定他的功勞和政績，恢復其本來面貌，把他的良好形象牢固樹立起來。」

李世民命令李道宗乘驛馬晝夜兼程前往魏徵墓地，用少牢祭祀，重新豎立以前推倒毀壞的墓碑。徵召其妻子兒女到行宮，予以撫慰賞賜。

一代英主長眠昭陵

　　大軍返回營州，唐太宗下詔收集遼東征戰陣亡將士的屍骨，安葬在柳城東南，用太牢祭奠。李世民親撰誄文哀悼亡靈，痛哭流涕。

　　死者的家人聽到傳聞，紛紛表示：「兒子戰死遼東，天子親自哭祭，還有什麼遺恨！」

　　年輕時屢戰屢勝的常勝將軍，竟以最後一次征戰失敗來結束自己的戎馬生涯。雖然在戰場上並沒有吃敗仗，但是損失慘重，勞民傷財，人員傷亡，用血的代價換來的卻是無限的傷感和遺憾。

　　「太子親自來迎接聖駕，快要到了。」長孫無忌奏報說。

　　「朕正想早點見到他，我們一起走吧。」

　　李世民和長孫無忌奔入臨渝關，在中途與李治相遇。李世民從定州出發時，曾指著身上穿的褐色長袍對李治說：「等到再見面時，我才換下它。」

　　在遼東，即令盛夏酷暑，汗流浹背，李世民也沒有更換。到了秋冬，長袍既破又髒，穿著漏風，秦叔寶和程咬金請求他換掉。

　　李世民不肯：「將士們一身破爛，唯獨我穿新衣，行嗎？」

　　「兒臣已給三軍將士備好了寒衣，」李治奏報說，「到幽州都可以換上新的。」

　　那朕就到幽州跟將士們一起更換。」

　　「父皇必須先換。」李治強調說，「歸化唐朝的高麗人，都在幽州等著你咧。」

　　唐軍所俘虜的高麗百姓 14,000 多人，先集中在幽州，準備分別賞賜給將士們做奴僕婢女。李世民憐憫他們父子夫妻離散，詔令有關官署按照他們的

性別、年齡和體質等評估價格，由國庫拿出銀錢、穀米或布帛贖為平民。

　　高麗人謝恩的聲浪經久不息，持續了 3 天之久。李世民御駕抵達幽州，高麗人在城東歡迎，焚香跪拜，舞蹈歡呼，揚起的塵土瀰漫開來，像濃密的霧靄一樣遮掩了半邊天。

　　從定州出發時，李世民由於勞累過度，身上長了癰，靠不得背，無法安眠，非常痛苦。不能騎馬，只得乘坐軟轎緩行。到達並州時，李治用嘴給父皇吸膿，扶著轎子步行護送。數日後，李世民痊癒，文武百官跟著鬆了一口氣，十分欣幸。

　　李世民得知薛延陀汗國南下侵擾河套等地，決計留下秦叔寶、程咬金和尉遲敬德對邊防進行部署。侍中劉洎留在定州輔佐太子，仍兼任左庶子、檢校戶部尚書，總理吏、禮、戶三部尚書事。

　　李世民的病體並沒有完全康復，打算安靜休養，朝中軍國大事一併交付皇太子李治裁決。李治每隔一天便在東宮顯德殿處理政務，事畢即到大內甘露殿來陪伴父皇，噓寒問暖，不離左右。即使李世民要他出去走動一下，也不願意走開。

　　李世民只好在寢殿旁邊另闢一個院落，讓李治居住。可是，他哪能猜透太子的心思，李治守著甘露殿不肯離開，一半無疑是盡忠盡孝，還有一半卻是因為惦記著唐太宗的一個妃子武媚娘。

　　一天凌晨，李世民感染了惡性痢疾，上嘔下瀉，病勢急轉直下。他一下子模樣大變，瘦削得落了形，眼窩凹下去了，臉頰塌下去了，顴骨和眉棱骨凸現出來，臉上泛出可怕的青灰色，皺紋像工匠最近雕刻過的一樣，顯得又深又清晰。

　　含風殿頓時緊張起來，空氣沉悶得令人窒息。寢殿內飄散出來的湯藥味，與除臭的安息香混合成刺鼻的怪異氣息，熏得人迷迷糊糊。太子李治晝

夜守在父皇身旁，甚至不進飲食，急白了好些頭髮。李世民又欣慰又悲傷，雙眼噙著淚花，襲過陣陣揪心的沉痛與傷感情調。

「你很孝順，充滿愛心，我雖然一死，也沒有遺憾啦。」

好漢只怕病來磨，曠世英雄在疾病纏身的時候，意志也變得相當的脆弱。憂悒在李世民身上激起的已經不是眼淚，而是愁眉鎖眼的沮喪。御醫在藥房配藥熬湯，由武媚娘端來湯藥交給太子，太子小心翼翼地餵李世民服下。

宮女們已經心慌意亂，手足無措，坐立不安，她們都害怕皇上駕崩，然而又無精打采，悲觀失望，萬念俱灰。李世民遺言，凡受過寵幸而未生育的妃嬪宮女，一律入庵受戒做尼姑，替他祈禱冥福。

皇天不負有心人。長孫無忌下山找崔敦禮去了，李世民命他帶著天竺僧趕到翠微宮來進獻長生藥。黃昏時分，李世民服下湯藥後，靜靜地睡著了，鼾聲均勻，沒有什麼異常的反應。

太子總算鬆了一口氣，武媚娘陪伴他走到一片樹林下，停了下來。傍晚的風光恬美而幽靜，尖峰上空五彩炫目的雲霞給山坳和谷澗抹上了一層絢麗的色調。

南望終南群峰，如翠屏環列，似芙蓉插雲；北望秦川，莽莽蒼蒼，壯麗山河，盡收眼底。西天逐漸黯淡，最後的微明與降臨的薄暗交織成模糊一團，什麼都看不真切，捉摸不定了。

松柏蓊鬱，泉水叮咚，別具情趣。空氣清新，小蟲在草叢裡鳴唱，歸鴉聒噪地飛叫著。遠處的懸崖峭壁，繞著一條紫藍的光帶，暮靄在那裡騰挪、飄蕩。

崔敦禮和天竺僧那羅邇娑婆寐隨同長孫無忌貪夜趕上山，李世民從病榻上坐起來，召見了他們。

一代英主長眠昭陵

　　天竺僧經過近一年的反覆燒煉，用奇藥異石煉出了「祛病延年」的丹藥。李世民喜不自禁，表示病好以後一定重賞。那羅邇娑婆寐樂得嘴角咧到了耳朵旁，伺候李世民服下了丹藥。

　　隔了一陣，李世民開始感到肚內像火一樣焚燒，熱得大汗淋漓；繼而又像發瘧疾一樣感到冷徹骨髓，四肢冰涼。病情急遽惡化，御醫束手無策。

　　五月二十四日，李世民進入了彌留狀態，酷似油燈熄滅前閃閃爍爍，然而意識相當清醒。他不想死，懼怕死，誰都知道人死不能復生。太子懦弱，使他放心不下。高麗還沒有打下來，非把它制服不可。還有許多未竟之志，他雄心不滅，決計把貞觀之治推向更加輝煌的明天。天不假年，痛心疾首。他覺得死神在向他步步逼近，強打起精神單獨召見了長孫無忌。

　　長孫無忌跪倒在御榻跟前，李世民示意他坐攏來，伸手摸著他的腦袋，泣不成聲。長孫無忌百感交集，心潮翻滾，回想起少年時代的友誼、長期相處的美好情景，以及人生意氣和君臣大義，眼淚撲簌簌地成串滾下，哭得哽咽難言，悲痛欲絕。

　　君臣二人都無法抑制激動，煞似做夢一樣，思緒混亂，心裡湧起了千言萬語，可是一句也說不出來。悲痛不已的李世民揮了揮無力的手，讓長孫無忌退了出去。

　　隔了一天，二十六日，李世民迴光返照，急召長孫無忌和中書令褚遂良至含風殿託孤。

　　「現在，朕將後事全都託付給你們。太子仁慈孝順，你們都瞭解，希望好好輔佐他成為一代守成天子。」

　　殿內的空氣彷彿凝固了一樣，布滿了死亡的氛圍。殿外很少有人走動，靜悄悄地待在原地長吁短嘆，好些感情脆弱的人連眼圈都紅了，甚至流出了淚水。

　　李世民的目光轉到太子身上，帶著鼓勵的口氣安慰說：「只要有無忌和

遂良在你身旁，大唐的江山就沒有憂慮。」

「兒臣謹記父皇的聖諭。」

李治連連點頭，繼續跪在御榻側邊。李世民的呼吸艱難異樣，讓內侍扶起他，靠到墊高的枕頭上，喘息了一下，又對褚遂良補充說：「無忌跟朕風雨同舟，忠貞不渝，我能登上帝座，他有不可磨滅的功勞。朕死以後，要竭力防止小人進讒言，挑撥離間他們的君臣關係。」

「臣遵旨。」褚遂良就地跪了下來，「一定和趙公同心同德，輔佐太子繼承大統，肝腦塗地，永不叛心。」

李世民又用眼光把李治和長孫無忌召攏來：「今後你們雖為君臣，但不可忘記又是甥舅。娘親舅大，雉奴離不開舅舅的扶持。無忌要忠心輔主，把我們共同開創的貞觀之治發揚光大。」

太子李治柔腸百轉，涕淚交流，嗚嗚咽咽哭個不停。李世民伸出一隻手，攔到他的肩上，語重心長地告誡說：「接管朝廷，治理天下，朕的體驗是，虛己求諫，則功業興隆。然而忠言逆耳，並不那麼順心遂意。一旦言路閉塞，任情恣性，必然走上窮途末路，導致國破家亡。」

「兒臣牢記在心，一定慎之又慎。」

「任賢納諫，是成敗得失的關鍵，也是朕的最後遺言。」

李世民喉嚨管呼嚕呼嚕地響，極不舒服地扭歪了臉，示意大小楊妃抽出墊高的枕頭，把他放平躺下，令褚遂良草擬遺詔。

默認遺詔後，李世民有氣無力地合上了眼睛，像是睡著了一樣永遠地睡過去了。譽滿九州內外的明君、天可汗，走完了人生的歷程，走進了歷史，享年 52 歲。

「嗚嗚，皇上駕崩啦！」

聽到御醫和內侍撕心裂肺般的哭喊聲，太子李治驚駭得如五雷轟頂，抱住舅父長孫無忌的脖子失聲哀號，幾乎昏厥。長孫無忌拭去眼淚，敦請太子

立即接管朝廷，安撫內外。太子悲傷得如萬箭鑽心，不能自持，止不住痛哭。

長孫無忌眉峰一聳，正色道：「皇上將宗廟社稷交付給殿下，殿下怎麼能跟常人一樣，只會哭泣？」

褚遂良等替李治擦掉淚痕，扶著他坐下來。他們商議了一通，決計封鎖李世民薨逝的消息，祕不發喪。李世民的遺體用蘭湯洗抹乾淨，又照樣仰放在御榻上，由李治和長孫無忌、褚遂良等大臣守靈。

次日，長孫無忌等人請求太子先行返回京師長安。飛騎、精銳禁衛和保駕將軍，儼然臨陣一般全身披掛，護送車駕從太和谷翠微宮啟程。途中，又增加了持戟佩劍的六府將士 4,000 名，排列成方陣，護衛太子。太子進入京師，大行皇帝的遺體依舊使用他的御駕，鹵簿儀仗都跟平時一樣，緊隨其後進城，停放在兩儀殿。

接著以李世民的名義頒發詔書，擢升太子左庶子於志寧做侍中，少詹事張行成兼侍中，右庶子、檢校刑部尚書、兼吏部侍郎高季輔代理中書令。

二十九日，以太極宮正衙太極殿做殯館。殿內懸掛黃龍錦帳，外披白綾圍幔，梓宮停放在當中。靈前設置鋪著黃緞繡龍褥子的花梨木寶榻。寶榻前面設花梨木供案，上置銀香鼎、燭台和花瓶。供案前排開 3 個花梨木香幾，中間的幾上放置著銀燭綮羊角燈，兩旁分設蓮花瓶案和謚冊寶印案，以及早、晚膳案和供果案。殿門外陳設儀仗器物，左側置金緞繡龍的引幡。

安置完後，正式發布李世民駕崩的噩耗。宣讀遺詔：太子李治即皇帝位。軍國大事，不可停頓。朝廷日常事務，委託有關官署衙門處理。取消遠征遼東及規劃中的土木工程項目。

王公大臣身穿孝服，步入太極門，進殿瞻仰大行皇帝的遺容，隨同嗣皇帝李治行大殮禮。諸王在外地擔任都督、刺史的，允許前來奔喪。但濮王李泰例外。

四外各國和少數民族在朝做官的，以及前來朝廷進貢的國家和部落的首領或使節，好幾百人，聞聽天可汗山陵崩，心如刀絞地疼痛，難過得肝膽欲裂，哭得天愁地慘。

六月，李治正式登極稱帝，大赦天下。敕命長孫無忌為太尉、檢校中書令，並掌管尚書、門下二省事。長孫無忌固辭尚書省事，李治准許，仍命他以太尉身分兼任同中書門下三品。下詔擢升疊州都督李勣做特進、檢校洛州刺史，兼洛陽宮留守。

舉國為李世民服喪期間，正當夏末秋初，烈日猛照，長安城渾若燒紅了的磚窯一般，暑氣蒸騰，熱浪滾滾。然而人們彷彿覺得天際低垂著沉重的鉛灰色濃雲，昏昏濛濛，迷離恍惚。貞觀之治已經過去，往後將是一個什麼樣子，是由大治走向大亂，還是承前啟後，開創更加流光溢彩的美好前景？

八月十八日，舉行太宗文皇帝李世民大葬典禮。出殯時，軍民臣等排列沿途送葬，萬人空巷，規模空前。路上還設有祭壇，由王公、功臣、大臣、僧道和鄉紳致祭。

最後，梓宮抬到昭陵，置放在享殿中。昭陵在禮泉縣城東北 45 里的九嵕山上，貞觀十年落葬長孫皇后時開始營建，至李世民葬下為止，歷時 13 年。

昭陵選取鑿山建陵的法子，修築在主峰。昭陵南面與終南山諸峰、太白山諸峰隔著關中平原遙相對峙，渭水環繞於陵山之前，涇水縈回於陵山之後，地勢開闊而又險峻挺拔。

陵園以垣牆圍繞，周匝 120 里，封域面積 30 萬畝。四隅建角樓，東南西北開四門。園內廣植蒼松翠柏和長楊巨槐，林木參大，稱作「柏城」。

玄宮在半山腰南麓因山鑿石而成，前後置石門 5 座。依山勢傍靠石崖架樑修棧道，懸絕百仞。盤山 200 余步，始可抵達玄宮正門。陵內設東西廂房，並列置石函，內裝珍貴殉葬品。供冥主靈魂遊樂的神遊殿，建在玄宮頂門內。

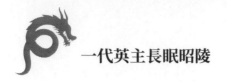# 一代英主長眠昭陵

山下正南面是朱雀門，進入門闕，透過長長的甬道，便到了莊嚴肅穆的南大殿獻殿。它建在陵前，供上陵謁拜或舉行祭獻典禮之用。在山下離開陵墓的南方偏西約 10 里處，建築下宮，作為冥主靈魂飲食起居的生活寢宮。

李世民在初建寢陵時，曾經詔示「功臣密戚」以及「德業佐時者」陪葬昭陵，墳墓依文武分成左右。以後又允許臣僚申請陪葬，子孫從父祖而葬。

昭陵居高臨下，列侍兩廂的陪葬墓像眾星拱月似的，拱衛著一代明君、天可汗陵寢的至高無上的尊嚴。銀紅的曙光與斑斕的晨靄交融在一起，點染山山水水。一抹金暉正自溫馨地撫摸著崇山的尖峰。

蒼鷹在山腰盤旋，鳥雀的啼鳴愈來愈高揚起來。細軟如紗的煙流飄飄裊裊，悠悠然舒徐漫卷。明霞賽如火花般噴湧，一片鉻黃，一片青紫，斑駁陸離，變化多姿，顏色自濃而淡，與天壁鑲大理石紋縷般的雲海相互映襯，夾帶著幾許玄祕，幾許悵惘，幾許崢嶸，彷彿幻成了一幀意象悠遠而空靈的雕版畫。

附錄 ：唐太宗李世民大事年表

隋開皇十九年（西元 599 年），李世民出生於武功。

隋煬帝大業十一年（西元 615 年），隋煬帝被突厥始畢可汗率兵圍困在雁門，年僅 16 歲的李世民應募勤王，嶄露頭角。

大業十三年（西元 617 年），李淵被任命為太原留守，李世民隨從來到晉陽（今山西太原）。

大業十三年（西元 617 年）十一月，李淵在晉陽起兵以後，李世民與其兄李建成分統左、右兩軍，並肩作戰，攻克長安。

武德元年（西元 618 年），李淵稱帝，是為唐高祖。唐朝建立，國號唐。李世民以功被拜為尚書令、右武侯大將軍，晉封秦王。

武德元年（西元 618 年）三月，盤踞金城的薛舉、薛仁杲父子率部進犯關中，李世民奉命率兵征討，將其擊敗。薛仁杲投降後被處死。

武德二年（西元 619 年）十月，馬邑人劉武周叛亂，率眾南下，相繼打敗了李元吉、裴寂等唐將，幾乎占領河東全境，關中震動。李世民主動請纓，並率兵 3 萬，東渡黃河，一舉擊敗了劉武周的精銳部隊宋金剛部，並收降了驍將尉遲敬德和尋相等。

武德三年（西元 620 年）四月，李世民摩軍北進，殲滅了劉武周，收復了河東全境。七月，李世民率兵挺進中原，勢如破竹，相繼收復了河南的多數郡縣，將王世充圍困在洛陽孤城之中。接著，又果斷地採取圍城打援的作戰策略，生擒了竇建德，迫降了王世充，相繼平定了隋末以來兩個勢力最強的集團。

武德九年（西元 626 年）六月四日，李世民率秦府幕僚長孫無忌、尉遲敬德等，在宮城的北面玄武門內，一舉殺死了太子李建成和四弟齊王李元吉，這就是「玄武門之變」。

武德九年（西元 626 年）六月六日，唐高祖下詔將李世民立為太子。

武德九年（西元 626 年）八月，唐高祖禪位而為太上皇，李世民登上帝位，是為唐太宗。

貞觀元年（西元 627 年）正月初一，改元貞觀。

貞觀元年（西元 627 年）正月，唐太宗下制，令今後中書省、門下省以及三品以上官入閣商議國家大事，都要有諫官跟隨，遇有不當之處，諫官立刻進諫。

貞觀元年（西元 627 年）正月，唐太宗命吏部尚書長孫無忌等與學士、法官等人重新議定律令。放寬絞刑 50 條為砍斷腳趾，唐太宗仍嫌這種肉刑太殘酷，蜀王法曹參軍裴弘獻請再改為加役流，徙 3,000 里，居作 3 年，詔從之。

貞觀元年（西元 627 年），唐天節將軍、燕郡王李藝據涇州反。

貞觀元年（西元 627 年）二月，並全國的州縣，將全國分為 10 道，即關內道、河南道、河東道、河北道、山南道、隴右道、淮南道、江南道、劍南道、嶺南道，廢郡為州，故每道各轄若干州。

貞觀元年（西元 627 年）十月，嶺南酋長馮盎遣子入朝。

貞觀元年（西元 627 年）末，吏部侍郎劉林甫奏請以後四時聽選，隨闕注擬，人以為便。太宗詔命一部分人到洛州參選。太宗說「官在得人，不在員多」。命房玄齡並省中央官員，只留下文武官額 643 人。

貞觀二年（西元 628 年），詔各地置義倉。薛延陀首領夷男受唐封為可汗，建汗廷於漠北。

貞觀二年（西元 628 年）三月，大理寺少卿胡演向太宗上報每月囚徒的帳目。太宗命令後大辟罪由中書、門下省四品以上官和尚書省議定，以免冤濫。接著又逐個帶進囚徒，輪到岐州刺史鄭善果時，太宗認為善果雖有罪，官品不低，不應予於囚徒之列。於是，又命以後三品以上官犯罪，不用帶進，可在太極宮承天門左右朝堂聽判決。

貞觀二年（西元 628 年），關內發生旱災，百姓缺糧，有許多人賣兒賣女以換取衣糧。四月，太宗詔出御府金帛贖回被賣兒童，交還父母。又因去年久雨，今年又遭受旱災、蝗災，大赦天下。

貞觀二年（西元 628 年）四月，突利派使來唐請求援助。太宗召集大臣討論，兵部尚書杜如晦請出兵攻突厥。

貞觀三年（西元 629 年）十二月，突利可汗入朝，太宗任命他為右衛大將軍，賜爵北平郡王。

貞觀二年（西元 628 年）九月，中書舍人李百藥請再出宮人。唐太宗命尚書左丞戴冑和給事中杜正倫在掖庭西門簡選宮人，前後放出宮女又達 3,000 餘人。

貞觀二年（西元 628 年）末，派遣游擊將軍喬師望從小路帶著冊書拜夷男為真珠毗伽可汗，賜給他鼓纛。夷男非常高興，派使入貢。

貞觀三年（西元 629 年）三月，太宗以房玄齡為左僕射，杜如晦為右僕射，以尚書右丞魏徵守祕書監，均參與朝政。房玄齡善謀略，杜如晦善決斷，為唐朝名相，並稱「房杜」。

貞觀三年（西元 629 年）四月，唐太宗重新申明舊的制度，於是很少發生錯事。

貞觀三年（西元 629 年），大旱，太宗詔求直言，馬周代常何向太宗提了 20 多條意見。太宗大喜，召馬周入見，令他宿值門下省，不久以馬周為監察御史，終至拜相。

貞觀三年（西元 629 年）八月，命兵部尚書李靖為行軍總管、張公瑾為副總管，前去征討突厥。突厥俟斤 9 人帶領 3,000 騎兵降唐，拔野古、僕固、奚等酋長也率部眾降唐。

貞觀三年（西元 630 年）正月，李勣在白道敗突厥，李靖在陰山大敗頡利可汗。

貞觀三年（西元 630 年）閏十二月，東謝酋長謝元深、南謝酋長謝強朝唐。東謝、南謝是「南蠻」的分支，分布在黔西。唐太宗下詔以東謝之地為應州，南謝之地為莊州，隸屬於黔州都督。

貞觀三年（西元 630 年）閏十二月，牂牁酋長謝能羽及「兗州蠻」向唐入貢。太宗詔以牂牁之地為牂州。党項酋長細封步賴降唐，唐以其地為軌州境。

貞觀四年（西元 630 年）正月，李靖率 3,000 騎自馬邑進駐惡陽嶺，夜襲定襄，大敗突厥。頡利可汗大驚，遷牙帳於磧口。頡利的親信康蘇密以隋煬帝后蕭氏及其孫楊政道降唐。

貞觀四年（西元 630 年）三月，各族君長都到長安請唐太宗稱天可汗，唐太宗笑道：「我為大唐天子，難道又為可汗之事嗎？」但此後唐太宗賜給西北各族君長的璽書都用「天可汗」的稱號。

貞觀四年（西元 630 年）三月，唐行軍副總管張寶相突至蘇尼失兵營，俘頡利，送往長安。

貞觀四年（西元 630 年）九月，伊吾城主到長安朝唐。先是伊吾內屬，隋於其地設置伊吾郡；隋末，城主向突厥稱臣；頡利被唐朝攻滅後，伊吾城主率他所屬的 7 城降唐，唐朝在伊吾設置西伊州。

貞觀四年（西元 630 年）十一月，太宗閱讀中醫著作《明堂針灸書》後，認為人的五臟都歸結在背部。於是下令，此後審訊犯人，不得鞭擊背部。

貞觀四年（西元 630 年），全國豐收，流散到各地的百姓回歸故里，米每斗不超過三四錢，一年僅判處了 29 人死刑。

貞觀四年（西元 630 年）八月，日本遣使犬上二田耜（也作御田鍬）、藥師惠日等來唐，是為日本第一次遣唐使。

貞觀五年（西元 631 年），開党項之地為 16 州。林邑、新羅遣使到唐。

貞觀五年（西元 631 年）十二月初二日，唐太宗制：「判決死罪，要在兩天內五次申奏，下各州的要 3 次申奏；行刑當天，尚食局不得進酒肉，內教坊及太常寺不得奏樂。門下省還要再檢查，有依法應當死而處境堪憐者，另外寫狀上奏。」5 次申奏是指行刑前兩天到行刑之日共上奏 5 次，人命關天，以示慎重。只有犯惡逆罪的人只奏一次。

貞觀六年（西元 632 年），太宗增置三師官。太宗與侍臣論安危之本。長孫皇后賀太宗喜得諫臣。焉耆王遣使入貢，唐太宗派鴻臚少卿劉善因前去冊立泥孰為奚利邲咄陸可汗。

貞觀六年（西元 632 年）十一月，契苾部落酋長契苾何力率所部 6,000 余家到沙州向唐政府歸降。

貞觀七年（西元 633 年），太宗赦死囚。李淳風改進渾天黃道儀。

貞觀八年（西元 634 年），李靖等赴諸道察情。

貞觀九年（西元 635 年），唐高祖李淵卒。唐平吐谷渾。

貞觀十年（西元 636 年），唐建南北衙。

貞觀十年（西元 636 年）六月二十一，皇后長孫氏卒，年 36 歲。

貞觀十一年（西元 637 年）八月，侍御史馬周上疏朝廷，建議政府應重視州縣地方官吏的選任。太宗聞奏，深以為是，決定以後刺史由他親選，縣令則由京官五品以上各舉一人。

貞觀十二年（西元 638 年），立薛延陀小可汗，太宗建百騎。

貞觀十三年（西元 639 年），太宗停世襲刺史。

貞觀十四年（西元 640 年），流鬼國遣使入貢。侯君集滅高昌，唐置安西都護府於交河。禮官改禮制。唐文成公主入藏。

貞觀十五年（西元 641 年），唐蕃和親。席君買平吐谷渾之亂，冊封百濟王。李勣敗薛延陀。

貞觀十六年（西元 642 年），魏王泰上《括地誌》。太宗徙死罪者實西州，禁自傷肢體。郭孝恪敗西突厥咄陸可汗。

貞觀十七年（西元 643 年），魏徵卒。李世民命畫功臣像於凌煙閣。太子承乾造反，被廢，立晉王李治為皇太子。

貞觀十八年（西元 644 年），太宗親征高麗。

貞觀十九年（西元 645 年），鐵勒九姓大首領率眾降唐。玄奘取經回國。張亮、程名振拔高麗卑沙城，李勣攻高麗遼東城，契苾何力等勇擊高麗，高麗白岩城降，太宗破高麗安市救兵。太宗下詔從高麗班師。

貞觀二十年（西元 646 年），薛廷陀咄摩支降唐，敕勒諸部朝唐。

貞觀二十一年（西元 647 年），唐發兵攻龜茲。太宗哭高士廉。骨利干入貢。王波利造船攻高麗。突厥車鼻可汗向唐朝入貢。西趙酋長趙磨內附。

貞觀二十二年（西元 648 年），薛萬徹等率軍擊高麗。李百藥卒。結骨入朝。「松外蠻」附唐。契丹首領曲據內附。阿史那賀魯降唐。王玄策破中天竺。房玄齡卒。

貞觀二十三年（西元 649 年），徒莫祇等蠻內附。

貞觀二十三年（西元 649 年）五月，唐太宗病危。臨終前，他召見長孫無忌和褚遂良，讓他們輔佐太子李治聽政。是月，太宗病逝於翠微宮含風殿。太子即位，是為高宗。

天可汗李世民：

殘忍又仁厚的雙面帝王，玄武門梟首兄弟，皇城內逼禪父皇，踏著手足的屍身，牽著英才的雙手，開創不朽的盛世帝國！

編　　著：潘于真，劉幹才

發 行 人：黃振庭

出 版 者：崧燁文化事業有限公司

發 行 者：崧燁文化事業有限公司

E-mail：sonbookservice@gmail.com

粉 絲 頁：https://www.facebook.com/
　　　　　sonbookss/

網　　址：https://sonbook.net/

地　　址：台北市中正區重慶南路一段六十一號八
　　　　　樓 815 室

Rm. 815, 8F., No.61, Sec. 1, Chongqing S. Rd.,
Zhongzheng Dist., Taipei City 100, Taiwan

電　　話：(02)2370-3310

傳　　真：(02)2388-1990

印　　刷：京峯彩色印刷有限公司（京峰數位）

律師顧問：廣華律師事務所 張珮琦律師

定　　價：370 元

發行日期：2022 年 08 月第一版

◎本書以 POD 印製

國家圖書館出版品預行編目資料

天可汗李世民：殘忍又仁厚的雙面
帝王，玄武門梟首兄弟，皇城內逼
禪父皇，踏著手足的屍身，牽著英
才的雙手，開創不朽的盛世帝國！
/ 潘于真，劉幹才編著 . -- 第一版 .
-- 臺北市：崧燁文化事業有限公司，
2022.08
　面；　公分
POD 版
ISBN 978-626-332-591-3(平裝)
1.CST: 唐太宗 2.CST: 傳記
624.11　111011382

電子書購買

臉書